ACT와 RFT를 활용하여
내담자가 깊은 친밀감을 갖고
건강하게 관여하도록 돕기

조앤 달, 이안 스튜어트,
크리스토퍼 마텔, 조나단 카플란 지음

심혜원, 김현주 옮김

Σ 시그마프레스

ACT & RFT 커플상담 이론과 실제

발행일 | 2014년 11월 15일 초판 1쇄 발행

저자 | 조앤 달, 이안 스튜어트, 크리스토퍼 마텔, 조나단 카플란
역자 | 심혜원, 김현주
발행인 | 강학경
발행처 | (주) 시그마프레스
디자인 | 김경임
편집 | 김성남

등록번호 | 제10-2642호
주소 | 서울특별시 영등포구 양평로 22길 21 선유도코오롱디지털타워 A401~403호
전자우편 | sigma@spress.co.kr
홈페이지 | http://www.sigmapress.co.kr
전화 | (02)323-4845, (02)2062-5184~8
팩스 | (02)323-4197

ISBN | 978-89-6866-191-4

ACT & RFT *in* Relationships

* 책값은 책 뒤표지에 있습니다.

"이 책은 현대 행동 분석의 관점에서 사랑에 대해 새롭게 설명하고 있다. 이 책은 아마 당신이 이제껏 생각해보지 않은 방식으로 당신 자신과 파트너, 사랑에 대해 생각해보도록 할 것이다. 그것은 친밀감이라는 양초에 과학적 불을 환히 밝혀줄 것이다."

–Andrew Christensen 박사, UCLA 교수,

통합적 행동 커플치료의 공동 창설자, *Reconcilable Differences*의 저자

차례

역자 서문

"사랑한다는 것은 변하기 쉬운 감정이기보다 상대방의 상황과 내면의 경험을 있는 그대로 이해하고 기꺼이 받아들이며 함께 의미 있는 가치를 향해 나아가는 것이다." 저자들은 동양의 부부관계가 서구의 낭만적 사랑에서 감정 표현을 중요하게 보는 것과 달리 결혼의 의미와 가치를 중요시한다는 점에 주목하면서, 부부상담에서 친밀한 관계를 회복하는 핵심적 기제로 가치의 공유를 강조한다.

가장 친밀한 관계에서 어떻게 상대방을 사랑할 것인가? 먼저 나를 수용한다는 것은 어떤 의미인가? 이 책은 부부상담 전문가들이 커플들과 그 답을 찾아가는 과정에서 깊은 내면의 수용, 가치와 의미에 기반하여 견고하게 친밀감을 회복하도록 돕는 이론서로서, 부부상담 분야에 새로운 시각을 제시한다.

이 책의 전반부인 1~4장에서는 낭만적 사랑이라는 관습적 관점에 대한 심리학적 조망과 ACT(수용전념치료) 및 RFT(관계틀 이론) 접근의 이론적 근거를 제시하고 있다. 또한 언어가 인간관계에 미치는 영향에 대하여 RFT와 행동 분석을 근간으로 설명하고, ACT의 관점에서 사랑, 관계, 성의 관련성에 대하여 기술하고 있다. 후반부인 5~8장에서는 언어가 인간 내면과 친밀함에 어떻게 결정적인 영향력을 미치는지 설명하고, 사랑하는 관계 형성에 장벽이 되는 심리적 경직성과 경험적 회피에 대하여 이야기하고 있다. 또한 가치로서의 사랑, 가치 지향을 통한 친밀한 관계의 회복, 자신을 돌보는 자기연민의 개념에 대하여 제시하고 있다. 9~10장에서는 RFT와 ACT의 관점에서 커플치료 사례를 통해 이론과 실제의 통합 및 요약을 제공한다.

이 책을 번역하는 과정에서 역자들은 자신과 관계에 대한 깊은 성찰의 시간을 가질 수 있었다. 한 줄 한 줄 행간을 흐르는 인간에 대한 긍정적 신념, 사랑과 친밀함에 가치와 의미의 숨결을 불어넣어 새로운 생명력을 갖게 하는 저자들의 이론적 견지에 동행하는 값진 시간이었다. 부부상담에서 문화적 고유성의 반영이 중요하다는 점을 절감하면서, 한국의 부부들에게 중요한 가치 탐색에 궁극적 의미를 두는 이론서를 접한다는 것은 커다란 기쁨이었다. 이 책을 통해 많은 부부들이 삶의 가장 중요한 관계를 확인하고 부부관계를 비롯하여 자신의 내면에 깊은 울림을 갖게 되기를 바라며, 한국의 부부상담에 효과적으로 적용될 수 있는 부부상담의 이론적 지평을 넓힐 수 있으리라 기대한다.

우리나라의 부부상담에 적절하게 적용될 수 있는 최근의 부부상담 이론을 국내 상담전문가들에게 소개할 수 있도록 노력해주신 (주)시그마프레스의 강학경 사장님께 진심으로 감사드린다. 이 책의 번역이 가능할 수 있도록 최선을 다해 진행해주신 고영수 부장님과 책의 내용이 충실하게 전달될 수 있도록 편집에 애써주신 김경임 편집부장님, 김성남 과장님께 감사드린다. 역자들이 상담을 통해 인간에 대한 무한한 존중, 내담자의 잠재력에 대한 신뢰라는 가치를 지향할 수 있도록 이끌어주신 한국상담대학원대학교의 이혜성 총장님께도 깊이 감사드린다.

2014년 가을, 서초동에서

역자 일동

독자들에게

1년에 두 번 정도, 남편과 나는 내 남동생들과 가족을 만나기 위해 장거리 여행을 한다. 그들은 언제나 우리를 위해 손님방을 산뜻하게 꾸미고 촛불을 켜둔다. 모두 반갑게 만난 후에, 남편과 나는 짐가방을 방으로 옮긴다. 우리는 매번 방문을 열 때마다 침대 위에 걸린 따뜻한 환영의 문구로 환대받는다. "사랑받는 것보다 더 좋은 것이 있다면, 그건 사랑하는 것이다." 그 문구는 단지 어두운 배경에 하얀 글씨로 아무도 서명하지 않은 솔직하고 꾸밈없는 것이다. 하지만 그 메시지는 겨울 땅에 내리는 부드러운 눈처럼 쉽게 스며든다. 당신이 상담을 할 때 이 메시지를 만들어내는 것, 즉 사랑하는 것이 이 책에서 말하고 있는 것이다.

*The Mindful Couple: How Acceptance and Mindfulness Can Lead You to the Love You Want*의 공동저자로서뿐만 아니라, 오랫동안 수용전념치료(acceptance and commitment therapy, ACT)의 상담자이자 훈련자였고 ACT와 관계틀 이론(relational frame theory, RFT) 분야의 참여자로서 나는 행동분석적 과학과 사랑을 결합한 이 논리정연하고 통찰력 있는 책을 소개하게 되어 기쁘다. 저자들은 독자들에게 커플상담에 도전하고 수행하기 위해 나아갈 길을 알려준다.

나는 JoAnne Dahl을 2004년 중반 맥락적 행동 과학 컨퍼런스에서 처음 만났다. 나는 그녀가 연민에 근거해서 일하고, 사랑과 관계의 '방식' 에 중요한 관심을 갖고 있다는 점에서 곧 그녀에게 감명을 받았다. 또한 그녀가 스웨덴의 웁살라대학의 심리학과 조교수로 의미 있는 임상적 지식을 쌓기 위해 최선을 다하면서, 이러한 것들과 관련하여 과학의 역할에 관심을 갖고 있다는 점에서 깊은 인상을 받았다.

그리고 그녀는 관심사가 비슷한 이들과 함께 이 책을 썼다. 그들 중의 한 명이 Ian Stewart로, 그는 골웨이 아일랜드 국립대학의 심리학자이며, 오랜 협력자이자 친구였을 뿐만 아니라 관계틀 이론의 이해에서 재능을 발휘한 명석한 연구자이다. 인간 언어에 대한 RFT 분석을 이해하기 위해 솔선수범해서 다른 사람들을 돕는 그에게 나는 늘 고마움을 갖고 있다.

Christopher R. Martell은 시애틀의 워싱턴대학의 교수이며, 행동적 활성화 전문가로 이 책의 근본이 되는 지식을 제공하였다. 그는 사람들이 가치와 연결된 행동을 함으로써 용기를 가질 수 있도록 훈련시키는 개입의 전문가이다.

그리고 끝으로 Jonathan S. Kaplan은 임상가이자 겸임교수로, TV와 라디오에 출현하여 자신의 중요한 일을 소개하였다. 또한 "오, 디 오프라 매거진(O, The Oprah Magazine)"과 BBC 뉴스, MSNBC에 출현하였다. 그는 그의 일을 통해 이 책의 발전에 기여하는 적절한 방법으로 평화, 목적, 존재를 이뤄가기 위해 노력하였다.

*ACT and RFT in Relationships*를 읽으면서, 나는 친밀함의 개념에 대해 계속 생각하였다. 단어 자체는 '잘 알려진' 이라는 의미인 친숙한(familiar)이라는 단어와 관련된다. 약속뿐만 아니라 함께 동반될 수 있는 두려움, 비밀을 갖는 관계에서 잘 알려진 방식을 찾는 것은 인간만의 도전이다. 우리는 종종 자신을 개방하고 다른 사람과 그 경험을 나누도록 자신의 정서적 경험을 온전히 표현하는 것에 어려움을 느낀다. 사실 어떤 사람들에게는 잘 알려질 수 있다는 것이 사랑하는 데 장벽이 된다.

그러나 Dahl, Stewart, Martell과 Kaplan은 관계에서 친밀감이 가능한 공간을 만들어내는 일련의 과정을 통해 독자에게 다가간다. 이 책에서 진정 주목할 것은 저자들이 ACT와 RFT에 대하여 이론적으로 이해하면서, 깊고 의미 있는 관계를 만들어내는 데 이를 적용하고 있다는 점이다. 저자들은 일반적으로 사랑과 친밀감을 긍정적인 상태로 느껴지도록 자기 발전 계획의 일부로 탐색하는 관습적인 입장을 택하지 않는다. 그보다 저자들은 사랑에 대한 행동 분석 개념화를 제시하고, 인간의 언어와 인지를 이해함으로써 이론적이고 과학적인 접근으로 인간의 문제에 접목시키고 있다. 이 책의 독특한 부분을 겁내지 않기를 바란다. 행동 분석 접근은 상담실에서 최대한 융통성을 증진시키도록 개입하도록 안내하는 과학기술의 중추작용을 한다.

1부에서 저자들은 인간관계와 관련한 것으로 기능적 맥락주의, 행동 분석의 기초, 사랑의 근원, 언어의 문제를 소개하고 있다. 저자들은 각각의 개념을 이해하기 쉽게 제시하고 인간관계의 사랑과 친밀감에 대한 탐색과 관련시키고 있다.

독자는 책의 이 부분이 개인의 과거사, 현재의 맥락, 커플이 상담실에서 보여주는 개인 행동의 복잡성에 개입해나가는 데 특별히 유용하다는 것을 알게 될 것이다.

2부는 친밀하고 건강한 관계에서 결정적인 순간에 대하여 탐색한다. 관계는 배우지 않아도 경험으로 알게 되는 것처럼 단순히 낭만적이거나 동화 같은 이야기가 아니다. 그것은 이상이나 옳고 그른 것을 떠나보내는 것이다. 때때로 기대와 요구를 낮추는 과정에서 관계는 고통스러워진다. 관계는 용서, 자기 연민, 자기 점검에 대한 것이다. 또한 관계는 온화함, 웃음, 행복, 공유하는 경험, 강화된 연결감에 관한 것이다.

이 책의 저자들은 이러한 현실을 인식하고, ACT와 RFT를 활용하여 독자들에게 관여하고 건강한 관계를 만들어가는 방법을 제시한다. 저자들은 건강한 인간관계를 ACT와 RFT에 적용하여 설명하면서 깊이 간직한 가치—오래 지속되고 깊은 관계—를 귀하게 여기고 전념할 수 있도록 개인의 융통성을 촉진시키는 데 초점을 둔다. 독자는 마음챙김과 수용, 경험자로서의 자아, 자기 연민을 포함해서 경험에 개방적인 ACT의 과정을 탐색하도록 초대될 것이다. 이러한 각각의 과정은 내담자가 관계에서 친밀감을 갖지 못하게 하는 것처럼 여겨지는 두려움, 걱정, 비밀 유지로부터 자유로워지고 적극적으로 사랑하는 것에 중심을 두는 행동에 관여하도록 고안되었다.

친밀감에 대한 이러한 접근은 개인이 느낌보다 선택으로 다른 사람과 공유할 수 있는 '알아감'의 방식으로 자유롭게 행동하게 한다는 점에서 중요하다. 감정이 중요하지 않다고 말하는 것은 아니다. 저자들도 이 책에서 이야기하듯이, 물론 감정은 중요하다. 어려움은 감정이 우리 삶의 방향에서 결정권자가 될 때 생긴다. 만일 감정을 맹신하게 된다면, 우리는 감정으로 인해 두려워지고 외로워질 것이다. 가치에 기반을 둔 선택이 그 해결책이다.

관계를 위한 ACT와 RFT에서 Dahl, Stewart, Martell, Kaplan은 도착하는 당신을 위해 촛불을 켜놓았다. 이 책을 읽으며 그 지식을 적용해보기 바란다. 저자들이 해오고 있는 것처럼, 내담자가 친밀하고 건강한 관계를 정의하고 성장시킬 수 있도록 자신들의 가치에 완전히 몰입하게 돕는 것은 멋진 일이다. 다시 말하지만, 사랑받는 것보다 더 좋은 것이 있다면 그것은 사랑하는 것, 그리고 그렇게 하도록 선택하고 충분히 가치 있게 살아가는 것이다.

– Robyn D. Walser 박사
버클리 캘리포니아대학교 임상 조교수
Dissemination and Training Division,
National Center for PTSD 부소장

감사의 글

닫혀 있던 마음의 문을 열고 고통스럽고도 황홀한 친밀한 관계의 경험을 들여다보고 드러낼 수 있도록 도와준 Dan의 지속성과 인내와 열정에 감사를 전합니다.

–J.D.

사랑스러운 순간순간을 함께해온 모든 사랑하는 이들에게 이 책을 바칩니다.

–I.S.

이 책의 네 명의 저자 중 ACT와 RFT에 관한 지식이 가장 부족한 나에게 이 프로젝트에 참여하여 그토록 뛰어난 저자들과 함께 작업할 기회를 준 것에 대해 감사합니다. 무엇보다도 나를 이 프로젝트의 저자로 불러준 JoAnne Dahl에게 감사의 마음을 전하고 싶습니다. 비록 우리는 서로 다른 대륙에 살았지만, 버몬트 주에서 자란 어린 시절의 경험을 공유하며 서로에 대해 빨리 알아갈 수 있었습니다. Ian Stewart와의 작업은 RFT에 대해 실제적인 개인 수업을 받는 특권이었고, 그 경험은 나에게 깨달음과 즐거움을 주었기에 Ian에게 감사의 마음을 전합니다. Jonathan Kaplan은 우리에게 새로운 에너지가 필요한 시점에 이 프로젝트에 참여하였고, 그는 그 역할을 해주었습니다. 나는 이러한 훌륭한 팀과의 작업이 대단히 즐거웠습니다.

나의 배경은 개인과 커플을 위한 행동적 치료입니다. Andrew Christensen 박사와 고인이 된 Neil S. Jacobson 박사는 1990년대 후반 멀티사이트 커플치료 연구 프로그램에 나를 참여시켜주었고, 그 작업은 나의 경력과 삶을 변화시켰습니다. 통합적인 행동 커플치료를 함께 집필하도록 나를 불러준 Andy에게 특별히 고마움을 전합니다.

마지막으로, 언제나 온화하고 관대한 영혼으로 끊임없는 지지를 보내주는 나의 파트너 Mark Williams에게 고마움을 전합니다.

－C.M.

무수히 많은 방법으로 사랑에 대해 배울 수 있도록 도와준 나의 아내 Doris와 두 아들 Eli와 Reed에게 고마움을 전하고 싶습니다. 그들은 나에게 가치와 행동으로 사랑을 표현할 많은 기회를 주었고, (그 시간의 대부분을) 또한 느낌으로 경험할 수 있게 해주었습니다. 나의 부모님, 누이, 그리고 Tara Brach, Sharon Salzberg, 그리고 Laura O' Loughlin 등의 선생님들과 같은 특별한 사람들이 나에게 사랑하는 방법을 가르쳐주었습니다. 당신들의 지도와 지지에 매우 감사드립니다. 또한 변함없는 지지와 명철한 조언을 아끼지 않은 나의 공동 저자들과 인턴 Susanna Johansson에게 감사드리고 싶습니다. 이 책을 함께 쓰는 것은 진정한 기쁨이었습니다. 마지막으로, 나의 과거와 현재와 미래의 모든 내담자들에게 감사를 표현하고 싶습니다. 당신들 모두는 감동과 겸손으로 당신들의 삶을 나에게 공유해주었습니다. 우리의 만남 속에 연결된 살아 있음과 존재함의 축복은 측정할 수 없는 자양분이 되었습니다. 당신들이 경험한 고통을 바라봐야 하는 과정을 견디며 당신들의 성장과 회복에 참여하는 기회를 준 것에 대해 감사드립니다. 좀 더 충만하고 의미 있게 살아가려는 당신들의 노력은 나에게 영감을 주었습니다.

-J.K.

1 낭만적 사랑에 대한 서론

서론

낭만적 사랑은 수많은 인간에게 의미 있는 경험이다. 그것은 굉장한 기쁨을 주기도 하지만, 동시에 커다란 고통과 어려움을 가져오기도 한다. 많은 사람들에게 사랑이 중요하다는 것을 전제로, 그것의 긍정적 측면과 부정적 측면을 가능한 다방면으로 이해하는 것이 필요하다.

관습적 관점에서 낭만적 사랑은 감정적 경험이라고 본다. 이러한 관점은 전 세계에 널리 퍼지게 되었고, 잘 구축된 서구 사회에서 특히 그러하다. 많은 문화권에서 의무나 사회적 지위보다는 오히려 감각적인 측면에서의 사랑이 장기간의 약속된 관계를 구축하기 위해 사람들에게 꼭 필요한 것으로 인식되어왔다.

지금까지 심리학적인 연구들은 또한 전형적으로 사랑의 감정적 측면에 집중하면서, 가끔씩 인지적이고 행동적인 측면을 융합해왔다. 심리학 분야가 감정적 측면의 사랑에 집중하는 것에 지배되어왔다는 것을 전제로, 우리는 다른 조망을 제안하는 바이다. 현대적인 행동 분석으로부터 보다 특수하게는 관계틀 이론(RFT), 수용전념치료(ACT) 등을 통해, 사랑을 가치를 가진 행동으로 고려하는 참신한 관점을 제안함으로써 보다 활기차고 충만한 관계를 이끌도록 할 것이다. 그러나 사랑에 대한 우리의 조망을 소개하기에 앞서, 사랑에 관한 주요한 심리학적인 아이디어에 대해 논의해 보도록 하겠다.

심리학적 조망

여러 세대를 거쳐, 낭만적 사랑의 주제는 철학자, 시인, 작곡가, 소설가, 화가, 그리고 영적인 이들에 의해 숙고되고 다루어져 왔다. 현대 시대에 와서는 낭만적 사랑이 문학, 음악, 미술, 영화에서 찬양되며 대부분의 주간 드라마와 토크쇼의 주제가 된다. 그러나 현대 심리학에서는 최근에 와서야 면밀히 살펴보기 시작하였다.

1975년, 사랑에 관한 초기 연구자인 Elaine Hatfield는 연방자금 지원을 받아 낭만적 관계에서 형평성의 역할에 관해 연구하였는데, 이 연구가 위스콘신의 상원위원인 William Proxmire가 납세자의 돈을 낭비하는 것을 비판하기 위해 풍자적으로 만든 상인 '황금양모상(Golden Fleece Award)'을 수상하게 되면서 악평을 받았다. Proxmire는 사랑을 과학적으로 연구하는 것은 적절치 않으며, 많은 사람들은 낭만적이고 종교적이며 경제적인 입장에서 사랑을 바라본다면서 Hatfield의 작업을 공개적으로 신랄하게 비판했다(Hatfield, 2006). 그러나 비난 속 순탄치 않은 출발에도 불구하고 사랑에 관한 연구는 지속되고 성장하였다.

감정으로서의 사랑

Hatfield와 Walster(1978)는 두 종류의 낭만적 사랑에 대해 기술했는데, 한 가지는 갈망, 이상화, 성적 끌림, 타인과 온전한 합일을 이루고자 하는 열망 등으로 특징지을 수 있는 강렬한 감정적 상태인 **열정적 사랑**(passionate love)이고, 다른 한 가지는 덜 성적이면서 일종의 친절함과 애정을 반영하는 **우애적 사랑**(companionate love)이다. 많은 사람들에게 있어서 관계 초기에는 열정적 사랑의 감정이 고조되지만, 시간이 지남에 따라 감소한다(Acker & Davis, 1992). 역으로, 우애적인 사랑은 파트너와 많은 시간을 함께 보냄에 따라 점진적으로 증가한다. 이러한 일반적 패턴이 모든 커플에게 적용되지는 않지만(Acevedo & Aron, 2009; Hatfield, Traupmann, & Sprecher, 1984; O'Leary, Acevedo, Aron, Huddy, & Mashek, 2012), 이러한 두 종류의 사랑이 구별된다는 점은 문헌들에 지속적으로 제기되어왔다.

Berscheid(2006)는 그럼에도 포괄적 의미에서 낭만적 사랑의 분석과 관련된 사랑에 대한 분석을 내놓았다. 그는 **애착의 사랑**(attachment love)

과 **연민의 사랑**(compassionate love)을 언급했다. 애착의 사랑은 신생아와 양육자(전형적으로 부모) 사이에 발전하는 유대와 관련되고, 그러므로 낭만적 사랑의 특징을 갖지 않는다. 느낌적인 면에서 모성애나 부성애와 보다 관련되어 있다. 대조적으로, 연민의 사랑은 다른 사람의 고통과 안녕에 대한 염려와 관련되며 낭만적 관계에서 나타날 수 있다. 이는 이기적이지 않은 감정으로, 한 사람이 다른 사람의 필요, 원함, 마음의 고통을 공유한다. 이는 분명히 개방성과 수용성을 갖고 다른 사람을 바라보며 가치를 두는 것을 포함한다(Underwood, 2008).

Sternberg의 사랑의 삼각형 이론(1986)은, 감정뿐 아니라 인지를 통합하는 또 다른 심리학적 조망을 제공한다. 이 모델에서 사랑은 세 가지 요소를 포함하는데 (1) **친밀감**(intimacy), (2) **열정**(passion), (3) **결정/전념**(decision/commitment)이다. 친밀감은 관계에서 가까움과 애정의 느낌을 말하는 것이다. 열정은 강렬한 성적 끌림을 포함한다. 결정/전념은 특히 파트너와 함께하기 위한 단기적인 혹은 장기적인 결정을 내려야 할 때 존재한다. Sternberg는 이 세 가지 요소의 상호작용에 기반해 다른 종류의 사랑이 출현한다고 제안했다. 예를 들어, 사랑의 열병은 친밀감이나 전념은 거의 없는 열정에서 비롯되고, 친밀감이나 열정이 전혀 없는 전념은 '공허한 사랑'을 초래한다. 적절한 조사 도구(예 : Sternberg, 1997; Cassepp-Borges & Pasquali, 2012)의 발전과 그것이 오래된 관계를 잘 기술한다는(예 : Acker & Davis, 1992) 연구 결과를 통해 Sternberg 이론에 대한 검증이 이루어져 왔다.

뇌와 신체에서의 사랑

흥미롭게도, 사랑에 관한 많은 연구자들은 신경학적인 현상에 관심을 둔다. 예를 들어 열정적 사랑[1]을 경험하는 사람의 신경 촬영 결과 감정, 보상, 그리고 동기와 관련된 피질이 활성화되고, 기억, 주의, 사회적 인지, 그리고 그 밖의 고차원적인 뇌 기능에 관련된 피질이 활성화된다는 것이 밝혀졌다(Aron et al., 2005; S. Cacioppo, Bianchi-Demicheli, Hatfield, & Rapson, 2012; Fisher, Aron, & Brown, 2006; Schneiderman, Zagoory-Sharon, Leckman, & Feldman, 2012). 강렬한 사랑을 경험하는 누구나 도파민 관련 영역에서 높은 수준의 하부피질 활성화가 일어난다는 것이 증명되었는데, 약물로 유발되는 희열도 이와 유사하다(Acevedo, Aron, Fisher, & Brown, 2012). 사랑할 때 사람들은 '높이' 그리고 '세상의 꼭대기에' 있는 기분을 느낀다. 그러므로 연구자들은 사랑하는 상태는 약물 중독의 금단과 관련된 갈망을 약화시킬 수 있다고 제안했다(Xu et al., 2012). 이러한 뇌의 보상 관련 영역 및 애착과 짝 유대의 영역에서의 활성화는 오래된 관계에서조차 지속될 수 있다. 연구자들은 낭만적 관계가 깨지는 경우 신체적 고통과 관련된 뇌 지역의 활성화를 유발한다는 점을 발견하여 대중적으로 회자되는 사랑의 아픔이라는 말에 신빙성을 더해주었다(Kross, Berman, Mischel, Smith, & Wager, 2011). 이러한 열정적 사랑에 대한 신경학적 연구들을 종합해보면, 열정적 사랑이 느낌, 감각, 그리고 인지와 관련된 뇌 영역 활성화를 이끈다는 것을 알 수 있다(Ortigue, Bianchi-Demicheli, Patel, Frum, & Lewis, 2010). 이는

1) 이 책의 범위를 넘어가기는 하지만 어떤 연구는 사랑과 명상 사이의 관련성을 검증하였다. 특별히 연구자들은 메타(metta) 명상에 들어가는 것의 신경학적인 관련성을 검증하였다. 대체로 사랑-친절함 혹은 우정으로 번역되는 메타는 아마도 우주적 사랑 혹은 아가페와 가장 관련되어 있을 것이다. 연구 결과 메타와 연민에 기반한 명상은 특정한 신경학적 활성화 파일을 가진다는 것을 보여주었다(예 : Lee et al., 2012; Lutz, Brefczynski-Lewis, Johnstone, & Davidson, 2008).

"사랑은 모든 열정 가운데 가장 강력한데, 그것이 머리, 가슴, 그리고 감각을 일제히 공격하기 때문이다"(Lao-tzu, n.d.)라는 Lao-tzu의 관찰에 대한 증거를 제공하는 셈이다.

사랑에 대한 신체적 효과에 대한 대부분의 연구는 오랜 관계에 있는 사람들을 대상으로 검증해왔다. 예를 들어, 같은 성별에서 좋은 결혼 생활을 유지하는 사람들이 결혼하지 않은 사람들에 비해 장수하는데, 결혼한 남자는 약 7년, 결혼한 여자는 약 3년 더 오래 산다는 통계가 있다(Parker-Pope, 2010). 역으로, 배우자의 사망은 가장 스트레스가 되는 삶의 경험으로 간주된다(Holmes & Rahe, 1967). 이러한 발견들이 흥미롭기는 하나, 사랑과의 관련성 정도는 아직 불확실하다. 예를 들어, 결혼한 사람 중에 장수가 늘어나는 것은 파트너가 서로서로 돌봐주고 그들끼리 더 보살피기 때문일 수 있다.

사랑의 방식

Lee(1977)는 사람들이 그들의 사회적 집단 구성원들을 반영하여 특별한 방식으로 사랑을 경험한다고 제안했다. 이러한 방식은 **에로스**(eros, 낭만적 이상), **루드스**(judus, 게임-놀이), **스토르게**(storge, 천천히 발전하는 애정과 우정), **마니아**(mania, 강한 감정적 강도), **아가페**(agape, 이타성), 그리고 **프레그마**(pragma, 적당한 상대를 만나기 위한 합리적 고려)이다. 단언적으로, 이러한 방식들은 행동, 감정, 사랑과 관련된 인지를 대표하는 것들이고, 그러므로 아마도 '이상주의'로 고려되는 것이 더욱 적절할 것이다(Watts & Stenner, 2005). 흥미롭게도, 이러한 '사랑의 방식'의 개념은 애착 이론의 관점에서 검증되어왔다. 애착의 방식은 한 사람이 이후 삶에서 발전하고 경험하게 될 사랑의 종류를 제시할지도 모른다(예 :

Sprecher & Fehr, 2011).

연구자들은 또한 사랑과 성적 행동을 구별하고 있다. 다양한 연구에서 관계를 맺고 있는 사람을 대상으로 검증해본 결과, 사랑과 성이 서로 관련되어 있지만 하나가 다른 하나를 보장하지는 않는다는 것을 드러내왔다(Beck, Bozman, & Qualtrough, 1991; Regan, 2000). Gonzaga, Turner, Keltner, Campos, Altemus(2006)는 낭만적 사랑과 성적 갈망은 기능적인 면(예 : 전념 대 생식)과 감정적 상태, 그리고 비언어적인 과시적인 측면에 기반해 구별될 수 있다고 주장한다.

결혼 생활에서 사랑을 표현하는 남자와 여자의 방식을 검증하는 최근 연구에서(Schoenfeld, Bredow, & Huston, 2012), 관습적인 스테레오타입 일부가 지지되었지만(예 : 남자는 보다 사랑과 성을 연관시키는 경향이 있다), 다른 발견들은 사랑은 보다 미묘하다는 것을 제안하였다. 예를 들어, 남자도 여자만큼 다정함과 애정을 통해 사랑을 표현하기를 좋아한다는 것이다. 더욱이 어떤 연구는 사랑을 느끼는 남편은 더욱 집안일을 거들고 그들의 파트너와 여가 활동을 공유한다는 것을 발견하였다.

진화적 힘으로서의 사랑

사랑은 또한 진화적 관점으로 조망되어왔다. 일반적으로 말해, 그러한 관점을 갖는 것은 사랑을 안정된 생식과 생존에 적응적인 기능을 하는 것으로 고려하는 것이다(예 : Buss, 2006). 예를 들어, 열정적 사랑은 짝을 만나고 자녀를 양육하는 데 있어 상호 출자를 하게 만든다. 더욱이 영아를 향한 부모의 사랑은 근본적으로 의존적인 시기에 놓인 그들의 생존을 담보하므로 낭만적 사랑이 보완된다. 이와 같은 점에서, 사랑에 파트너 사이의 장기간의 약속이 수반되어 발달하는 것, 즉 진화심리학자들이 "암수 한 쌍의 결합"이라 부르는 것은 진화론적 입장에서 적응적이라 할 수 있다. 사실 암수 한 쌍의 결합과 장기간의 헌신이 진화되어온 유일한 종이 단지 우리만이 아니라는 점은 이러한 주장을 지지하는 증거가 된다. 그러나 유일하게 인간만이 상징적 언어(이것의 효과는 다음 장에서 살펴볼 것이다)를 사용한다는 점에서 이러한 진화적 경향은 낭만의 경험을 가능하게 하고, 이것이야말로 우리 종의 특수한 점이라 할 수 있다.

언어로서의 사랑

사랑에 관한 초기 연구자들 중 일부는 사람들이 단어 그 자체에 부여하는 의미를 연구하였다(예 : Fehr, 1988). 그리 놀랍지도 않은 사실은, 사람들이 사랑에 대해 매우 다른 정의를 내린다는 것이다. 다양한 관련어에 대한 요인 분석 결과, '사랑'은 친밀감, 전념, 그리고 열정과 가장 공통적으로 관련되어 있음이 드러났다(Aron & Westbay, 1996). 그러므로 사람들이 사랑에 대해 말할 때, 그들은 매우 다른 것들을 의미하게 된다.

사람들은 종종 누군가를 '사랑하는 것'과 누군가와 '사랑에 빠지는 것'을 구별한다(Meyers & Berscheid, 1997). 첫 번째 것은 보다 우애적이거나 연민 어린 사랑을 반영하는 반면 두 번째 것은 보다 강렬한 낭만적 감정을 의미한다. 흥미롭게도, 이러한 단어에 관련된 함축적 의미가 관계에 대한 한계를 제공할 수 있다. 예를 들어, 누군가와 헤어질 때 사람들은 종종 "나는 너를 사랑하지만 너와 사랑에 빠지지는 않았다"라고 말한다. 짐작컨대, 그들은 열정의 부재를 언급하는 것이고, 그러므로 이는 진지한 관계에서 꼭 필요한 요소가 된다. 나아가 사람들은 파트너에 의해 사랑받는 느낌이 들지 않는다는 불만을 토로한다. 이 경우, 사랑은 한 사람이 다른 사람에게 받는 것이고, 단순히 행동의 문제가 아닌 한 사람이 사랑받음에서 기인되는 느낌이다. 종합하면, 사람들이 '사랑' 이라는 단어와 관련시키는 것들은 복잡하고 그 경험이 표현되기 어렵다는 사실을 반영한다. 세익스피어의 "베로나의 두 신사"에서 줄리아는 "그러나 당신은 이 깊은 사랑의 터치를 아는가 / 당신은 빨리 눈을 가져와 이 타오르는 불을 꺼야 하리 / 언어로 사랑의 불을 끄는 법을 찾아야 하리"(2.7.18-20)라고 노래한다. 이후 장에서 우리는 사람들이 사랑을 언어적으로 관련시키는 방식을 탐색할 것이다.

다른 문화에서의 사랑

어떤 이들은 낭만적 사랑은 특별히 산업화된 현대 서구의 현상이라고 주장한다. 그러나 낭만적 사랑은 세계의 문화권에서 경험되는 것이라는 주장이 증가하고 있다(Hatfield & Rapson, 2006). 비교문화 연구들은 열정적 사랑은 단일차원의 구조가 아니라 전념, 안전, 열정, 애정, 안정, 그리고 사람들이 그들 스스로 혹은 파트너와 집중하는 정도 등의 다양한 요소로 구성된다는 것을 제안한다(Landis & O' Shea, 2000). 그러므로 낭만적 사랑은 보편적이지만, 그것의 의미와 표현은 문화마다 다른 것이다.

느낌으로서의 사랑

앞서 보았듯, 심리학자들은 사랑에 관해 매우 다른 관점을 제안하고 있다. 그러나 가장 최근에는 느낌으로서의 사랑뿐 아니라 때로 인지 및 행동과 융합한다는 점을 드러내고 있다. '행동주의의 아버지' 인 John Watson조차 그의 연인에게 쓴 글에서 낭만적 사랑에 굴복되고 말았음이 드러났다. "나의 모든 세포는 하나하나 모두 당신의 것입니다. 나의 모든 반응은 당신을 향해 있습니다. 내 심장박동도 전부 당신을 향해 있습니다. 이제 더 이상 내가 당신 것이기보다, 가능하다면 당신과 내가 한 몸이 되었으면 좋겠습니다"(Buckley, 1994, p. 28). 이 인용문과 우리가 고려하기를 제안해 온 심리적 접근에 따르면, 느낌으로서의 사랑에 대한 개념은 특별히 심리학 내에 널리 퍼져 있다. 그러나 느낌으로서의 사랑에 대한 개념에 문제가 없는지 생각해보자.

관습적 관점이 가지는 문제

낭만적 사랑에 관한 심리학적 관점의 주요 흐름은 대중문화적인 사랑의 개념에서 기원하고 그것을 지지한다. 이 책에서 우리가 주요하게 다루었던 공유된 개념은 느낌 혹은 감정으로서의 사랑이다. 현대적인 서구 문화에서 사람들은 낭만적 관계에서 느낌, 동기, 갈망, 욕구 등을 얘기한다. 그러나 사랑을 일종의 느낌 — 특별히 '좋은 느낌' 의 감정 — 으로 본다면 여기에 문제가 있다.

사랑의 모든 '좋은 느낌' 차원은 즐겁다. 그러나 관계를 유지하는 견인차로 순수한 감정을 지나치게 강조하면 실망하고 실패할 준비를 해야 할 것이다. 사람들은 너무나 종종 그들에게 주는 영향력의 관점에서 사랑을 바라보는데, 즉 사랑하는 사람에게 집중하기보다는 다른 사람이 그들에게 어떤 느낌을 주고, 그들이 필요로 하는 것을 채워주는지에 관심을 둔다. 18세기 낭만적 시대부터 사람들은 점점 관계가 형성되고 인생이 관여되는 주요 이유를 사랑에 두기 시작했다. 그러나 사람들이 "그 후로도 영원히 행복했다"라는 동화 같은 말에 따라 관계를 찾아 살면서, 역설적으로 스스로 채워지지 않고 행복하지 않다는 것을 발견하게 되었다. 이러한 역설, 그리고 사랑하는 관계에 접근하는 대안적 방식이 이 책의 핵심이다.

사랑, 결혼, 그리고… 실망

오늘날 결혼은 흔히 낭만적 관계의 완성으로 간주된다. 예를 들어, 용인된 결혼에 대한 사회적 의미의 중요성을 드러내는 일은 동성 커플 결혼에 대한 논란이다. 사람들은 그들의 결혼을 인정하든 인정하지 않든 그 주제에 대해 흥분한다.

대부분의 인간 역사를 통해 법적 관계 혹은 결혼은 사회적 계약을 의미했다. 그러한 사회적 계약은 사람들이 사회적 지위를 향상하고, 자녀 양육을 합법화하고, 유산상속 권리를 유지하는 데 도움이 되었다(Coontz, 2005). Coontz에 따르면, 19세기 말 사랑에 기반한 결혼이 유행하기 무섭게 이혼율이 상승했다. Coontz는 "19세기에 이혼에 대해 강력히 반대하던 이들은 사랑으로 하는 결혼 숭배를 싫어하는 이들이었다. 그들은 사랑으로 결혼하는 이들이 삶에서 감정을 중요시 여기는데, 이는 이혼율의 상승을 가져올 것임을 두려워했다. 그리고 그것은 사실로 증명되었다"(p. 180)라고 모순을 지적한다. 결혼에 의해 정형화되는 일생의 약속(즉 "죽음이 우리를 갈라놓을 때까지")은 커플들에게 더 큰 압력을 주었고, '그 후로도 오랫동안 행복하게' 사는 것을 더욱 힘들게 만들었다.

관계와 결혼이 주는 기쁨과 실망은 동성 커플도 마찬가지일 것이다. 제한된 자료지만, 동성 커플도 결혼한 이성 커플만큼의 만족감과 성취감을 느낀다(Kurdek, 2005). 동성 커플의 이혼율에 대한 자료는 없지만, 그들이 이성 커플만큼 만족하고 전념한다는 지적(예 : Kurdek, 1998)으로 미뤄볼 때, 그들 역시 같은 종류의 문제와 고통을 느낄 가능성이 있다. 이후 제한된 자료에서 동성 커플이 실제로 이성 커플보다 갈등을 잘 풀어간다고 제안했다(Gottman et al., 2003). 그럼에도 동성 커플이 관계에서 실패할 확률이 적다고 얘기하려면 자료가 좀 더 필요하다.

감정에 의존하는 것은 관계를 위태롭게 만들 것이다

'사랑에 빠지는' 감정이 낭만적 관계의 핵심이라고 보는 것의 가장 큰 문제 중 하나는 감정은 변한다는 것이다. 많은 사람들이 꽤 쉽게 사랑에 빠지지만, 보다 매력적인 사람이 나타나면 쉽게 사랑을 버린다. 감정이 믿을 수 없는 것임은, 인간 역사의 대부분에서 사랑이 결혼 유지에 큰 공헌을 하지 않는다는 점에서 드러난다(Coontz, 2005). 서로의 파트너를 깊이 보살피는 사람들조차 항상 긍정적인 감정을 유지한다고는 볼 수 없는데, 그들도 종종 의심, 짜증, 상처, 분노 등의 부정적 감정을 갖는다. 부정적 감정이 지배적일 때는 '사랑이 끝나는' 느낌을 받을 수 있다. 어떤 사람은 사랑의 감정이 돌아오더라도 그 느낌을 더 이상 파트너와 살 수 없다는 단서로 사용한다. 이는 사람들이 불행한 관계를 유지해야 한다는 말이 아니라, 오히려 낭만적 관계에서 긍정적 감정 이상의 무엇인가에 집중해야 한다는 것이다.

문제는 사랑이 아니라 '공백을 채우려는' 사랑이다

우리가 사랑이 잘못된 것이라고 보는 사랑과 열정의 반대론자가 아니라는 점을 분명히 해두자. 사실 우리는 이 책을 통해 사랑 없는 삶을 묵인하기보다는 가치를 가진 행동을 통해 사람들의 만족, 성취감, 그리고 열정이 커지기를 바라는 아이디어를 제시한다. 많은 이들이 사랑이 매우 좋은 느낌이라는 점에 동의하지만, 끊임없이 쾌락과 '좋은 느낌'을 찾는 것은 궁극적으로는 역설적으로 불행을 야기하며, 이는 친밀한 관계일 때 특히 그러하다는 점을 분명히 인식한다. 사람들은 종종 사랑하는 관계를 언급할 때 파트너끼리든 친구끼리든 '욕구'에 대해 말하는데, 행동의 주요 동기가 욕구를 채우는 것일 때 결과적으로는 덜 행복하게 된다는 역설에 놓이게 된다. 심지어는 행복 추구가 목표인 경우 결과적으로는 외로움이 증가한다는 연구 결과도 있다(Mauss, Tamir, Anderson, & Savino, 2011; Mauss et al,. 2012).

감정으로서의 사랑의 반복되는 문제

'사랑에 빠지는' 것이 무엇을 의미하는지에 대한 정의가 분명치는 않지만, 일정 수준에서 다른 사람과 함께함으로써 얻어지는 감정을 즐기는 것으로 보인다. 확대하면, 한 사람이 다른 사람에 관한 감정을 사랑하는 것인데, 그 감정은 자기중심적이다. 그래서 사랑이 개인적인 혹은 공유된 가치에 따라 수반되는 행동 없이 주요하게 감정으로 경험되는 것일 때 관계는 위태롭다. 감정이라는 것은 시간에 따라 변화하는 것이므로, '사랑에 빠지는 것' 만큼 '사랑을 버리는 것' 은 상대적으로 쉽다. 역으로, 관계 혹은 파트너와 공유하는 가치에 따라 사랑하는 커플들은 어려운 시간과 실망을 보다 수월하게 해결해갈 것이다.

대안적 조망

우리는 사랑에서 중요한 것이 무엇이고, 사람들이 어떻게 사랑하는 관계 방식을 이뤄가는지 좀 더 이해하도록 낭만적 사랑이 관련되는 과정을 기술하고자 하였다. 이 책에서 우리가 제안하는 대안은 행동 분석 분야에 기인한다. 행동 분석은 인간 경험을 과학적 관점에서 접근하는 것이다. 그것은 환경 조건과 거기서 기인된 행동 사이의 관계를 체계적으로 분석하여 행동의 영향을 조사하는 것이다(Sulzer-Azaroff & Mayer, 1991). 우리는 삶의 다른 영역과 마찬가지로 행동-환경 상호작용 관점에서 낭만적 관계를 개념화하는 것이 중요하다고 본다. 이는 자연과학의 관점에서 이러한 상호작용을 이해할 수 있도록 한다.

행동 분석, RFT, 그리고 ACT

특별히 지난 20세기 동안 인간 언어와 인지에 대해 새롭게 각광받는 행동 분석적 개념화는 경험적 지지를 받아왔다. 이러한 접근은 관계틀 이론(Relational Frame Theory, RFT; Dymond & Roche, 2013; Hayes, Barnes-Holmes, & Roche, 2001)이라 부는 것인데, 이는 사고와 감정이라는 결정적으로 중요한 현상을 고려하면서, 현상(예 : Skinner, 1957)에 대한 전통적인 행동 분석 모델로부터 의미 있는 발전을 이루었다. 인간 행동에 대한 이러한 이해는 이론뿐 아니라 실제 적용에서도 중요하다. 아마도 이에 대한 가장 중요한 예는 RFT와 같은 통찰 기반을 가지면서 발전한 수용전념치료(Acceptance and Commitment, ACT; Hayes, Strosahl, & Wilson, 1999)라는 새로운 심리치료 모델일 것이다. 이 모델은 인생에서 중요한 다른 심리적 영역과 마찬가지로, 낭만적 관계와 관련된 심리적 영역을 이해하는 특별한 관점을 제공한다. 그러므로 사랑의 기능에 대한 우리의 가정은 인간 사고와 감정에 대한 현대 과학적 이해에 기반한다. 이러한 기초를 세움으로써 우리는 사람들이 좋은 감정에 의존하는 것을 넘어서 낭만적 관계를 단단히 다질 수 있도록 안내자 역할을 할 수 있길 기대한다.

가치를 가진 행동으로서의 사랑의 개념은 감정 상태로서의 사랑보다 우리에게 의미를 준다. 우리는 행동심리학자들이고, 행동 분석적 과학이 어떻게 가치에 기반한 사랑이 다양한 상황에서 더 나은 관계를 이끄는지를 검증하는 데 기여한다고 본다. (이것은 우리 저서의 전제이고 이 책의 이번 장과 이후 장에서 가치, 행동, 그리고 인간 경험에 관해 많이 얘기할 것이다.) 행동 분석 혹은 기능적인 맥락적 관점(2장에서 논의)에서 볼 때, 모든 행동은 특수한 맥락에서 일어나는 '사건'이다. 그러므로 사랑하는 행동을 이해하기 위해서는 그것을 '맥락에서의 행위'(일종의 '맥락에서의 사건')로 평가해야 한다. 이러한 맥락은 사회문화적 요소, 개인적인 학습력, 사람들의 현재 행동과 감정적 반응을 형성해온 사건, 그리고 그 행동을 유지하는 현재 맥락 등을 포함한다.

관계에서 포괄적인 강화물

사람들이 좋은 느낌을 얻으려고 제공하는 누군가를 향한 사랑의 감정, 열정, 흥분은 다른 어떤 것보다 친밀한 관계에서 공통적으로 볼 수 있는 강력한 강화의 원천이다. 파트너와의 상호교환에 의해 사랑의 감정이 강화되지 않을 때 종종 사랑이 끝난다. 그 시점에서, 전형적으로 파트너를 변화시키려고 치료를 받든지 혹은 관계를 정리하는 것이 당연한 것처럼 보일 것이다. 그러나 상호교환 이외에 관계 행동을 위한 다른 중요한 강화 원천들이 존재한다. 예를 들어, 한 사람의 가치에 일관된 방식으로 행동하는 것은 강화될 수 있다. ACT에 따르면 사람들은 가치의 위계를 갖는다. 다른 사람과의 친밀한 관계에 대한 가치는 상위에 놓여 있다. 전형적인 가치로는 신체적 친밀감, 개방적이고 솔직한 의사소통, 활동의 공유, 그리고 날마다 상호작용 속에서 이루는 다른 많은 가능성들이 있다. 직접적으로 행복이나 성취를 추구하기보다 이러한 가치를 가진 행동을 하려고 노력하는 것은 사람들이 궁극적으로 관계에서 행복과 성취를 이룰 가능성을 높일 것이다.

처방전이 아니다

이 책에서 사람들이 관계를 형성할 수 있는 어떤 특수한 방법을 제시한다는 의미는 아니다. 우리가 언급했듯이, 역사를 통해 결혼의 목적, 결혼의 중요성, 관계에서의 성역할 기대, 동성 결합에 대한 수용성, 그리고 우리의 주제와 관련된 많은 다른 영역에서 사회학적 변화가 있어왔다. 그리고 세월에 따라 발전해온 다양한 커플, 가족, 일부다처의 사람들, 기타 등등의 형태를 볼 때 사회는 변할 수 있다는 것을 아는 우리로서는 어떤 단일한 형태의 결합이 이상적이라고 말할 수 없다. 행동 분석, 특별히 ACT/RFT가 새로운 관계 탐색으로 이끌 수 있다는 우리의 전제는 우리가 관계에서의 행복한 느낌, 친밀감, 안전, 그리고 열정을 반대한다는 것을 의미하지 않는다. 그러한 강화가 없다면 사람들은 결코 첫 만남에서 관계에 신경을 쓸 것 같지 않다. 인간 존재는 본질적으로 특수한 구조에 구애되지 않고 관계와 가족을 구축해왔다. 더욱이 우리가 감정 없이 행위로서의 사랑을 주장함으로써 착취하고 학대하는 관계조차 유지해야 한다고 주장하는 것이 아니다. 사랑하는 행동은 순교자처럼 행동하는 것과는 다른 것이다. 역으로, 가치로서 사랑을 탐색하는 것은 건강하지 않은 관계를 청산하고 보다 생명력 있고 만족스러운 관계를 이뤄가는 방법을 보여줄 것이다.

이 책의 구조

이 책의 앞부분(1~4장)에서 우리는 사랑에 대한 우리의 입장을 보여주는 이론에 집중할 것이다. 2장에서는 사랑에 관한 행동주의적 관점을 가정하는 철학과 기초 과학을 제공한다. 특별히 아동 발달 단계 중 언어 이전 시기 동안 수반 강화(contingency of reinforcement)되는 사랑의 기원에 대한 가능성을 검증할 것이다. 3장에서 우리는 언어가 어떻게 기본 과정으로 변형되고 인간 삶과 인간관계에 복잡성과 세부요소들을 제공하는지 살펴볼 것이다. 언어는 (혹은 언어적 행동은) RFT의 현대적 행동 분석에 의해 설명되고, 3장의 이론적 근간을 형성한다. 결국 RFT에 의해 제공되는 언어 과정의 이해는 가치 기반 행동에 집중하는 수용전념치료에 대해 알게 해주며 우리의 중심적인 최신 공식이다. 행동 분석이라는 기초 과학으로 관계를 이해하는 단계가 되며, 이 책의 두 번째 부분을 구성한다. 4장에서는 ACT에 대한 개관과 그것과 사랑, 관계, 성과의 관련성을 제공한다. 5장에서는 언어의 결정적 영향력, 특별히 사람들이 어떻게 그들이 생각하고 말하는 것에 기초해 그들 스스로의 여러 측면을 구체화하는지 집중 조명한다. 이와 같은 과정이 관계에서도 펼쳐진다. 사람들은 특수한 순간에 그들이 양산하는 질적인 부분보다는 다른 사람의 관점에 의존하고, 그러한 편견은 갈등을 야기하며 불일치를 효과적으로 해결하기 어렵게 만든다. 6장에서 우리는 사람들이 좋은 의도를 갖고도 사랑하는 관계를 형성하는 데 있어 장벽이 되는 심리적 경직성과 경험적 회피의 부정적 효과에 대해 기술한다. 7장에서는 가치로서의 사랑을 고려하는 것에 대해 논의한다. 사람들이 과도하게 감정에 집중하지 않으면서 어떻게 관계에서 이러한 가치를 실현하는지 살펴볼 것이다. 8장에서는 두 번째 잠재적으로 건강한 현상인 자기 연민에 대해 살펴볼 것이다. 우리는 "당신의 파트너뿐 아니라 자기 자신에게 사랑과 관심을 쏟는 관계가 어떨 것 같은가?"라고 묻는다. 9장에서는 RFT와 ACT의 관점에서 커플치료를 하는 것을 살펴본다. 예시된 사례를 통해 특수한 기술과 접근에 기초한 대안적 변화의 과정을 제안한다. 마지막으로 10장에서 결론적인 생각과 간결한 요약을 제공한다.

결론

이 책의 의도는 인간 행동의 매우 복잡한 측면과 경험적으로 기초한 심리학적 이론을 통합하는 것이다. 행동 분석과 RFT가 인간 기능의 보편적 과정을 정확히 반영하다고 한다면, 사랑이나 친밀한 관계를 어떻게 향상시킬 것인가와 같은 골치 아픈 문제를 설명해야 한다. 우리가 이 책에서 제안하고자 하는 많은 부분은 추측이다. 이 책은 커플을 위한 자조 도서가 아니다. 그러나 이후 장에서 우리는 무엇이 낭만을 그토록 어렵게 만드는지, 그리고 어떻게 하면 사랑을 보다 만족스럽고 의미 있고 생명력 있는 활동이 되도록 만들 수 있는지 꽤 합리적인 분석을 제안할 것이다.

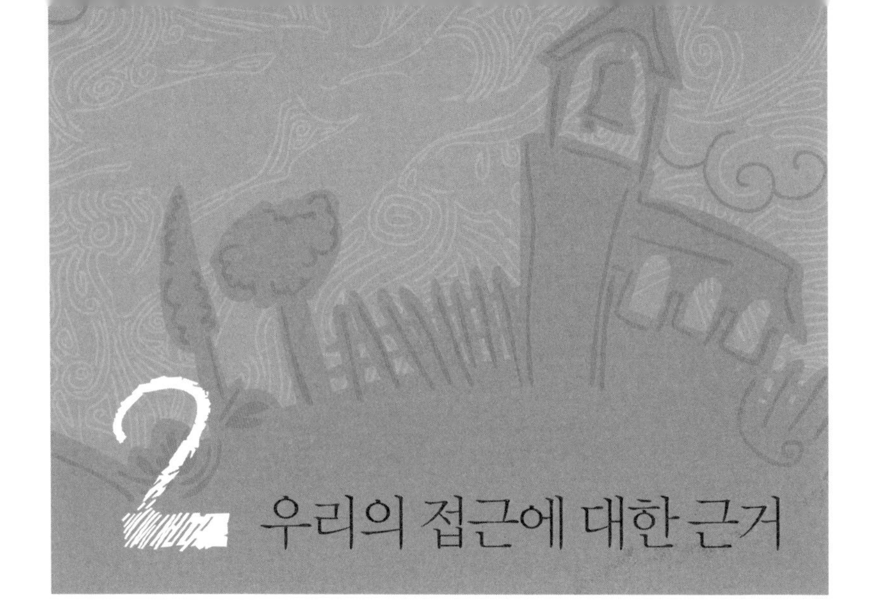

2 우리의 접근에 대한 근거

서론

낭만적 사랑은 (조금도 과장하지 않고!) 많은 사람에게 흥미로운 주제이므로 이 주제에 대해 많은 문헌이 있다. 그러나 우리는 이 주제에 특수한(그리고 상대적으로 관습적이지 않은) 접근을 하는데, 우리가 관련 과정을 과학적, 심리학적으로 기술하고자 하므로 인간 행동에 대한 현대적인 경험적 통찰에 기반한다. 이는 이 주제 문제에 실용적인 이점을 줄 뿐 아니라 이해를 도울 수 있는 어떤 참신한 조망을 제공할 것이다.

이 장과 이후 장에서 우리의 접근에 대한 철학과 과학적 토대를 제공한다. 이번 장에서 우리는 우선 우리의 과학적인 심리학적 접근의 기반이 되고 전반적인 형태를 제공하는 철학적 세계관인 기능적 맥락주의에 대해 기술한다. 그런 다음 과학 그 자체의 중요한 특징을 제시할 것인데, 즉 인간 행동을 이해하기 위하여 경험적으로 고안된 행동 분석이다. 행동 분석적 관점에서 사람들의 행동은 다른 사람들을 포함한 환경과의 상호작용에 의해 조성된다. 행동 분석 과학은 이러한 조성이 발생하는 방식을 이해하기 위한 개념적 도구를 제공한다. 그것은 낭만적 사랑의 개체 발생적 기원에 대해 생각해보도록 하는데, 다른 말로 낭만적 혹은 사랑하는 행동을 조성하는 전형적인 인간의 삶에서 일어나는 학습에 관한 것이다.

낭만적 사랑의 현상을 온전히 이해하려면, 어떤 다른 것보다 영향을 받는 인간 행동의 한 측면인 언어를 이해하는 것이 중요하다. 다음 장에서는 관계틀 이론(RFT)이라는 인간 언어에 대한 현대적인 행동주의 분석 이론을 설명할 것인데, 복잡한 인간 행동에 대해 효과적으로 고려함으로써 전통적인 행동 분석에서 급진적으로 확장된 이론이다. 언어에 대한 RFT 접근은 또한 인간 기능 향상에 함의를 가지며, 심리적 유연성 개념에 기초한 모델과 연결된다. 이 모델은 수용전념치료(ACT)로 주요하게 대표되는데, 4장에서 자세히 논의할 심리적 실현을 이루는 데 광범위하게 적용 가능한 접근이다. RFT와 ACT를 이해하는 것은 낭만적 사랑에 대한 우리의 접근을 이해하는 데 결정적 역할을 한다. 그러나 RFT와 ACT를 이해하기 위해서는, 결과적으로 이것들의 근간을 이루는 철학과 과학에 대해 이해하는 것이 중요하다. 이제 기능적 맥락주의라는 철학에 대해 살펴보도록 하자.

철학 : 기능적 맥락주의

과학은 기초적인 가정에 근거하여 작동한다. 이러한 가정은 현실, 진실, 그리고 과학 그 자체의 속성에 관한 질문에 어떤 답을 줄지 결정한다. 예를 들어 현실에 대해 생각하는 가장 좋은 방법은 무엇인가? 진리의 속성은 무엇이며, 하나의 명제를 해결하기 위한 과학적 증거로 어떤 것을 '채택' 할 것인가? 궁극적으로, 과학은 수많은 사실을 발견하기 위한 것인가, 아니면 목표를 이루기 위한 것인가?

Stephen C. Pepper(1942)는 철학적 가정은 적은 수의 상이한 세계관 속으로 조직화될 수 있고, 한 사람의 세계관은 위에서 제기된 질문들에 대해 나름의 답을 줄 수 있다고 제안했다. 결국 이것은 사람들이 관심을 두는 주제에 대한 질문에 만족스러운 답을 조성해간다. 그러므로 이러한 관점에서 세계관과 가정에 대해 분명히 해두는 것은 중요한 것이다. 세계관은 (1) 세상이 어떤 곳 같은지에 대한 생각을 근본적으로 단순화시키는 근원적 은유, 그리고 (2) 무엇을 진리로 채택할지에 대한 진리의 기준과 같이 가장 중요한 핵심 특성들을 설명할 수 있다.

과학 분야에서 가장 널리 퍼져 있는 세계관은 **기계론**(mechanism)이다. 기계론적 관점에서 은유적으로 표현하자면, 세상은 부속들과 물리적 힘으로 이루어진 거대한 기계이고, 과학자의 역할은 그가 관심을 두고 있는 현상에 관련되고 어떻게 함께 움직이는지 알기 원하는 기계의 부속에 대해 규명하는 것이다.

심리학의 세계에서 기계론의 원형적 예는 인간이 감각을 통해 모인 정보를 작동하고 적당한 행동을 산출하는 컴퓨터라고 보는 인지심리학적인 개념이다. 이러한 조망에서 인간 심리를 탐색하는 것은 전형적으로 인지 발달 모델을 포함하고 통제된 실험을 통해 예측을 검증하여 이 모델의 기본 가정으로 삼는다.

기계론적 세계관은 과학의 많은 분야에서 탁월한 성공을 거두어왔는데, 특별히 자연과학(예 : 물리학과 화학) 분야에서 그러하다. 지난 몇 세기에 걸친 이러한 성공은 의심할 여지 없이 과학자들에 의해 타 분야(인간 혹은 사회과학)로 확장되었고 어떻게 과학이 작동하는지에 대한 개념으로 그것의 명성이 강조되었다.

기계로서의 은유는 조작이 비교적 맥락에서 독립적인 구성 요소들로 주요 문제가 분해되고 분석되는 물리학이나 화학 영역처럼 고도로 생산적인 현실에 대해 분석적 관점을 갖는다. 그러나 그것은 환원주의로서 다른 영역, 특히 인간 행동 영역에서는 그다지 유용하지 않다는 것이 밝혀져 왔다. 예를 들어 인간을 컴퓨터로 이해하는 인지심리학에서의 은유는 특수한 형태의 행동을 상대적으로 통제 가능한 환경(예 : 실험)하에서 제한되게 예측하였을 뿐, 광범위하고 보다 의미 있는 맥락에 있는 인간 활동을 이해하는 데는 그다지 효과적인 방법이 아님이 드러나게 되었다.

기계론적 세계관에서 진리의 기준은 과학자의 예측 혹은 가정이 경험적 실험을 통해 밝혀진 방법과 일치할 때 가능하다. 다시 말해, 이론과 실제가 반드시 일치해야만 한다. 심리학에 이러한 기준을 적용한다는 것은 특수한 인지적 작동을 통해 인간 행동을 예측할 수 있을 때 하나의 이론을 받아들이겠다는 것을 의미한다. 그러나 이러한 방법으로 진리를 규정하는 것은 학문적 조망에는 가능할 수 있어도, 인간 행동을 존중하려는 실제적인 개입에는 필요하지도 않으며 개입을 발전시키는 데 도움이 되지 않는다.

예를 들어, 앞서 논의했듯 인지심리학이 인지 분야의 매우 다양한 모델을 창조하는 데 기여했지만, 결과적으로 인간 행동을 변화시키는 데 필요한 실제적인 개입의 측면에서는 상대적으로 거의 기여한 바가 없다. 심리학 지식을 실제에 적용하기 어렵다는 것은 심각한 문제이다.

이 책에서 적용한 심리학적 접근은 **맥락주의**(contextualism)라 불리는 대안적 세계관이다. 맥락주의를 잘 표현하는 은유는 '맥락 속의 사건' 인데, 모든 현상은 그 사건의 속성을 결정하는 맥락 속에서 일어나는 '사건' 인 것이다. 예를 들어, 입맞춤은 애정의 신호이기는 하지만 배신의 행동도 될 수 있는데, 로미오와 줄리엣의 입맞춤과 유다와 예수의 입맞춤의 맥락이 무엇인지 알아야 사건의 의미를 결정할 수 있는 것이다.

맥락주의에서 진리에 대한 기준은 그것이 무엇이든, 분석적인 목표를 성공하는 것이다. 이 기준의 중요한 기능은 필요한 맥락적 정보량의 한계를 정하는 것이다. 어떤 사건에 대한 궁극적 맥락은 우주 전체일지라도, 우리는 목표를 이루는 데 필요한 만큼의 정보만 있으면 되므로 그렇게 광대한 규모의 맥락을 살펴볼 필요는 없는 것이다. **기술적 맥락주의**(descriptive contextualism)에서는, 사건들 간에 조화로운 이해를 하는 것이 목표가 된다. 우리의 현재 접근의 기초를 이루는 **기능적 맥락주의**(functional contextualism)에서의 목표는 사건들을 예측하고 영향을 주는 것이다.

심리학에서 관심을 두는 '사건들' 이란 인간 행동이다. 이러한 행동은 언제나 그 속성을 결정짓는 맥락 안에서 일어난다. 자연스럽게, 행동이 결정되는 상황을 고려하는 맥락적 세계관은 다른 사람이라는 맥락에서 일어나는 복잡한 인간 행동과 복잡하고 확장된 학습 역사에서 발생하는 사고와 감정을 연구하는 데 적합하다. 이 조망으로 인간 상황의 복잡성을 이해하는 것만으로는 충분하지 않고 우리는 반드시 바라는 변화를 이뤄낼 것이다. 그러므로 기능적 맥락주의는 인간의 복잡한 상황과 그 상황에서 가능한 유용한 행동을 밝히는 데 적합한 이론이다.

기초 과학 : 행동 분석

앞서 우리의 접근에 기초가 되는 세계관으로 기능적 맥락주의를 소개하였고, 이제 행동 분석을 소개할 것인데, 심리과학은 우리 접근의 이론적이고 경험적인 뿌리를 제공하는 세계관의 기본이 된다.

기능적 맥락주의로서의 행동 분석

행동 분석은 기계론적 측면과 맥락주의적 측면에서 소재의 논란이 있어왔다. 그러나 심리학에서 설득력 있게 맥락적 접근의 예로 해석되어왔으며, 특별히 기능적 맥락주의의 주요 예시로 받아들여진다(Hayes, Hayes, & Reese, 1988).

행동 분석 과학의 주요한 특징을 고려하는 것이 이 관점을 지지한다. 예를 들어 행동 분석에서 명백하게 추구하는 목표는 행동을 예측하고 영향력을 보는 것인데(Hayes et al., 1988), 이것은 분명히 기능적 맥락주의에서의 진리의 기준에 부합한다. 이러한 목표를 갖고 행동 분석에서는 행동을 예측하고 영향력을 볼 수 있도록 만드는 특수한 환경 변인을 밝히려고 노력한다.

기능적 맥락주의로서 갖는 행동 분석의 또 다른 주요한 특징은 핵심적인 분석 단위인 조작자(the operant)이다. 행동 분석적 조망에서 유기체는 환경에 특별한 방식으로 반응하거나 환경을 '조작'하는데, 이번엔 환경이 다시 일어날 가능성을 고려하여 그러한 반응에 수반된 후속자극을 제공한다. 이러한 생각이 기능적 맥락주의를 가장 잘 표현하는 은유인 '맥락 속에서의 행동' 을 예시한다.

조작자

이제 조작자에 대해 좀 더 면밀히 들여다보도록 하겠다. 왜냐하면 그것은 인간 행동을 행동 분석적으로 개념화하는 데 있어 핵심 요소가 되며 중요한 측면에 접근하는 데 있어 중심에 놓여 있기 때문이다. 조작자는 또한 삼요인 혹은 *ABC* 수반성(contingency)으로 언급되기도 하는데, A는 선행자극(즉 특수한 반응을 이끄는 것)을, B는 행동(즉 반응 그 자체)을, C는 후속자극(즉 반응의 효과)을 나타낸다.

이 개념에서 핵심은 인간이 하는 행동이고 이것은 손가락을 움직이거나 미소 짓는 것과 같은 단순한 행동부터 파티를 기획하거나 책을 쓰는 것과 같이 복잡한 행동을 포함한다. 행동 분석적 조망에서 이러한 행동은 맥락 안에서 일어난다. 이러한 맥락은 매래에 다시 일어날 확률을 높이거나 낮추는 어떤 행동의 후속자극을 포함하고, 가능한 행동의 후속자극이 어떤 것이 될 것인가에 신호가 되는 어떤 선행자극을 포함한다. 행동 분석 내에서 모든 세 가지 요소(선행자극, 행동, 그리고 후속자극)는 행위 그 자체가 아닌 조작자로서 기능한다.

후속자극

행동이 다시 일어날 확률을 높이는 후속자극을 **강화물**(reinforcer)이라 부른다. 어떤 후속자극은 **일차적 혹은 생물학적** 강화물로 불리는데, 여기에는 음식, 마실 것, 따듯함, 수면, 그리고 성이 포함되며, 이것은 우리의 생존과 재생산에 중요하기 때문에 진화론적으로 종으로서의 인간에게 강화로 작용해왔다. 일차적인 후속자극과 더불어, **이차적 혹은 조건적 강화물**이 있는데, 그것은 일차적 강화물과 연관되어 효과를 얻을 수 있다. 자극 연합을 통한 학습은 **반응 혹은 연합 조건**이라 불리는 단순하지만 강력한 학습 모델이다. 예를 들어 이 경우 강화물은 주목, 애정, 그리고 어떤 사람의 승인이 되는데, 이는 부모의 경우 음식이나 따듯함, 그리고 (성적 파트너가 있는 사람의 경우) 성 등과 같은 일차적인 강화와 연합하여 조건적 강화물이 된다. 다른 조건적 강화물에는 돈, 교육적 성취, 그리고 문제해결 성공이 있다.

행동이 일어날 확률을 낮추는 후속자극을 **처벌물**(punisher)이라 부른다. 일차적이고 이차적인 강화물이 있듯이, 일차적이고 이차적인 처벌물이 있다. 일차적 처벌물에는 잠재적으로 생존을 위협하는 고통과 추위가 포함되고, 이차적 처벌물은 일차적 처벌물이나 강화물의 상실과 관련된 자극을 포함한다. 예를 들어, 사회적으로 승인받지 못하는 것은 성과 같은 일차적 자극이나 애정과 같은 이차적 강화의 상실과 관련된다.

후속자극은 자극을 수렴하기도 하고 제거하기도 하며, 이러한 유형의 후속자극을 강화물 혹은 처벌물이라 한다. 자극이 더해져서 행동이 증가된 경우를 **정적 강화**(positive reinforcement)라 한다. 예를 들어, 당신이 다른 사람을 향해 좀 더 자주 미소를 지었더니 확실히 다른 사람이 좀 더 미소로 화답한다면, 당신의 미소는 정적으로 강화되었다고 말한다. 이때 다른 사람의 미소는 **강화물 혹은 유인가 자극**(appetitive stimulus)이라 부른다. 자극을 제거해서 행동이 증가될 때, 예를 들어 신문 만화에서 엄마가 리틀 지미를 노려보는 행동이 확실히 멈추거나 방지되자 지미의 협조적인 행동이 증가되는 경우 이것을 **부적 강화**(negative reinforcement)라 부른다. 후자와 관련해서, 적극적으로 자극이 제거되었기 때문에 증가하는 행동(즉 지미의 엄마가 그를 노려보고 있다. 지미는 협조하기 시작하고, 이것은 엄마의 노려보는 행동을 멈추게 한다)은 **도피**(escape)라 하고, 반면에 어떤 것이 일어나지 않도록 하려고 증가하는 행동(즉 지미가 그의 엄마가 노려보지 않도록 하려고 협조적으로 행동하는 것)은 **회피**(avoidance)라 한다. 처벌은 혐오적이거나 불쾌한 어떤 것을 더하거나(즉 엄마는 지미에게 소리 지른다) 유인가 있거나 유쾌한 어떤 것을 제거하는 것(즉 지미는 일시적으로 장난감 놀이를 할 수 없게 되었다)이다.

후속자극의 과학이라는 측면에서 중요한 일련의 다른 개념들은 **설정된 조작**(Establishing Operation, EO) 혹은 **동기적 조작**(Motivational Operation, MO; 예 : Michael, 1982 참조)이다. 이러한 용어는 강화물로서 혹은 처벌물로서 특수한 후속자극의 효과성을 증가시키거나 감소시키는 절차 혹은 과정을 이르는 말이다. 예를 들어, 음식이나 성은 박탈당해온 이후라면 더 큰 강화가 되지만, 반대로 이미 만족되었으면 더 이상 강화가 될 수 없는 것들이다.

선행자극

행동과 그것의 후속자극 사이의 관계는 행동–환경 관계의 하나의 중요한 유형이다. 다른 한 가지는 선행자극의 영향으로서 **변별 자극**(discriminative stimulus)이라고 한다. 이러한 요소는 가능한 행동의 후속자극이 무엇일지에 대한 신호가 된다. 예를 들어, 당신이 당신의 친구 데레사와 대화를 나누는데 그녀가 활기찬 방식으로 행동(선행자극–A)한다. 그때 그녀를 향한 당신의 미소(행동–B)는 미소와 지속적인 대화(후속자극–C)로 연결된다. 반면 그녀가 우울하거나 화난 방식으로 행동(A)할 때 그녀를 향한 미소(B)는 분노 반응(C)을 일으킬 것이다. 두 가지 경우를 볼 때, 당신의 친구 데레사가 행동하는 방식은 선행자극 혹은 변별 자극으로 기능한다고 말할 수 있는데, 특수한 후속자극이 당신의 특수한 행동에 수반되었기 때문이다.

고전적 개념으로서의 조작자

강화, 처벌, 변별자극과 같은 조작 관련 개념들은 기능적 고전적 개념이라는 점을 기억해야 하는데, 그것들은 행동-환경의 관계 패턴에 대한 관찰을 기반으로 정의된다. 이것의 결과로, 자극이나 반응은 추정된 심리학 효과나 관련된 사건의 지형학에 근거해서 분류되지 않는다.

예를 들면 미소는 강화물로, 노려보는 것은 처벌물로 작용한다고 가정될 수 있으나, 방금 보았듯 지형학은 두 경우 모두에서 필요한 기능이 아니다. 다른 예를 들어보자면, 당신이 파트너에게 심각하고 문제가 되는 이슈라고 생각하는 것에 관해 '마음을 터놓으려' 하는 맥락에서 파트너는 당신의 문제를 심각하게 여기지 않는다는 것을 의미하는 미소를 보낼 수도 있고, 그 반대의 의미로 근심 어린 표정을 짓거나 솔직한 표현을 할 수도 있다. 파트너의 행동에 대한 해석은 미소와 근심 어린 표정에 대한 당신의 과거 학습에 의해 결정되며, 이는 당신의 행동에 영향을 미친다. 첫 번째 경우(파트너가 웃는)는 미래에 파트너에게 문제를 털어놓을 확률이 줄어들 것이고 두 번째 경우(파트너가 근심 어린 표정을 짓는)는 미래에 당신이 그렇게 할 확률이 높아진다. 그러므로 이 경우 미소는 처벌이 되었고 반면 근심 어린 표정은 강화가 되었다. 핵심은 자극의 심리학적 기능(예를 들어, 그것이 강화물로 기능하느냐 처벌물로 기능하느냐)은 항상 맥락의 다른 측면과 함께 관계에 의존한다는 것이다.

방금 내린 결론은 꽤 단순하다. 그러나 보다 첨예한 문제가 남아 있다.

그 한 가지는, 강화물과 같은 조작자 개념이 단일 사건보다는 행동-환경 관계에 놓인 사건들의 패턴에 의존한다는 것이다.

존이 보내는 미소에 제인이 끊임없이 미소로 화답하자 더욱 미소 짓게 된 존의 예를 생각해보자. 존이 제인에게 미소 짓고 제인도 미소로 화답하는 것을 본 누군가는 이것이 강화의 예라고 분류할 수 없다. 왜냐하면 제인에 대한 존의 미소의 증가 없이 오직 한 번의 존의 미소와 제인의 반응을 관찰했을 뿐이다. 제인이 화답하는 미소에 근거해서 존이 미소 짓는 횟수가 늘어나는 것을 관찰한 사람만 강화가 일어났다고 말할 수 있다. 자세히 보자면, (1) 제인이 미소로 화답한 시점 이전에 존이 제인에게 미소 짓는 비율을 측정하고 (2) 그녀가 그의 미소에 화답하기 시작하자 미소 비율이 증가된 것을 관찰한 사람만이 이것이 강화의 예라고 말할 수 있는 것이다. 그러므로 강화는 시간에 걸친 행동-환경 관계의 패턴이지, 단순히 일련의 단일 사건(즉 존이 웃고 제인이 화답한다)이 아니다. 같은 이유로, 강화가 포함된 행동적 그리고 환경적 사건은 단일 사건들이 아니라 사건의 집합체이다. 예를 들어 위의 경우 반응은 단일 행동(예 : 존이 미소 짓는 특정 순간)이 아니라 행동의 집합(즉 존의 미소 반응들)이며, 후속자극도 제인이 존의 미소에 화답하는 하나의 특정 순간이 아니라 '제인이 존에게 미소로 화답하는' 자극 사건의 집합체이다. 같은 논리가 존의 반응을 위한 선행자극에도 적용되는데, 이 경우 제인이 존이 있는 쪽을 바라보게 된다. 다시 말해, 이러한 자극 사건의 단일 순간이 아니라 '제인이 존이 있는 쪽을 보고 있다' 는 사건의 집합체가 관련되어 있을 때이다.

조작자에 관련된 사건들이 단일 사건이 아니라 사건의 집합체라는 사실은 행동이 다양한 방식으로 변하고 진전될 수 있다는 것을 의미하고, 이것은 학습의 중요한 측면이다. 반응이 집합 사건이라는 것은 **반응 유도**(response induction)를 가능하도록 하는데, 이는 사람들이 원래 강화가 되었던 반응을 보일 뿐 아니라 첫 번째와 물리적으로 유사한 다른 반응도 보일 수 있도록 한다. 예를 들어, 아이가 말을 배우기 시작할 때 특수한 소리를 내면 강화를 받게 되는데, 이후 같은 소리뿐 아니라 그것과 비슷한 다양한 소리를 내게 될 것이다. 반응 유도와 반대되는 것이 반응 **차별화**(response differentiation)인데, 이는 반응이 보다 세부적이 되는 것이다. 예를 들어, 꾸준히 테니스를 연습하는 사람은 점차 코트의 다른 쪽에서 선 안으로 공이 떨어지도록 점점 더 공을 잘 치게 될 것이다.

일반화(generalization)와 **변별화**(discrimination)라는 현상도 있는데, 이 역시 선행자극이나 구별 자극이 집합 사건이라는 사실에 기초한 것이다. 예를 들어, 어린 줄리아나는 그녀의 엄마나 아빠가 "그만"이라고 말하면 하던 일을 멈추도록 배운 후 다른 어른이 "그만"이라고 말해도 하던 일을 멈춘다면 그녀의 부모로부터 일반화가 일어난 것이다. 이 과정과 반대의 변별화의 예는, 그녀가 결국에는 그녀의 엄마, 아빠, 어떤 권위적 인물(예 : 그녀의 선생님)을 포함한 특정 어른의 말은 따르지만 낯선 사람 같은 다른 사람의 말은 선택적으로 따르지 않게 되는 것이다.

친밀감, 사랑, 그리고 성의 기원

이번에는 우리가 강조해온 행동 분석 과학의 주요 개념이 어떻게 낭만적 사랑의 기본을 일찍 학습하는지 이해하도록 도울 것이다.

초기 아동기

행동 분석적 조망에서, 인간에게 사랑과 애착이 중요한 것은 많은 다른 동물과 마찬가지로 인간도 무력하게 태어나므로 진화론적으로 일차 양육자(대개는 어머니)에 의해 생명을 유지하게 되는 성향을 타고났다는 사실에서 기원한다. 그러므로 양육자는 행동 분석적 용어로 음식, 따듯함, 그리고 자극을 포함하는 수많은 주요 강화물 가운데 핵심 원천이 된다. 행동적 조망에서, 양육자가 이러한 강화물들을 제공한다는 사실은 양육자가 조건화된 (이차적) 강화물이 되고, 결과적으로 양육자와 근접성을 유지하는 것이 아동에게는 그 자체로 중요한 것이 됨을 의미한다.

아동에게 양육자와 유대감을 형성하려는 성향이 있다는 사실은 진화론적인 과정에서도 중요한 유산이다. 이러한 유대감이 내재된 것인지 강화의 과정을 통해 학습된 것인지는 경험적 질문으로 확장된다(경험 연구와 관련하여 Harlow & Zimmermann, 1958 참조). 어떤 사건에서든, 유아는 빠르게 양육자의 얼굴을 다른 사람의 얼굴과 구별하고 또한 일차 강화(예 : 자극)와 이차 강화(예 : 주의)의 제공을 예측하는 양육자의 (미소와 같은) 얼굴 표정을 구별한다.

물론 아동과 유대감을 형성하려는 성향은 양육자에게도 있는 것 같다. 아동과 부모 모두 서로의 강화가 되어 상호작용하며, 그들의 상호작용은 점차 복잡해지고 시간이 지나면서 차별화된다. 그러한 상호작용의 한 가지 특징은 모방(조작 행동의 주요 형태)인데(Baer, Petersen, & Sherman, 1967 참조) 예를 들어 아동은 양육자의 표정에서 미소를 따라 할 것이다. 미소의 예는 특히 중요한데, 다른 사람이 미소 지을 때 나도 미소 짓는 것은 사회적으로 강력한 형태의 모방이고 특히 아동-양육자 상호작용에서는 유대감을 촉진하는 자극이 될 수 있다. 이러한 형태의 모방은 양육자가 내는 소리를 따라 하는 반향 행동을 포함하는 보다 발전된 형태의 모방을 이끌어낸다.

아동-양육자 상호작용의 또 다른 특징은 눈 맞춤의 중요성이다(예 : Farroni, Csibra, Simion, & Johnson, 2002). 눈 맞춤은 자극이 되고 그러므로 서로에게 강화가 되며, 눈 맞춤 놀이를 하면서 공동 주의(joint attention) 놀이로 발전한다. 이것은 한 사람이 흥미로운 대상에 대해 그 대상에서 다른 사람의 눈으로 시선을 옮기며 다른 사람의 주의를 끌고 다시 돌아오는 것이다.

미소, 눈 맞춤, 그리고 공동 주의의 모방은 아동-양육자 상호작용의 중요한 측면이고, 그것들은 강한 유대감을 만든다. 이것들은 행동 패턴을 서로 강화하면서 학습된다. 이처럼 그것들은 아동과 양육자를 연합할 뿐 아니라 아동에게 성인기 성적 친밀감을 형성할 많은 특징을 구축하는 중요한 훈련 맥락을 제공한다.

중기 아동기

양육자와 아동의 상호작용은 아동에게 신체적으로나 심리적으로 최초의 근본적으로 중요한 친밀한 애정 관계의 예가 된다는 점은 의심할 여지가 없다. 아동-양육자 관계는 아동이 성장함에 따라 지속적으로 중요한 영향을 미친다. 친밀감이나 애정의 경험과 더불어 이러한 관계와 연결된 다른 기본적인 심리적 현상이 이후에는 사랑과 낭만적 행동의 패턴과 관련된다. 특별히 아동들은 중기 아동기 동안 성과 성역할에 대해 배운다.

아동들은 남성과 여성의 특징 및 남성적 행동과 여성적 행동을 구별하는 법을 비교적 일찍 배우며, 종종 동성 양육자의 행동을 모방함으로써 성 정체감의 측면들을 획득해간다(예 : Bandura, 1977). 더욱이, 대부분의 양육자들은 적어도 내재적으로 전형적인 성행동을 강화하는 한편 비전형적인 성행동은 격려하지 않는다. 일부 아동들은 이러한 행동을 노골적으로 훈련받는다(예 : Block, 1979). 양육자 간 상호작용 방식도 아동이 다른 사람, 특히 반대 성의 사람들과 상호작용하는 측면에 본보기가 될 수 있다. 예를 들어, 아버지는 전반적으로 지배적이고 어머니는 전반적으로 순종적이라면 아동의 (모방을 통한) 성역할 학습과 아동기나 이후에 양쪽 성의 또래와의 상호작용에 영향을 미칠 수 있다. 남성과 여성에 대한 이러한 실례를 통해 일반화가 보다 쉽게 일어나며, 성역할에 대한 정형화된 태도로까지 확대될 수 있다.

성에 대한 양육자의 태도 및 양육자가 서로에게 보여주는 사랑과 성행동 역시 이런 것들에 관한 아동의 학습에 영향을 미칠 것이다. 예를 들어, 양육자가 성에 대해 불안과 당황스러움을 보이느냐 아니면 성에 대해 개방적이고 쉽게 관심을 보이느냐는 아동이 자신들의 성 이슈를 다루는 방식에 차별적으로 영향을 미치게 될 것이다.

후기 아동기와 사춘기 초기

아동이 양육자로부터의 강화에 덜 의존하게 되면서 약화되기는 하지만 아동-양육자 유대감은 아동기를 통해 비교적 강하게 남아 있다. 예를 들어, 아동이 친구가 생기면서 그 관계는 약해지고 부모에 의해 제공되는 상호작용적인 자극은 상대적으로 덜 중요해지게 된다. 아동이 사춘기에 접어들어 성에 눈뜨기 시작하면 그 관계의 의미는 더욱 약해진다. 호르몬과 신체의 변화는 성적 접촉이 차츰 중요한 강화의 원천이 되고, 이에 따라 반대 성을 포함하는 아동의 또래 집단은 강력한 관심의 초점이 된다.

사춘기 초기에 많은 아동들은 또래로부터 관심과 애정을 얻기 위해 행동하기 시작하는데, 예를 들어 또래 집단 구성원들을 모방하거나 주의를 끄는 방식으로 극단적으로 행동한다. 양육자의 관심은 이러한 아동에게는 일종의 처벌이 되는데, 그들의 새로운 행동 방략을 제한하고 반대하는 예견적인 역할을 하기 때문이며 양육자가 그들의 행동을 조정하고 영향을 끼치려고 한다면 더욱 그러하다.

아동-양육자 상호작용은 성인기 성적 관계의 중요한 원형이 되는데, 아동이 성적인 존재가 됨에 따라 성적으로 끌리는 또래를 만나면 유아기에 강력히 강화되었던 친밀한 상호작용의 어떤 형태를 똑같이 복제하게 될 것이다. 아동이 이전에 양육자를 통해 학습한 성역할 및 성과 성적 행동에 대한 태도는 또한 또래와의 상호작용에 영향을 미치게 될 것이다. 예를 들어, 양육자들이 아동 앞에서 서로에 대한 애정을 보이지 않았던 가족 안에서 자란 아이를 상상해보라. 가정에서 친밀한 행동에 대한 어떤 모델 없이 자란 아동은 다른 사람에게 애정을 표현하는 것에 대해 주저하고 불편해하게 될 것이며 그러므로 그들은 다른 곳(예 : 영화나 TV)에서 예를 찾아야 할 것이다.

기본적인 행동 과정은 사랑과 성적 행동에 관한 학습을 조성하는 데 중요하다. 우리가 규명해온 기본적인 행동 과정(강화, 처벌, 차별, 일반화 등)은 여전히 언어 능력이 발달하고 있는 어린 아동에게는 특별히 중요하다. 그런데 언어가 잘 형성되어감에 따라 언어적 능력이 인간 학습에 극적인 영향을 미치므로 인간 학습에 대해 분석하려면 반드시 이러한 현상을 고려해야 한다. 그러므로 사랑과 성에 관한 인간 학습을 온전히 설명하려면 우선 서로를 촉발하는 언어적 과정과 심리적 현상 모두를 논의해야 한다. 이것이 이후 두 장의 목표이다.

요약

이 장에서는 사랑과 성에 대한 우리의 접근에 기반이 되는 철학과 기본 과학을 소개하였다. 철학은 '맥락 속의 행동'에 집중하는 맥락주의 형태이고 단순히 행동을 예언하기보다는 변화를 지지하는 과학 입장인 실용주의 형태이다. 우리는 강화, 처벌, 차별, 그리고 일반화와 같은 기본적인 과학의 핵심 개념들을 살펴보았다. 이러한 개념들은 어린 연령으로부터 인간의 사랑과 성의 발달을 이해하는 데 중요하다. 왜냐하면 이러한 과정들이 발달에 직접적인 영향을 끼치는 경로에 대해 생각해보도록 하기 때문이다. 그러면서도 이러한 과정들이 낭만적 사랑과 성을 포함하는 정교한 인간 행동을 기초하는 관계틀(relational frame)의 속성과 기원을 이해하는 데 결정적이기 때문에 또한 중요한 것이다. 다음 장에서는 여기에서 수립한 기초를 토대로 관계틀에 집중할 것이다.

서론

이전 장에서는 심리학의 행동 분석적 접근의 기본을 소개하였다. 우리는 이러한 개념들을 초기 인간 학습에서 사랑과 낭만의 심리적 뿌리가 되는 관계를 이해하는 데 사용하였다. 그러나 이것은 보다 온전한 설명을 위한 기초일 뿐이었다. 일단 아동이 언어를 배우기 시작하면, 그들의 반응은 복잡하게 늘어가고 학습의 비언어적 측면은 그들의 행동을 이해하는 데 상대적으로 덜 중요해진다. 우리가 인간의 사랑과 성을 이해하고 진가를 알아보려면 특별히 후기 단계인 청소년기와 성인기의 모든 복잡성을 이해할 필요가 있다.

언어와 낭만적 사랑을 포함하는 복잡한 인간 행동에 대해 행동적으로 잘 설명하기 위해 관계틀 이론(Relational Frame Theory, RFT; Hayes et al., 2001)을 살펴볼 것인데, 이는 언어와 인지에 행동 분석적 과학을 적용한 것이다. RFT에 따르면, 인간은 관계틀이라 부르는 다양한 추상적 관계 패턴에 따라 반응하며 학습하고, 이러한 레퍼토리는 인간 언어를 용이하게 하고 언어와 낭만적 사랑을 포함하는 미묘하고 복잡한 인간 행동의 전 범위에 적용된다. 이러한 설명은 낭만적 행동의 기본적인 이론을 개념화할 수 있도록 한다. 이것은 또한 수용전념치료에 의해 묘사되는 심리적 건강에 접근하도록 해주는데, 이것에 대해서는 다음 장에서 설명하도록 하겠다. 그러므로 RFT는 우리 접근의 중심이고, 그러므로 이 장은 우리 메시지의 중심 기초를 구성한다.

RFT 접근의 핵심은 생의 초기부터 인간이 빠르게 배우고 근본적으로 그들의 환경에서 심리적 기능이 변한다는 이해를 전제한다. 그들은 다른 종과는 다른 방식으로 세상을 경험하고 상호작용을 시작한다.

관계틀의 속성과 기원

궁극적으로 어떤 동물이든 그 생존은 환경에 정확하게 적응적으로 상호작용하는 능력에 달려 있다. 따라서 동물에게는 먹이와 포식자, 짝과 경쟁자, 새끼와 낯선 개체 등을 구별하는 것이 중요한 일이다.

많은 종은 물리적인 특징에 견주어 사물을 관련시키는 법을 배운다. 예를 들어, 그들은 어떤 것이 다른 것과 물리적으로 같은 것인지 다른 것인지 혹은 어떤 것이 자신의 것보다 물리적으로 큰지 작은지를 알아차리는 법을 배울 수 있다(예 : Giurfa, Zhang, Jenett, Menzel, & Srinivasan, 2011). 이것은 **절대적**(non arbitrary) 관계 반응이라 부르는 관계 반응의 유형이다. 그 관계는 인간의 기분이나 관습에 의거해 주관적으로 변하는 것이 아니라는 의미에서 '절대적' 이다. 그러나 인간은 **임의적으로 적용한**(arbitrarily applicable) 관계 반응 또한 배울 수 있다. 이는 실질적인 물리적 관계에 상관없이 적절한 관계를 구체화시키는 맥락적 단서를 가지고 대상을 관련시키는 것이다. 그러한 맥락적 단서는 대상과의 경험적 상호작용에 기초할 필요가 없고 심지어 실질적인 경험을 '무효화(override)' 할 수 있다는 의미에서 '임의적' 일 수 있다.

예를 들어, 당신이 언어가 충분히 발달한 아이에게 '큐그' 라는 상상의 동물이 '베크' 라는 또 다른 상상의 동물보다 작다고 말한 뒤 "누가 더 크지? 큐그일까, 베크일까?" 라고 묻는다면, 그 아이는 정답을 들어본 적이 없고, 질문에서 동물이라고 하지 않았음에도 정답을 말할 수 있을 것이다. 그 아이는 '더 작은' 과 '더 큰' 이라는 단서에 대해 적절히 반응하는 것을 학습해왔으므로 이 경우 물리적 관계는 중요하지 않다. 한편 인간관계를 포함하는 다른 예를 살펴보자. 당신이 같은 아이에게 이야기 중에 완전히 허구적인 인물인 머지와 헤어고그를 등장시킨 뒤, 머지가 헤어고그보다 심술궂다고 말했다고 가정해보자. 다시 "누가 더 착할까? 머지일까, 헤어고그일까?" 라고 묻는다면, 그 아이는 그 답을 들어본 적이 없고, 질문에서 사람이라고 하지 않았음에도 정확히 대답할 수 있을 것이다. 그 아이는 '더 착한'과 '더 심술궂은'이라는 단서에 대해 적절히 반응하는 것을 학습해왔으므로 이 경우 실질적인 경험은 중요하지 않다.

틀의 다양성

임의적으로 적용한 관계 반응은 또한 **관계틀**(rational frame)로 불린다. 그림의 특수한 내용과 상관없이 그림틀을 낄 수 있듯, 관계틀은 어떤 자극에도 그것의 물리적인 특성과 상관없이 적용될 수 있다는 생각에 기반한다. 더욱이, 다양한 모양과 크기의 그림틀이 있듯, 관계틀도 매우 다양하다. 방금 제시한 예는 비교하는 관계틀이지만, 사람들은 등위(혹은 같음; 예를 들어, 단순 합 '1 + 1 = 2'에서 '=' 부호는 같음에 대한 맥락적 단서이다), 구별(예 : 호랑이는 사자와 다르다), 반대(예 : 낮은 밤의 반대이다), 위계(예 : 사과는 과일의 한 종류이다), 비유(예 : 사랑은 전쟁터이다), 그리고 관측(조망수용; 예 : 나는 여기에, 당신은 거기에)을 포함하는 많은 다른 관계틀을 학습한다. 더욱이, RFT 연구가들은 관계틀의 다양성에 대해 꽤 많은 경험적 증거를 제시해왔다(예 : Y. Barnes-Holmes, Barnes-Holmes, Smeets, Strand, & Friman, 2004; Y. Barnes-Holmes, Barnes-Holmes, & Smeets, 2004; Berens & Hayes, 2007; Carpentier, Smeets, & Barnes-Holmes, 2003; McHugh, Barnes-Holmes, Barnes-Holmes, & Stewart, 2006; Roche & Barnes, 1997; Rosales, Rehfeldt, & Lovett, 2011; Steele & Hayes, 1991; Stewart, Barnes-Holmes, & Roche, 2004; 또한 Dymond, May, Munnelly, & Hoon, 2010; Rehfeldt & Barnes-Holmes, 2009).

틀의 기원

관계틀 이론은 임의적으로 적용한 관계 반응을 조작자(2장 참조)로 보며, 아동이 양육자 및 다른 언어공동체 일원과 복합적이고 자연스러운 언어적 상호작용을 하는 과정에서 이러한 조작자를 학습한다고 제안한다. 아동이 학습하는 매우 초기의 관계 패턴은 단어와 대상 간 양방향적인 관계이다. 이 경우, 양육자는 종종 대상의 이름이 불릴 때 대상에 대한 아동의 관심을 강화하며(이름 A → 대상 B; 예 : 양육자가 "사과"라고 말하면 → 아동은 사과를 보거나 가리킨다) 대상이 제시될 때 이름을 부르는 것을 강화한다(대상 B → 이름 A; 예 : 양육자는 아동에게 사과를 보여준 뒤 바로 "이게 뭘까?" 물으면 → 아동은 "사과"라고 말한다). 관계 패턴의 두 방향은 명백하게 학습되는데, 이러한 종류의 상호작용은 결국 아동이 양방향적인 이름-대상 관계의 조작자를 획득할 때까지 수많은 다른 대상들(물론 '엄마'와 '아빠'와 같은 사회적 대상을 포함하는)과 수도 없이 발생한다. 그 시점에 한 방향(예 : "이 [새로운 대상 A]는 [새로운 이름 B]"라고 말하는 것)에 대해 학습하는 것은 다른 방향에서 추리할 수 있도록 한다(즉 그 [신기한 이름 B]가 어디에 있는지 물으면, 아동은 여전히 신기한 대상 A를 가리킨다). 이러한 양방향적인 이름-대상 패턴은 참고가 되는 언어적 현상의 핵심을 구성하고 또한 조화로운 관계틀을 위한 기초를 제공하기 때문에 특별히 중요한데, 인간 언어에서 가장 일반적이고 중요한 틀 중 하나이다. 두 자극(이름과 대상) 사이에서 동일성 관계에 반응하는 것을 학습한 후, 그 뒤에 아동은 공식적 교육뿐 아니라 자연스러운 언어에 지속적으로 노출됨으로써 두 개의 구성 관계를 새로운 관계와 묶는 법(예 : A가 B이고, B가 C이면, A는 C이고, C는 A이다)과 앞에 열거된 것들처럼 조화롭지 않은 관계틀에 반응하는 법을 학습한다.

관계틀의 특징

사회-언어적 환경에 노출됨으로써 아동은 차츰 다양한 관계틀을 획득한다. RFT 조망에서 모든 틀은 세 가지 특징을 가지고 있다. 첫째는 **상호적 함의**(mutual entailment)로서, 한 방향에서의 관계는 다른 쪽에서의 관계를 함의한다. 예를 들어, 당신이 존에게 "셀리는 메리보다 외향적이다"라고 말한다면 그는 '메리는 셀리보다 덜 외향적이다' 라는 관계를 끌어낼 수 있다. 두 번째 특징은 **조합적 함의**(combinatorial entailment)로서, 둘의 관계는 함의하는 추가적인 관계를 조합한다. 예를 들어, 당신이 존에게 "셀리는 메리보다 외향적이고, 메리는 조세핀보다 외향적이다"라고 말한다면 그는 셀리가 조세핀보다 외향적이고 조세핀은 셀리보다 덜 외향적이라는 두 가지를 끌어낼 수 있다. 세 번째 특징은 관계틀을 통한 **자극 기능의 변환**(transformation of stimulus functions)이다. 예를 들어, 존이 외향적인 여성에게 끌리고 이 세 여성(셀리, 메리, 조세핀) 중 선택해서 데이트를 해야 한다고 상상해보자. 그가 그들 가운데 아무도 만나보지 못했고 위의 사실 외에 아는 것이 없다 하더라도 그는 셀리를 선택할 가능성이 높다. 임의적 자극 기능인 '셀리', '메리', 그리고 '조세핀' 은 이름이 부여된 여성들 가운데 한 명을 선택하는 방식에서 (관계틀을 통해) 주인공으로 변환되었다.

관계틀의 변환 효과

자극 기능의 변환은 특히 중요한데, 관계틀이 환경 기능의 변화를 통해 사람들의 행동에 영향을 미칠 수 있는 방법을 기술하기 때문에 그러하다. RFT는 관계틀을 통해 변환되어온 기능 중 하나로서 언어적 자극을 정의하고, 그러므로 이것이 언어의 효과에 대한 RFT의 설명이다. 이러한 조망에서 아동이 관계틀을 배우자마자 그들의 환경에 있는 자극은 언어가 되기 시작하고 (앞의 예에서 '셀리'와 '조세핀'이란 단어가 그랬던 것처럼) 그러한 기초에서 그들을 위한 새로운 기능을 제공한다. 이러한 과정은 그들의 환경을 변화시키고 그들이 보다 빠르게 환경에 반응하도록 한다.

더욱이, 관계적으로 틀을 형성하는 대상과 사건들은 언어적 공동체와 지속적인 상호작용을 하면서 지지되고 발전된다. 그래서 아동이 반응하는 것과 부합되는 관계망은 계속 변화하고 확장하는데 이러한 망은 아동에게 잔존하는 방법이 증가하고 성인으로 자랄 때까지 복잡하고 미묘한 방법이 증가하도록 영향을 미치게 된다.

그러므로 이른 나이부터 관계틀 — 언어의 기초를 이루는 과정 — 은 그의 환경을 변화시키기 시작하고, 그러한 영향은 시간이 지남에 따라 더욱 더 확산되기 시작한다.

RFT와 인간의 조건

관계틀이 인간의 환경을 변화시키는 몇 가지 방법을 살펴보도록 하자. 이 절에서는 관계틀이 인간의 사랑과 성뿐만 아니라 수용전념치료에 관여되는 과정을 포함하는 복잡한 인간 행동을 설명하는 게 가능하도록 만드는 인간 심리학의 중요한 특징 몇 가지를 살펴볼 것이다.

양방향적 자극 관계

관계틀은 자극 간 관계가 양방향적 혹은 상호함의적이게 한다. 이것에 대한 가장 분명하고 일반적인 예는, 물론 단어와 대상 간의 참조 관계이다.

이 경우, 대상이 단어에 관련되어 있으면 단어도 대상에 관련되어 있고, 그 반대도 마찬가지다. 어떤 방향에서든 자극을 관련시키는 능력은 인간이 다른 종과 구별되는 중요한 특징이다. 아래에서 살펴보도록 하자.

일방향 대 양방향

다른 종에서 조건화는 한 방향적이다. 예를 들어 개의 경우, 초기 중성적 자극(NS; 예 : '비스킷' 이라는 단어)이 일정하게 무조건적 자극(USC; 예 : 개 비스킷)에 선행하게 되면, 그 중성적 자극(NS)은 무조건적 자극(USC)의 심리적 기능을 얻게 되어 조건적 자극(CS)이 된다. 예를 들어, 조건적 자극(즉 '비스킷' 이라는 단어를 듣는 것)과 제시되는 상황에서 개는 침을 흘릴 것이다. 그러나 이러한 조건화는 오직 중성적 자극(NS)이 무조건적 자극(UCS)을 선행할 때 일어난다. 개에게 비스킷을 주기 전에 "비스킷"이라고 일정하게 말하는 대신, 개에게 일정하게 비스킷을 먼저 준 뒤 "비스킷"이라고 말한다면 조건화는 일어나지 않는다. 다른 말로, 단어 그 자체는 어떤 반응도 일으키지 않는다. 그러나 관계틀에 감사하게도, 인간에게 조건화는 강력하게 양방향적이다. 예를 들어, 아동에게 쿠키를 주면서 단지 "쿠키"라고 말하고 이후 아동이 그것을 받아도, 아동은 나중에 "쿠키"라는 소리에 여전히 반응할 것인데, 이는 아마 쿠키의 모양과 맛을 기억하거나 흥미를 발휘해서일 것이다. 이는 아동이 "쿠키"라는 소리와 실제 쿠키를 같음의 관계에서 틀을 만들었기 때문이고, 소리가 대상의 심리적 기능을 얻는 것 같은 관계를 통한 자극 기능 변형이 일어났기 때문이다.

양방향성 : 긍정적 그리고 부정적

관계틀에 내재된 양방향성은 대단히 긍정적이고 이득이 된다. 우리가 설명했듯, RFT는 관계틀을 언어를 특징짓는 과정으로 보며 이후 인간 인지의 기본으로 보기 때문에 관계틀은 또한 인간 인지의 기본이 된다. 이러한 조망에서, 유일하게 인간이 토론과 생각을 통해 즐거운 과거 사건을 기억하고 다시 체험할 수 있는 것은 관계틀의 능력이다. 인간은 과거의 경험을 분석할 수 있고 그럼으로써 수반성 조성(contingency shaping)에 의해 제공되는 것 이상의 통찰을 얻는다. 인간은 문제를 풀고 미래를 계획하기 위해 과거와 현재의 환경적 측면들을 상징화하여 생각할 수 있다.

그러나 관계틀 능력은 부정적이 될 수 있는데, 사람들은 즐거운 사건을 기억하고 상상할 수 있을 뿐 아니라, 불유쾌한 사건도 기억하고 상상할 수 있다. 또한 미래를 계획할 수 있는 것처럼 불필요하게 걱정하며 시간을 보낼 수도 있다. 그러한 경험은 혐오스럽지만 언어적 유기체로서 피할 수 없는 측면이다. 그러나 그러한 경험을 다루기 위해 **경험적 회피**(experiential avoidance)가 일어나는데, 이는 사람들이 불유쾌한 생각을 회피하려는 시도이지만 이러한 노력은 잠재적으로 그들의 삶을 방해할 수 있다.

어릴 적부터 학대를 받아 성인이 되어서도 파트너와 친밀한 관계를 맺기 어려워하는 사람이 있다고 생각해보자. 그 사람은 치료자가 자신을 도울 수 있다는 것을 알면서도 치료자에게 학대에 대해 말하는 게 어려울 수 있는데, 인간이 관계적으로 틀을 만드는 능력은 인간의 조건화가 양방향이라는 것 — 학대에 대해 말하는 것 자체가 학대가 된다 — 을 의미하기 때문이다. 그러므로 치료자에게 학대에 대해 말하는 것은 두려운 감정, 수치심, 자기혐오와 같은 불쾌한 기억을 일으킨다. 이러한 혐오스러운 경험을 회피하기 위해 그 사람은 치료를 피할지도 모른다. 그러나 치료를 회피하는 것은 대가를 치르게 되는데, 파트너와 친밀감을 갖기 어렵다는 것은 온전히 가치를 가진 삶을 사는 그 사람의 능력을 제약한다.

관계적 연결성

사회-언어적 공동체는 사람들에게 관계적으로 틀을 만들도록 가르칠 뿐 아니라 관계틀 안에서 연결성(즉 의미가 통하도록)을 가르친다. 연결성은 관계틀의 패턴이 서로 상치되기보다는 연결되고 지지되어야 한다는 것을 의미한다. 예를 들면, "내 친구 젬마가 아홉 살이면 그녀는 열 살일 수 없다"는 것이다. 관계적 연결성은 다른 사람의 행동을 더 잘 예언하고 영향을 미칠 수 있다는 점에서 이점이 많다.

일반적으로 이른 나이부터 연결성은 강화되고 연결성의 부족은 처벌된다. 예를 들어, 양육자는 아동이 대상이나 사람을 반복적으로 틀리게 부르면 눈살을 찌푸리거나 바르게 고쳐줄 것이다. 물론 이름을 잘못 부르거나 사람이나 사물을 잘못 기술하는 데 처벌되지 않고 강화되는 중요한 맥락이 있다. 예를 들어 유머에서 잘못된 이름을 사용하는 것은 주의를 끌고 즐거움을 나누며 강화된다. 그러나 유머는 특별히 지엽적인 맥락에서 연결성 부족에 대해 공유된 이해를 기초로 실행되지만, 결국 더 넓은 맥락에서는 연결적인 관계의 이해를 요구한다는 점에서 궁극적으로 유머에서조차 연결성은 결정적이다. 연결성은 또한 물리적이고 사회적인 환경 모두에서 성공적인 문제해결과 관련되어 있다. 그러므로 이러한 이유에서 관계적 연결성은 강력히 조건화된 강화가 된다.

의미가 통하고 문제가 해결되는 것은 매우 득이 되는 활동이다. 문제를 해결하는 것은 예를 들면 사람들이 가치가 연결된 목표를 이루는 데 있어 필요하다. 낭만의 영역에서 잠재적으로 사랑을 나눌 사람을 만나기 위한 최선의 방법을 아는 것은 풀어야 할 필요가 있는 중요한 문제이다.

연결성을 찾고 추구하는 일이 많은 영역에서 중요하고 긍정적인 것이 사실이지만, 인간의 언어 학습사 측면에서는 항상 좋은 것만은 아니다. 때로 그것은 사람들이 그들의 가치를 포기하도록 할 수 있다. 예를 들어, 자신이 생식력이 없음을 발견한 남성의 경우를 생각해보자. 그의 가치가 가족 안에서 친밀한 관계를 맺는 것일지라도, 이 사실을 알게 된 후부터 그는 잠재적인 파트너에게 훨씬 덜 매력적일 거라고 생각하면서 데이트를 피하고 그러므로 그가 가족을 이루고 싶을 누군가와 만날 기회는 점점 더 줄어들 것이다. 그때 그는 관계적으로 연결된 이러한 설명에 매달리고 데이트를 포기하는 핑계로 삼는 것이다. 그는 인생은 공평하지 않고 승자와 패자가 존재한다고 생각하며 자신을 패자의 자리로 밀어낼 것이다.

데이트를 회피하기 위해 연결된 핑계를 분명히 제공하는 것과 별개로, 이러한 설명은 내적으로뿐만 아니라 성과 매력, 성공과 실패, 그리고 금욕주의와 같은 이념에 관해 연결되는 덕목에 의해 단순히 강화가 될 수 있을 것이다. 연결성은 강력히 조건화된 강화물이고, 그러므로 그것에 도달하는 것은 마음을 편하게 만든다. 그러나 길게 보면, 자신의 가치(즉 이 경우 데이트를 지속하는 것)에 부합되게 행동하는 것이 단순히 '옳은' 느낌을 갖는 것보다 훨씬 많은 것을 이루게 할 것이다.

지시적 관계틀

관계틀의 한 가지 주요한 유형은 **지시적 틀**(deictic frame, '지시적' 이라는 말은 '말하는 이의 관점에 의존하다' 라는 의미이다)인데, 주제, 공간, 시간에 대한 언어적 참조를 제공한다. RFT는 지시적 틀을 조망을 취하는 능력과 자아 개념의 개인적 확장으로 보고 있다. 세 가지 주요한 지시적 틀은 **나-너, 여기-거기, 지금-그때**이다(예 : Hayes, 1984 참조). D. Barnes-Holmes, Hayes, Dymond(2001, p. 122)에 따르면, "세상에 대한 개인적 조망의 추상 개념, 그리고 다른 것들의 추상 개념은 충분히 잘 발전된 관계 레퍼토리의 조합과 그 레퍼토리에 도움을 줄 복합적인 예들의 광범위한 역사를 요구한다. 다른 말로, 그 개인은 우선 그의 현재 경험 안에서 관계적으로 틀을 형성하는 대상, 인물, 그리고 사건에 대해 배울 필요가 있다. 그런 다음 그러한 경험에 적당한 조망을 획득하는 법을 배우기 위해 사람들이 자신의 사회적 환경에서 그 경험에 대하여 사용하는 지시적 단서에 따라 적절히 반응할 복합적인 기회를 필요로 한다. 언어적 공동체와 상호작용하는 과정에서 아동은 "당신은 여기서 뭐하고 있어요?", "나는 지금 뭘 하고 있지요?", "당신은 거기서 뭘 할 거예요?"와 같은 질문을 하고 차츰 여기에 적절히 반응하는 법을 배우게 될 것이다. 그러한 질문을 하고 대답하는 물리적 환경은 예마다 다르지만, **나-너, 여기-거기, 지금-그때**가 요구되는 관계 패턴은 일관적일 것이다. 그러므로 다른 관계틀의 학습의 경우에서처럼 이러한 패턴들도 시간이 지남에 따라 추상적이 될 것이다(예 : McHugh, Barnes-Holmes, & Barnes-Holmes, 2004 참조).

RFT에 따르면, 자신이 한 번 형성한 행동적 레퍼토리에서의 나-너, 여기-거기, 그리고 **지금-그때**와 같은 지시적 틀은 대부분의 언어적 사건에서 내재된 자산이 된다. 이러한 설명으로 보면, 한 사람이 다른 사람에게 말을 할 때마다, 나의 조망에서, **여기**와 **지금** 위치에서, **거기**(즉 다른 장소)에서 일어난 사건에 대해, 그리고 매우 자주 **거기**와 **그때**(즉 다른 장소와 시간)를 사용한다. "안녕하세요?"라는 단순한 인사에서조차 말하는 이는 전형적으로 **거기**(듣는 이가 있는 어디든지)와 **그때**(인사가 들릴 때)의 위치에서 너(듣는 이)의 상황에 대해 **여기**와 **지금**을 묻는 것이다. 한 사람이 자기 스스로에게 말하는 상황에도 같은 분석이 적용된다. 내가 실수를 한 후 나 자신을 비판하며 "그건 어리석었어"라고 말한다면, 나, **여기**, 그리고 **지금**은 **거기**와 **그때**(내가 실수를 저지른 장소와 시간)의 자기 자신을 판단하고 있는 것이다. 요약하면, 지시적 관계는 항상 **여기**와 **지금**에서 말하는 이와 그것이 무엇이든 **거기**와 (또한 매우 전형적으로) **그때**에 관해 말하는 이 사이에 끝없는 영역을 형성한다.

세 가지 언어적 자기

RFT는 또한 확장된 관계 레퍼토리와의 조합에서, 조망수용이 세 가지 기능적으로 다른 종류의 (언어적) 자기를 만들 수 있다고 제안하는데, 이는 (1) 언어적 관계에서 **내용으로서의** 자기, (2) 언어적 관계에서 **진행 중인 과정으로서의** 자기, 그리고 (3) 언어적 관계의 **맥락으로서의** 자기이다 (Hayes, 1995).

내용으로서의 자기

내용으로서의 자기(self-as-content) 혹은 개념화된 자기는 사람들이 시간이 흐르면서 그들 스스로와 그들의 개인적 역사에 관해 구성한 정교한 기술과 평가적인 관계망으로 구성되어 있다. 아동이 자기인식이 되기 시작하면서 그들은 그들의 행동을 해석하고, 설명하고, 평가하고, 예측하며, 합리화하기 시작한다. 그들은 자신의 역사와 경향에 대한 이러한 기술과 평가를 일관적 망에 조직화하는데, 이는 시간과 상황을 통해 일반적으로 지속되어온 '자기' 의 일관된 제시이다.

자기평가는 항상 **거기**와 **그때** 일어난 행동에 대해 **여기**와 **지금**을 만든다. 그러나 드물게 이렇게 해석하고 평가하는 과정이 현재의 순간에 일어나는 것 같은 상태에 도달한다. 관계적 반응(예 : 사고, 판단, 비교, 신념)의 산물을 명백한 진실로 그리고 실제 세계에 내재된 측면으로 취급할 때 문제가 발생하는데, 이 과정을 수용전념치료에서는 **인지적 융합**(cognitive fusion)이라 부른다. 인지적 융합은 역사적인 뿌리가 있고 바꿀 수 없다고 보는 자기평가가 이루어지면서 문제가 될 수 있다. 자기 이야기(내가 누구이고, 어떻게 그런 식으로 존재하게 되었는지에 관한 이야기)는 단순히 굳어진 과거 행동에 대한 기술일 뿐 아니라 이야기를 일관적으로 유지하는 방향에서 미래 행동을 이끌게 되는 것이다. 이것은 그 이야기에 반하는 증거는 무시하거나 빠뜨리게 되고, 선택적으로 확증적인 증거에 도달하고 그것을 강조하며, 이야기와 일관된 방식으로 행동하게 된다.

과정으로서의 자기

과정으로서의 자기(self-as-process) 혹은 알아가는 자기는 그들이 일으키는 내적(즉 사적, 심리적) 사건이나 경험에 대해 진행 중인 언어적 구별이다. 아는 과정으로서의 자기를 반영하는 진술문은 전형적으로 "내가 느끼기에는", "내가 생각하기로는", 그리고 "내가 궁금한 것은"과 같은 구절로 시작한다. 알아가는 자기는 개념화된 자기를 느끼고(예 : "나는 우울한 사람이다"라는 걸 알기 위해서는, 나는 우선 내가 자주 슬픔을 느끼고, 많은 맥락에서 에너지 수준이 낮다는 것을 알아야 한다) 맥락으로서의 자신에 대한 변형된 개념과 접촉할 필요가 있다. 그러므로 자기점검 레퍼토리는 관찰자에 대한 관찰을 필요로 한다.

과정으로서 자기는 인간의 심리 발달에 결정적이다. 자신의 반응에 효과적으로 반응하기 위해서, 우선 자신이 어떻게 반응하는지와 그것이 가진 효과를 자각하고 있어야 한다. 예를 들어, 유연성과 융통성을 가지고 다른 사람의 행동에 대한 자신의 사고와 느낌을 이해하고 반응하는 것은 개인적 관계에서 결정적이다. 이는 낭만적 관계의 경우에 특히 그러한데, 개인의 친밀한 정서적 삶의 상당 부분이 타인과 공유된다.

알아가는 자기는 개인적으로뿐 아니라 언어 공동체의 다른 구성에 있어서도 행동을 통제하는 데 대단히 유용하다. 알아가는 자기로부터의 진술문은 사람들이 그 사람의 학습력에 대한 지식 없이도 개인의 행동을 예측할 수 있도록 한다. 예를 들어, 메리가 자신이 조에게 분노를 느낀다고 말했을 때, 사람들은 메리가 특수한 맥락에서 조에게 어떻게 행동할지 예측할 수 있도록 한다.

맥락으로서의 자기

맥락으로서의 자기(self-as-context)는 모든 자기구별 가운데 변함없는 측면이다. 당신이 당신 자신과 당신의 행동에 대한 매우 다른 질문에 답한다면, 시간을 통해 일관적인 대답의 측면만이 그 대답이 주어진 맥락이 된다. 즉 나, 여기, 그리고 지금이다. 그것들은 "함께 오는 것 그리고 관점으로부터 관찰이나 기술을 가능케 하는 지시적 틀, 특히 나/여기/지금의 융통성 있는 사회적 확장"으로 기술되고 "탈융합, 수용, 연민, 공감, 마음 이론, 그리고 자기의 변형된 감각을 포함하는 광대한 경험의 다양성"을 가능케 하고 용이하게 하는 것으로 언급된다(Hayes, 2011).

맥락으로서의 자기는 사람들이 심리적 고통을 경험하고 조절하는 방식에 변화를 준다는 점에서 중요한 함의를 갖는데, 이러한 자기에 대한 감각은 개념화된 자기나 알아가는 자기가 할 수 있는 방법에서 혐오적인 내용에 의해 위협받지 않기 때문이다. 그것은 사람들이 깊은 정서적 고통을 직면하고 자발성, 연민, 그리고 친밀감을 가질 수 있도록 한다.

언어적 타인

언어적 타인의 개념은 관계와 특별히 관련된다. 언어적 타인은 중요한 측면에서 언어적 자기와의 대화인데, 조망수용이 세 가지 기능적으로 구별된 자기의 종류를 수립할 수 있듯 그것은 세 가지 구별된 타인의 종류, 즉 안정된 내용으로서의 타인, 계속되는 실험적 과정으로서의 타인, 그리고 언어적 관계 맥락으로서의 타인을 수립할 수 있다는 개념을 포함한다(Hayes, 1995).

개념화된 타인은 우리가 관심을 갖는 다른 사람에 대한 언어적 구성이다. 예를 들어, 무신론자와 대화를 나눈 적이 있었던 내가 새롭게 알게 된 강한 종교적 신념을 가진 사람과 이야기를 나누게 된다면 나는 다른 것을 가정하게 될 것이고, 그러한 기초하에 대화의 접근도 달라질 것이란 것을 가정하게 된다. 다른 말로 하면, 나는 언어적으로 다른 청중을 구성할 것이고, 말하는 이로서의 나를 위해 기능적으로 다른 패턴의 변형을 만들 것이다.

과정으로서의 타인 혹은 알아가는 타인 또한 언어적 구성체이나, 개인이 순간순간에 기초해 다른 사람의 반응을 구축하므로, 이 경우 보다 융통성이 있다. 이는 다른 사람이 자신이 말한 것에 대해 어떻게 반응할 것인지 언어적으로 구축하므로 대화 중에 발생하는 경향이 있으며, 다른 사람이 감정(예 : "나는 당신의 말을 들으니 조금 실망스럽네요")을 드러내기 쉬운 보다 개인적인 대화에서 특히 특성을 드러낸다.

맥락으로서의 타인은 다른 사람의 조망을 언급하는 것이다. 앞서 제시했듯, 자신에 관해 언급할 때 조망은 "함께 오는 것 그리고 견지로부터 관찰이나 기술을 가능케 하는 지시적 틀, 특히 나/여기/지금의 융통성 있는 사회적 확장"에 기초해 창조된다(Hayes, 2011). 더 큰 확장은 진행 중인 것을 기초로 누군가의 상황을 이해하고 경험할 수 있게 하고(즉 그 사람에 관한 지시적 틀에 따른 기능적 변환을 끌어내고 경험한다), 더 큰 확장은 우리가 맥락으로서의 타인을 접촉하고 그 다른 사람의 경험에 대해 공감하게 한다.

분명한 것은 언어적 타인에 관련된 중요한 개념 중 한 가지가 공감이라는 것이다. 그리고 RFT 견지에서 공감을 기초로 하는 주요 과정은 지시적 관계를 통한 감정적 기능의 변환이다. 그러므로 예를 들어, 당신이 최근 정서적 외상 사건을 경험했다고 하고, 다른 사람이 지시적 틀(예 : "내가 만일 당신이라면…")을 통해 당신의 입장을 취한다면, 그 사람은 나-너 틀을 통한 기능 변환을 통해 당신의 정서 상태를 경험할 것이다. 공감에 대한 이러한 개념은 위에서 기술한 '과정으로서의 타인'에 분명히 적절하다. 예로, 치료적 맥락에서 내담자가 자신의 현재 경험을 기술하는 것을 듣고 있는 전념된 치료자는 내담자의 경험을 지시적 틀로 형성할 것이고 그럼으로써 그 경험을 중요하게 확장시켜 나누게 된다. 이 경우, 시간이 지나면서 다른 사람의 경험을 더 깊이 접촉하고, 그 사람의 조망에서 그의 세계를 더 잘 이해하고 공감할 수 있게 된다. 이것은 분명 친밀한 관계에서 핵심적인 과정이다. 이상적으로, 낭만적 관계는 친밀한 정서 경험을 나누는 것을 포함한다. 지시적 틀을 통한 정서 기능의 변환 과정은 그야말로 어떻게 그러한 경험의 공유가 발생하는지에 대한 RFT 개념이다.

규칙 지배적 행동

조망수용, 그리고 자기 대 타인에 대한 기능적 분석과 더불어 RFT는 규칙 지배적 행동과 관련 현상에 대한 새로운 통찰을 제공하는데, 이는 복잡한 인간 행동을 이해하는 데 있어 결정적으로 중요하다. 우선 규칙 지배적 행동과 관련 효과를 간단히 살펴본 뒤에 이러한 현상에 대한 RFT 분석을 고려해보자.

인간이 아닌 대상들은 일차적으로 반응적 조건화 및 조작적 조건화를 통해 학습이 이루어지지만, 인간은 (언어를 학습함으로써 제공되는) 근본적으로 그들이 어떻게 행동해야 하는지에 관한 구체적인 규칙의 영향을 받는다. 이러한 규칙들은 때로 다른 사람에 의해(예 : "당신은 좀 더 자주 밖에 나갈 필요가 있습니다") 생성되고 때로는 내적으로(자기규칙; 예 : "나는 좀 더 자주 밖에 나갈 필요가 있어") 생성된다. 행동 분석과 RFT에서 사용되는 '규칙' 의 개념은 행동을 기술하는(예 : "잔디에 들어가지 마시오") 언어적 진술로서의 관습적인 의미의 '규칙' 보다 좀 더 광의적이다. 행동 분석과 RFT에서 사용되는 '규칙' 은 보다 일반적으로 행동에 영향을 미칠 수 있는 세상에 관한 언어적 진술이다. 예를 들어, "나는 매력적이지 않아" 라는 진술이 하나의 규칙이 될 수 있는데, 왜냐하면 그러한 규칙은 그것을 생각하거나 말하는 개인이 다른 사람과 상호작용하는 방식을 바꿀 수 있기 때문이다.

규칙에 따르는 것은 매우 유용할 수 있다. 실례로, 연구자들은 규칙에 따르는 것이 홀로 조작적인 수반행동을 조성하는 것보다 환경 적응에 용이하다는 것을 보여준다(예 : Ayllon & Azrin, 1964; Baron, Kaufman, & Stauber, 1969; Weiner, 1970). 예를 들어, 당신이 게임 규칙을 배울 때, 당신을 위해 기술해놓은 행동 순서를 따르는 것이 시행착오를 하는 것보다 훨씬 빠를 것이다. 더구나 규칙은 어떤 행동(예 : 브릿지 같은 복잡한 카드 게임에 필요한 행동 레퍼토리)에 관해서는 수반행동 조성에 비해 훨씬 자세한 정보를 제공해줄 것이고, 꽤 지연된 결말(예 : "열심히 공부하라. 그러면 당신 분야에서 성공할 것이다")의 통제하에 있는 행동에 대해 말해준다.

규칙이 사람들로 하여금 세상을 보다 효과적으로 살아가도록 안내하는 것이 사실이지만, 인간 행동은 환경 조절을 위해 다른 원천을 사용하는 것을 배제하는 규칙에 의해서도 영향을 받을 수 있다(예 : Kaufman, Baron, & Kopp, 1966). 여성들에게 숱한 거절을 당한 뒤, "나는 근본적으로 사랑받기는 어려워"라는 규칙을 생성한 남성이 있다고 생각해보자. 그는 데이트를 포기하고 스스로 독신의 삶으로 물러섬으로써 이후 이러한 규칙에 따라 행동할 수 있다. 만일 그가 정서적으로 고통스럽더라도 데이트를 계속했다면, 결국에는 안정된 관계를 누릴 수 있는 누군가를 만났을 수 있다. 그러나 그 규칙에 따라 행동하는 것은 그가 해법을 찾지 못하도록 한다. 훨씬 기본적인 경험적 작업이 규칙에 기반한 수반행동의 둔감 현상에 대해 문서화되어 있다. 그 점에서, 규칙의 영향하에 있는 사람들이 훨씬 그들의 환경 변화에 적응하기 어려울 것이다(예 : Hayes, Brownstein, Haas, & Greenway, 1986; Matthews, Shimoff, Catania, & Sagvolden, 1977; Shimoff, Catania, & Matthews, 1981; 개관은 Hayes, 1989 참조).

규칙에 대한 기능적 분석

규칙과 규칙 지배적 행동의 현격한 중요성에도 불구하고, 오랜 시간 동안 서구 심리학에서는 이러한 현상에 대한 적당한 기능적 분석이 없었는데, 언어에 대한 적당한 기능적 분석 이론이 없었기 때문이다. 이는 이제 관계틀 이론의 출현으로 변화되었다.

Skinner(1966)는 규칙을 수반-구체화된 자극으로 정의했지만, 핵심 용어인 '구체화'를 행동 분석 용어로 정의하는 데 실패했다. 이제 RFT 접근은 임의적으로 적용된 관계를 통한 자극 기능의 변환이라는 관점으로 구체화를 정의한다. 좀 더 구체적으로, RFT는 관여된 관계틀과 그러한 관계틀을 유도하는 경우에 대한 단서라는 측면에서 규칙 지배적 행동을 분석하고, 또한 그러한 관계를 통해 변형된 심리적 기능과 그러한 기능의 변형이 이루어지는 경우에 대한 단서라는 측면에서 규칙 지배적 행동을 분석한다(예 : D. Barnes-Holmes et al., 2001).

"오전 7시 15분에 극장 출입문 밖에 서 있어라. 그리고 내가 거기로 너를 만나러 가겠다"라는 말에 대해 생각해보자. 이러한 규칙은 공간과 시간이라는 선행자극, 반응의 형식과 맥락, 그리고 후속자극의 속성을 구체화한다. RFT 조망에서 그것은 다음의 구체적인 관계틀을 포함한다. 즉 단어(예 : 극장)와 실제적 대상이나 사건 사이의 조화, 전-후 관계('그리고' 라는 단어는 일시적인 선행자극을 가리킨다), 그리고 '나', '너' (함축된), 그리고 '거기' 에 기반한 지시적(조망수용) 관계이다. 자극 기능의 변환이라는 점에서 "밖에 서 있어라"는 그 규칙에 구체화된 맥락(즉 오전 7시 15분)에서 듣는 이가 보다 극장 가까이 서 있도록 함으로써 극장의 행동적 기능을 변경한다.

사람들이 규칙을 따를지 평가할 수 있는 자기증거가 있는 것 같지만, RFT 용어로 이것을 설명하는 것은 중요하다. 행동을 위한 규칙을 제공받은 사람은 그 규칙이 그들의 실제 행동과 어울리는지 생각해봄으로써 그 규칙을 따를지 여부를 결정할 수 있다. 보다 기술적으로, 규칙을 따르는 사람들에게 있어서 그 규칙에 의해 구성되는 관계망과 그 규칙에 의해 구체화된 대상이나 사건들 사이에서 유지되는 관계 사이의 조화는 행동 조절의 지속적인 원천으로 작용한다. 다른 말로, 어떤 사람이 규칙에 의해 구체화된 환경이 규칙에 의해 구체화된 관계에 정말 있는 것을 본다면 그 규칙을 따르고 있는 것이 된다. 앞에 주어진 예에서, (듣는 이로서) 당신이 당신의 시계가 7시 15분을 가리킬 때 당신이 극장 밖에 서 있는 것을 본다면 당신은 그 규칙을 따르고 있는 것이다.

규칙의 기능적 범주

Zettle과 Hayes(1982)는 규칙을 따르는 세 가지 기능적으로 다른 범주인 **눈치보기**(pliance), **추적하기**(tracking), **확장하기**(augmenting)를 제안했다. 각 경우에, 우리가 강조했던 그 과정 — 규칙과 사람의 행동 사이 조화의 관계를 유도하는 것 — 이 일어나지만 추가적인 패턴이 행동 효과를 결정한다.

눈치보기란 규칙을 따르기 위해 사회적으로 중재된 강화의 통제하에 있는 규칙 지배적 행동이다. 예로, 리틀 지미가 방 정리에 관한 엄마의 규칙을 따르는 것은 이전에 규칙을 따른 결과 칭찬과 인정을 받았거나 처벌을 피했기 때문이다.

추적하기란 규칙과 그러한 규칙을 전달하는 데 있어 독립적인 환경 배열 사이가 조화로운 역사의 통제하에 있는 규칙 지배적 행동이다. 하나의 예는 교사에 의해 전달된 규칙을 따르면 학교생활에서 성공하기 때문에 다가오는 시험에 대비해서 읽어야 할 교재에 관해 교사가 전달한 규칙을 따르는 학생의 경우이다. 이 경우 성공은 규칙을 따르는 것을 강화하기 위해 직접적으로 교사에 의해 계획된 것이 아니라, 단지 보다 효과적인 학습의 후속자극이었다.

확대하기란 사건의 기능 수준을 후속자극으로 변경하는 관계망에 기인한 규칙 지배적 행동이다. 확대하기에는 형식적인 것과 동기적인 것, 두 가지 형태가 있다. **형식적**(formative) 확대하기는 이전에 중성 자극이었던 것을 후속자극으로 만드는 것이다. 예를 들어, 게임의 맥락에서 파란 토큰은 점수로 가치가 있으므로, 파란 토큰을 얻는 것은 그 맥락에서 강화가 된다. 동기적(motivative) 확대하기는 이미 후속자극으로 기능하던 자극의 효과성을 변화시키는 것이다. 예를 들어, 당신이 이미 초콜릿을 좋아하지만, 초콜릿이 얼마나 맛있는지 선전하는 광고를 보면 다음에 쇼핑을 갔을 때 그것을 살 확률이 높아지게 되는 것이다. 그러한 규칙의 효과성을 설명하는 한 가지 방법은 예시된 강화물의 비언어적 행동 효과에 언어적 대상으로 기능하는 것인데, 특수한 형태의 강화물(예 : 음식)에 노출된 유기체가 후속적으로 그러한 강화물을 얻기 위해 더 열심히 일하게 되는 것으로 인해 조작을 만들거나 동기화한다. 동기적 확장하기 규칙은 물리적(예 : 자극 기능의 변형을 거쳐)이기보다는 언어적인 강화 기능을 제시함으로써 작동될 것이다.

자기 규칙

다른 사람에 의해 제공된 규칙의 분석뿐 아니라 RFT는 자기 규칙에 대해 분석하도록 하는데, 우리가 논의해왔던 자기 분석의 확장이라고 볼 수 있다. 사람들은 매일 그들의 행동을 이끌어갈 수많은 자기 규칙을 생산하므로 자기 규칙은 매우 중요한 주제이다. 이러한 규칙들 중 일부는 단순하고 사소하지만(예 : "나는 메리에게 전화해야 해"), 다른 것들은 복잡하고 심오한데(예 : "나는 반드시 낭만적이고 기억에 남을 만한 방법으로 청혼을 해야 해") 그것들의 효과는 의심할 여지 없이 유의미하다. 자기 규칙은 내용으로서의 자기와 과정으로서의 자기 모두와 관련되어 있다. 예를 들어, 내용으로서의 자기에 관해서는, 당신은 당신 자신에 대한 개념에 근거해서 자신에 관한 규칙을 기술하게 될 것이다(예 : "나는 너무 부끄러움을 타기 때문에 데이트하자고 그를 귀찮게 하지 않을 거야"). 그러나 과정으로서의 자기에 근거해서 만들어지는 자기 규칙은 특별히 중요한데, 잠재적으로 중요한 상황에서 진행 중인 방식으로 행동을 이끌 것이기 때문이다. 그러한 규칙은 특수한 맥락에서 특수한 감정을 표현하기(예 : 친밀한 타인과의 애정) 위한 적절한 방식을 포함하고 비교적 유용하거나(예 : 깊은 감정을 허용하도록 격려함으로써) 잠재적으로 불이익을 주기도 할 것이다(예 : 깊은 감정을 회피하도록 함으로써).

또 다른 중요한 구별은 **전략적**(strategic) 자기 규칙과 **가치적**(valuative) 자기 규칙이다. 먼저 전략적 행동에 대해 말하자면, 규칙이 만들어진 뒤 비교적 빨리 발생하는 경향이 있다. 예를 들어, "나는 오늘 밤 7시까지 그 식당에 가야 해"가 있다. 반면, 가치적 자기 규칙은 무엇보다 중요한 명백히 장기간의 가치를 담은 대상을 언급한다. 이 경우의 예는 "나는 나의 파트너와 보다 친밀한 관계를 맺고 싶어"이다. 전략적 자기 규칙에서는, 행동적 용어가 상대적으로 자세히 기능하는 경향이 있다. 위에 제시한 예에서, 관여된 행동('식당에 가기')과 선행 조건('7시까지')이 모두 분명히 규정된다. 가치적 자기 규칙에서 관여된 용어들의 기능은 구체화되지 않는다. 예를 들어, '더욱 친밀한 관계'란 용어의 의미는 '7시까지 식당에 가기'보다 훨씬 복잡하다. 더욱이, 요구되는 행동의 속성이 첫 번째 규칙에 비해 훨씬 덜 분명하다.

가치적 자기 규칙은 동기적 확장 규칙으로 분석될 수 있다. 그들은 가치화된 방향의 강화 기능을 확장하기 위해 기능한다. "나는 나의 파트너와 보다 친밀한 관계를 맺고 싶어"와 같은 가치적 진술문은 관계망과 관여된 강화의 측면에서 상대적으로 복잡하지만, 본질적으로는 위에서 초콜릿과 관련된 그 사람처럼 보다 단순한 동기적 확장 규칙과 마찬가지로 작동한다. '보다 친밀한'과 같은 단어와 어구는 더 큰 친밀함에 대한 어떤 감정, 감각, 그리고 지각적 기능의 일부를 제시하며 그러므로 이러한 후속자극이 생성될 가능성이 높은 행동이 증가하게 될 것이다.

RFT와 언어적 사랑 : 프리뷰

관계틀은 언어(즉 언어적 행동)의 핵심이고 그것은 인간 행동을 다른 동물과는 꽤 다르게, 그리고 인간의 사랑과 성이 보다 풍부하고 복잡하도록 만든다. 이전 장에서, 인간 사랑의 발달에 있어 기초가 되는 기본 행동 과정을 기술했다. 사람들의 성적이고 애정적 행동의 형태와 동기의 의미를 전달하는 이러한 강력한 과정들은 다른 동물들에서도 유사하다. 그러나 인간만이 유일하게 언어적 행동 능력을 가졌다는 측면에서 인간은 다른 동물들과는 여러 면에서 다르게 반응한다. 인간은 다른 동물들처럼 단순하게 그들의 환경과 상호작용하지 않는다. 일단 관계틀의 유용성을 알게 되면, 그들은 그것을 가지고 언어적으로 상호작용한다. 그러므로 이전 장에서 논의한 모든 과정은 근본적으로 반응의 '언어의 층(layer)' 에 의해 영향받게 될 수 있다.

RFT로부터 사랑과 낭만에 집중된 논의로 나아가기 전에 한 가지 짚어야 할 점은 '사랑', '낭만', '친밀감', 그리고 '성' 이라는 용어를 정의하려고 노력해야 할지에 관한 것이다. 결국 이러한 용어들은 우리 논의에서 핵심적으로 중요한 현상을 언급하는 것이고 RFT를 포함하는 행동 분석 기능적 맥락주의자는 이러한 용어와 연결되어 있는 인간 행동에 새로운 과학적인 조망을 제공하려고 시도하게 된다. 그러나 RFT 관점에서 이것들은 제시된 용어이지 기술적인 심리학 용어가 아니다. 그러므로 그것들을 날카롭게 정의해야 할 뿐 아니라 전체적으로 겹치는 부분을 명확히 구별할 필요가 있다. 그러한 용어들은 특수한 관심 영역으로 우리를 안내할 것이다. RFT는 이러한 영역 내에서 일어나는 기술적으로 한정된 현상(조건화, 관계틀, 동기 확대적 통제 등)을 기술하고 논의할 수 있고, 우리가 매우 관심을 가지는 행동 패턴을 과학적으로 유용하게 이해할 수 있도록 하기에 충분하다.

초기 아동기

이전 장에서, 다른 종과 마찬가지로 인간이 어릴 때부터 양육자와 강한 유대감을 발전시킨다는 것을 논의하였다. 아동-양육자 간에 차츰 언어적 상호작용이 늘어감에 따라 언어 과정은 이러한 유대감에 강력한 영향을 미친다. 많은 전형적인 아동-양육자 관계에서 언어는 관계를 풍성히 만들 수 있고 양쪽 모두에게 굉장한 강화의 원천이 되며, 특히 아동의 학습 경험에 강력한 영향을 미치게 된다. 예를 들어, 양육자와 아동이 함께 놀며 그들이 하는 일을 말하며 양육자가 아동을 이끌어주고 교육하는 장면을 상상해보라. 그러한 상호작용에서 언어는 아동에게 언어적 연합(예 : 흥미로운 새로운 것에 대한 학습, 그것을 해결하기) 기능을 배가시킬 뿐만 아니라 양육자가 제공하는 재미있는 이야기를 들을 수 있도록 한다. 그것은 또한 강력한 언어적 강화(예 : "너는 참 똑똑하구나. 얘야, 네가 알아냈구나!")를 직접적으로 제공할 수 있다. 또한 언어는 기술되는 그 자체로 아동과 양육자 간의 긍정적 관계를 제공한다(예 : "엄마와 아빠는 너를 사랑해"). 그러므로 언어적 활동은 사랑하는 아동-양육자 관계를 강화시킬 수 있고, 성인이 되어 건강한 관계를 맺을 수 있는 기초로 작용하는 강력한 방법으로 특별히 아동의 경험에 영향을 미칠 수 있다. 동시에, 언어는 아동에게 사랑하지 않는 관계의 부정적 측면과 부정적 경험의 영역을 증폭시킬 수 있다. 분명한 예는 양육자가 아동을 꾸짖고 나쁘고 사악하게 비난하는 것이다.

이러한 유형의 언어적 상호작용이 지속되면 아동이 정서적 상처와 깊은 불안정을 경험하게 되고(예 : 아동은 나는 무가치해라는 생각을 하게 된다.) 아마도 성인이 되어서도 다른 사람들과 건강한 정서적 상호작용을 나누기 어려울 것이다.

후기 아동기

이제까지 우리는 언어가 자라나는 아이들의 인생에 미치는 정서적 영향력에 대해 비교적 단순하게 기술하였다. 아동이 자라남에 따라 언어적 능력을 갖게 되고, 점점 더 늘어나는 복잡한 언어적 환경과 상호작용하게 된다. 그러므로 부모와 다른 사람들과의 관계는 보다 복잡해질 수 있다. 예를 들어, 아동이 (지시적 관계틀에 기초하여) 조망수용 능력 면에서 수준이 보다 높아지면서, 그들은 보다 공감적이고 정교하게 적절한 감정을 표현할 수 있게 된다. 예로, 소녀는 아버지가 원하는 것을 고려하여 특별한 선물을 고르게 될 것이다. 이 소녀의 부모는 별거 중인데, 양쪽 부모가 지속적으로 그녀를 사랑하고 그녀에게 헌신하더라도 그녀는 어머니 앞에서는 아버지에 대해 좋게 말해서는 안 된다는 것을 깨닫게 될 것이다. 그녀는 "내가 엄마인데, 딸이 아빠를 칭찬하는 소리를 들으면 딸이 아빠를 더 좋아하는 게 아닐까 궁금해지고, 결국 상처받거나 화가 날 거야"라는 식으로 틀을 형성한다. 그러한 고려는 나와 너(즉 엄마) 사이, 여기와 거기(예 : 내가 아빠를 칭찬하는 상황) 사이, 지금과 그때(예 : 엄마 앞에서 아빠를 칭찬하는 시점) 사이에 대해 복잡한 구별을 할 수 있어야 가능해진다.

성적 성숙

성적 성숙과 낭만적인 잠재적 파트너와의 상호작용이 시작되면, 특히 조망수용 틀을 포함하는 언어적 영역의 상호작용은 매우 중요해진다. 인간의 언어적 능력은 관계에서 독특한 수준의 복잡성과 경험적 풍부함을 제공한다.

어떻게 언어적 행동이 인간의 성적 관계를 풍성하게도 하고 복잡하게도 만드는지를 보여주는 하나의 예는 낭만의 개념이다. 현대 서구에서 두 사람(초기에는 그리고 여전히 전형적으로는 남자와 여자를 언급하지만, 최근에는 같은 성의 커플을 받아들이기도 한다) 사이의 낭만적 사랑의 개념은 낭만적인 상징(예 : 결혼반지, 사랑의 심장, 이탈리아 베니스, 에로스/큐피트, 그리고 아프로디테/비너스), 이야기(예 : 낭만적 소설이나 낭만적 코미디), 그리고 전통(예 : 밸런타인데이)을 제시한다. 그것은 구혼과 데이트 의식(예 : 다른 사람에게 꽃이나 초콜릿을 사주기) 그리고 보편적으로 짝-유대감을 갖는 의식(예 : 약혼 파티와 결혼 예식)을 제시한다. 그리고 그것은 사람들이 기대하는 성취의 일정 기준(예 : 일생 동안 한 사람만 사랑하며 아이 낳고 살기)의 측면을 제시한다. 이러한 특징은 각 새로운 세대들에게 전수되는 모두 잘 알려진 서구 문화의 요소들이고 그들 스스로와 다른 사람들과 그리고 그들이 참여하고 있는 사회적 세계에 관한 아동들의 관계망의 기능으로 전환된다. 또래들, 특히 성적으로 끌리는 대상들과 상호작용하는 젊은이들은 최소한 어느 정도는 이러한 이야기들을 따라 할 것이다.

예를 들어, 데이트를 신청하려는 젊은이는 그와 다른 사람이 데이트에서 어떻게 행동해야 할지 예상하게 되는데, 이는 데이트에 관해 사회적으로 수용되는 기준과 어느 정도 일치한다. 데이트에 관한 기준이 폭력적이거나(예를 들어, 다른 사람이 데이트를 갑자기 끝낸다면) 데이트는 평범하게 끝났는데 젊은이는 거절의 신호로 해석했다면(예를 들어, 데이트가 지루했거나 최소한 그보다는 덜 적극적인), 그 데이트는 근본적으로 부정적 경험이 될 것이다. 실례로, 부정적인 정서 기능의 변형과 함께 "나는 별로 좋은 사람이 아니야" 혹은 "나는 사랑받기 힘들어"라는 식으로 그러한 관계가 유도되는 것은 그 경험을 특히 더 혐오스럽게 만든다. 반대로, 데이트가 잘되어간다면, 몇 시간 후에 그 젊은이는 미래 데이트의 가능성과 발전된 관계의 세부사항에 대해 꿈꾸며 데이트를 즐겁게 회상할 것이다.

그러므로 언어적 행동은 인간관계의 애정적이고 성적 측면을 꽤나 복잡하고 경험상으로 강력하게 만든다(관계틀이 어떻게 특히나 성에 영향을 미치는지에 관한 논의는 Roche & Barnes, 1997 참조).

RFT의 이점 중 하나는 어느 정도 세부적으로 인간관계의 잠재적 복잡성을 개념화하고 탐색하는 도구로서 기능한다는 것이다. RFT는 또한 관계에서 무엇이 잘못될 수 있고 무엇이 관계를 돕게 할 수 있는지에 대한 통찰을 촉진한다. 이후 공헌 역시 수용전념치료(ACT)에 의해 영향을 받았는데, 이는 RFT처럼 인간 언어에 기능적 맥락주의 접근을 하려는 심리치료 접근이다. 다음 장에서는 ACT를 세부적으로 살펴볼 것이다. 5장을 시작하며 우리는 사랑과 낭만적 관계에 대한 ACT/RFT 접근을 세부적으로 탐색할 것이다.

요약

이 장에서는 관계틀 이론(RFT)의 일부 주요한 이론적 세부사항을 소개하고 제공하였는데, 이는 인간의 사랑과 성에 대한 이론적 분석의 기반을 이루는 언어와 인지에 대한 행동적 분석이다. RFT는 언어와 인지를 관계틀로 보는데, 이는 언어적 상호작용에 노출됨으로써 발달하고, 다양한 형태를 가지며, 상호 의미, 조합 의미, 그리고 자극 기능의 변환에 의해 특징지어지는 조작적 능력이다. 우리는 양방향적 자극 관계, 관계적 연결성, 지시적(조망수용) 관계, 그리고 규칙 지배적 행동을 포함하는 인간 심리의 몇 가지 중심적인 측면을 논의하였다. 그것은 기본 분석에서 연장되고 확장된 것이며, 다음 장에서 수용전념치료(ACT)에 대해 논의할 때 그리고 뒤에 ACT/RFT 입장에서 낭만과 사랑에 대해 탐색할 때 중요해질 것이다. 우리는 언어적 능력이 인간의 사랑과 성의 측면에서 굉장히 중요하다는 것을 제안했고, 그것이 어떻게 이것들 — 우리가 앞서 보다 세부적으로 탐색한 아이디어를 나타내는 것 — 에 영향을 미치는지 간략히 지적하였다. 마지막으로, 우리는 언어적 능력이 관계와 친밀감 발전에 굉장히 중요하다는 것을 제안했는데, 그것들은 사랑의 바탕이 된다. 우리는 이 책의 뒷부분에서 이러한 개념을 보다 세부적으로 탐색할 것이다.

서론

이전 장에서 우리는 언어와 인지에 행동 분석적 과학을 접목하는 관계틀 이론의 기초를 다루었다. 이번 장에서는 수용전념치료(ACT)를 탐색할 것인데, 이는 인간 언어에 대한 관계틀 이론(RFT) 개념을 따르고 어떻게 인간 기능이 이러한 이해에 따라 최적화되는지 제안하는 심리적 기능에 대한 접근이다.

언어(즉 관계틀) 효과의 많은 부분은 근본적으로 긍정적이다. 개인적 수준에서 언어는 사람들이 생각하고, 문제를 풀고, 미래를 계획하도록 돕는다. 사회적 수준에서 그것은 엄청난 문화적 발전과 기술적인 발전을 가능케 한다. 인간의 사랑과 성에 관해 언어는 사람들이 깊은 친밀감과 의미 있는 관계를 경험할 수 있도록 한다. 그러나 동시에 언어는 심리적으로 바람직한 행동 코스에서 멀어지게 할 정도까지 사람들의 행동을 지배한다. 관계의 측면에서 언어는 사람들이 다른 사람과 접촉하거나 가능한 온전하고 개방적으로 인간의 사랑을 경험할 기회를 앗아가는 행동을 하게 만들 수 있다.

수용전념치료의 주요한 목표는 이러한 언어/관계틀의 부정적 효과를 극복하고 심리적 유연성을 극대화하는 것이다. ACT가 인간 행동의 다른 영역과 마찬가지로 사랑과 성에 관련되어 심리적으로 건강한 행동에 도달하게 하므로, 우리는 이 책의 뒷부분에서 사랑과 관계에서의 중요 이슈를 다루기 위해 ACT 틀의 여러 측면을 사용한다. 그러나 그렇게 하기 전에 우선 ACT와 관련된 과정을 설명해야 한다. 우리는 우선 이러한 과정을 상대적으로 비전문적인 언어로 설명하고, 이 책의 나머지 대부분에서 그 수준의 언어를 계속 사용한다. 그러나 이 장에서, 이 책의 주요한 목적이 우리 접근을 기초 과학에 연결시키는 것이므로, 우리는 각 과정을 RFT에 기초해 보다 명료히 해석하게 된다.

ACT에서 중요한 과정들은 수용, 탈융합, 맥락으로서의 자기, 현재의 의식, 가치, 그리고 전념행동이다. 이러한 여섯 가지 과정은 보완적인 과정인 세 파트로 고려해볼 수 있는데, 즉 수용과 탈융합, 맥락으로서의 자기와 현재 의식, 그리고 가치와 전념행동이다. 관계와 성을 특별히 강조하면서 RFT 조망에서 이러한 과정을 살펴보도록 하자.

수용과 탈융합

수용과 탈융합의 보완적 과정은 사람들이 자신의 사고와 감정을 보다 심리적으로 건강한 방식으로 반응할 수 있도록 한다. 이러한 유형의 반응은 관계를 손상시킬 수 있는 방식으로 관계를 특수하게 경험하도록 하는 것을 방지할 수 있다.

수용

수용을 특징짓기 위해, 그것과 반대되는 경험적 회피로 시작해보자. 경험적 회피(3장에서 소개)는 사적(즉 내적, 심리적) 사건이나 경험 — 사고, 느낌 혹은 감각 — 을 통제하고, 변경하며, 그것들로부터 도망가려는 시도를 말한다. 그러한 시도가 심리적인 피해를 주더라도 말이다(Hayes, Wilson, Gifford, Follette, & Strosahl, 1996).

두려움, 고통, 거절, 그리고 고립과 같은 혐오스러운 상황을 예측하고 회피하는 능력은 인간 생존에 중요하며, 역사적으로 인간의 안녕을 유지시켰다. 예를 들어 크고, 두려운 동물을 피함으로써 우리 조상들은 보다 잘 생존하고 재생산을 이루어왔다. 그러나 인간의 언어적 능력은 심각하게 부적응적일 수 있는 회피를 만들었다. 이전 장에서 기술했듯, 인간이 그들의 경험에 관해 관계적으로 틀을 짜고 규칙을 형성하는 능력은 경험을 회피하고 도망치는 방식으로 (그렇게 하는 것이 도움이 되지 않을 때조차) 도움이 안 되는 경험의 자극 기능 변환을 해왔다. 예를 들어, 당신은 불안이란 불유쾌하며 온전하고 생명력 있는 인생을 살려면 그러한 불안을 제거할 필요가 있다는 규칙을 만들 것이다. (사실 많은 사람들은 이와 같은 규칙을 만든다.) 이러한 규칙은 당신이 불안을 피하기 위해 행동할 것이라는 당신의 불안에 대한 기능을 변형하게 만들 것이다. 그러나 경험적 증거가 말해주듯, 불안과 다른 정서적 경험들은 이런 방식으로 쉽게 통제될 수 없고, 당신의 회피 반응은 당신이 원하는 충만하고 생명력 있는 삶과 점점 멀어지게 만든다.

친밀한 관계의 영역은 종종 부정적으로 평가되고 통제될 필요가 있다는 경험과 연결되어 있다. 모든 친밀한 관계는 함께하는 때와 헤어지는 때에 따른 정서적 기복 — 매력이 강한 시기와 거절의 순간 — 을 수반한다. 친밀한 관계 속에서도 사람들은 수없이 원치 않고 불편한, 심지어 위협적이고 위험한 신체적, 심리적 경험을 한다. 대부분의 사람들은 이러한 부정적 감정, 사고, 기억, 혹은 감각을 회피하기 위해 학습한 대처 기술을 나름대로 사용한다.

ACT 조망에서, 위협이 비언어적(즉 물리적) 환경에서 온 실제적인 현실이 아니라 단지 언어적으로 온 것이라면 행동은 경험적 회피의 기능을 갖는다고 본다. 다른 말로, 사람들은 실제로는 위협이 없는데도 위협이 있다고 그들 스스로 말할 때 혹은 그들이 위협을 지각할 때 상황이나 경험을 회피한다. 예를 들어, 성적으로 괴롭힘을 당한 소년은 이러한 속성과 결부되는 감정, 사고, 그리고 신체적 감각을 '폐쇄' 하거나 해리시키는 적응적 전략을 발전시키게 될 것이다. 비언어적 위협에 대한 회피는 적응적이다. 그러나 그 소년은 성은 일반적으로 위험하고 위협적이라는 규칙을 만들게 되고, 그럼으로써 이후 성인이 되어서 파트너와 성관계를 가질 때 이완되지 못하는 문제를 가지게 될 가능성이 있다. 이 경우에 맥락은 달라졌는데도 규칙을 통한 기능적 변형의 결과, 회피적 행동은 여전히 남게 된다. 이 경우 그 남자와 그의 파트너는 관계나 다른 측면은 괜찮으나 성관계에 있어서만큼은 만족스럽지 못할 것이기 때문에 경험적 회피의 결과는 문제가 될 것이 자명하다. 그러한 문제는 관계를 끝내는 데 기여할 것이다. 이것이 그 남자의 관계에서 패턴이 된다면, 그는 모든 관계는 불가피하게 고통과 거절로 끝이 난다는 추가적인 규칙을 만들게 되고, 결국에 그는 모든 관계 맺기를 회피하게 될 것이며, 인생의 만족과 의미를 가져다줄 매우 중요한 잠재적 원천을 폐쇄해버리게 된다.

관계에서의 회피의 다른 종류는 위에 제시된 예보다는 처음 발생한 상황상 덜 문제적이다. 예를 들어, 크리스탈은 과거에 특정 주제 때문에 파트너와 싸운 적이 있기 때문에 파트너와 그 주제를 논하는 것을 피하기 시작했다. 잠재적으로 심각한 언쟁이 일어날 수 있거나 정서적으로 바람직하지 않은 경험일 수 있는 일을 피하는 것은 단기적으로 보면 좋은 일이다. 그러나 장기적으로 봤을 때 그것은 문제가 될 수 있는데, 왜냐하면 이러한 원치 않는 경험에 대한 크리스탈의 민감성은 점점 증가될 것이고, 회피의 패턴이 계속 확장되어 그것들과 접촉하지 않기 위해 도망치게 된다. 예를 들어, 그녀는 다른 주제 역시 피하게 될 것이고, 그러면 점점 일반적으로 그녀의 파트너와 의사소통하기 어려워지게 되고, 결과적으로 그 관계는 힘들어진다. 더욱이, 경직되고 확산된 패턴의 행동으로 나타나는 경험적 회피는 아주 미미한 수준에서조차 불편한 경험을 하지 않으려 하므로 지나치게 선택의 폭이 좁아지게 할 수 있다.

경험적 회피의 대안은 수용이다. ACT 감각에서의 수용이란 신념이나 마음의 상태라기보다는 행동을 의미하고, 빈도나 형태를 바꾸지 않고 개인적 사건들을 적극적이고 의식적으로 포용하는 것을 말한다. 보다 기술적인 RFT 관점에서, 수용은 심리적 사건들의 자동적 자극 기능을 회피하거나 변화시킴 없이 접촉을 구체화하는 규칙을 따르는 것으로 해석될 수 있다(예 : Hayes, 1994). ACT 조망에서는, 부정적인 어떤 사적 경험이 보이더라도, 심리적으로 위해가 되는 것은 그 사람이 구체적인 맥락에서 이러한 정신적 내용을 붙잡을 때뿐이다. 수용은 사적 사건들의 속성을 변화시키는 것이 아니라 그러한 사건들을 자신이 기꺼이 경험하고자 하는 것이다. 사고, 감정, 그리고 감각의 온전한 스펙트럼 — 긍정적이든 부정적이든 — 은 여전히 현재이다. 차이는 특수한 사적 사건들이 회피되기보다는 포용되는 것이다.

위에서 예로 제시한 남자의 경우처럼, 혐오스러운 경험 때문에 성적 친밀감을 회피해온 누군가가 그러는 대신 수용하려고 노력한다면 어떤 일이 일어날지 생각해보자. 이 경우 수용은 의도적으로 친밀한 관계에 들어가려는 것을 포함하고, 그 관계가 발전하는 동안 친밀감이 가능한 상황에 일부러 들어가는 것이며, 친밀감의 맥락에서 이전에 회피되었던 기억, 느낌, 사고, 그리고 신체적 감각이 불러일으켜지고 경험되는 것을 허락하는 것이다. 이러한 종류의 내적 사건의 수용에 대한 후속자극은 노출을 통해 사건 그 자체가 덜 혐오스럽게 되는 것이고, 물론 그 사람은 관계로부터 올 수 있는 모든 긍정적인 것들을 잠재적으로 보유할 수 있게 된다.

수용에 관해서, 우리가 단지 부정적으로 지각되는 사건만이 아니라 긍정적으로 지각되는 사건 역시 언급하고 있다는 점을 지적하는 것은 중요하다. 현실 그 자체를 수용하는 것은 어떻게 되기를 바라는 것보다 어려울 수 있다. 사람들은 부정적으로 간주하는 사건들을 피하려는 성향이 있는 것처럼, 긍정적으로 간주하는 사건들은 매달리고 반복하려는 성향이 있다. 예를 들어, 관계의 초기 단계에서 커플들은 성관계 동안 행복에 도취될 것이다. 그러나 시간이 지남에 따라 황홀한 느낌은 차츰 감소한다. 한쪽 혹은 양쪽 파트너는 이전 시절을 그리워하며 현재 순간의 현실을 무시하면서 그 느낌을 쫓아가려 할 것이다. 그 느낌을 쫓는 것은 새로운 상대를 찾는 결과로 이어지고, 가치 있는 관계를 끝내게 된다. 개인적인 사건을 개조하려는 시도는 가능한 하고 있는 일을 회피하려는 시도로서 현재 순간으로부터 떠나는 것이다. 개인적인 사건의 덧없음을 이해하는 것은 수용의 중요한 측면이다. 수용은 우리가 아는 바와 같이 모든 형태의 덧없는 속성을 보는 것을 의미한다. 얼마나 어렵거나 고통스럽든, 또 얼마나 멋지든 간에 모든 감정은 생겼다 사라진다.

탈융합

수용은 인지적 **탈융합**의 과정에 의해 촉진된다. 다시 한 번, 관련된 반대되는 용어로 시작해보자. 인지적 탈융합의 반대는 인지적 **융합**으로서, 사람들이 사고를 문자적 진실로 경험하고, 그 자체로 반응해야만 하는 어떤 것으로 경험하는 것이다. RFT 용어로, 사람들이 자신의 관계틀의 문자적 의미로 반응(즉 그들은 그들의 생각을 '받아들인다')하는 것과 같은 기능적 변형과 관련되어 있다고 이해할 수 있다.

융합은 여러 해에 걸쳐 몰입해온 사회-언어적 문화의 산물이다. 그것은 사회에 참여하고 협력하도록 촉진하므로 긍정적인 것이 될 수 있다. 예를 들어, 아동이 부모가 주는 규칙(예 : "낯선 사람과 얘기하지 마라")을 받아들이고 그러한 규칙에 근거해 반응하는 것은 실체적 위협을 피하게 할 것이다. 그럴지라도 다른 한편 융합은 부정적 현상이 될 수 있다. 예를 들어, "나는 별로 괜찮은 사람이 아니야"라는 자기 평가를 받아들인다면, 인생에서 어떤 것을 성취하기 위한 시도를 하지 않게 될 것이고, 그 결과 삶이 제공해야 할 많은 것들을 잃어버리게 될 것이다. 우리가 이후 주요하게 언급하게 될 융합은 ACT가 우려하는 부정적이고 문제적 의미의 융합이다.

융합은 관계와 관련해 더 큰 어려움을 가져올 수 있다. 융합은 우선 누군가가 관계를 형성하는 것을 막게 된다. 예를 들어, 나는 사랑받기 힘들어라고 생각하는 누군가가 어떤 경험에 대해 특유하게 반응하기보다는 문자적 진실로, 어떤 관계도 실패할 것 같아 보이기 때문에 이후 친밀한 관계를 회피할 것이다.

융합은 관계 내에 어려움을 만들 수 있다. 예를 들어, 사랑이 무엇이며 누군가를 '사랑' 하는 사람은 그 또는 그녀를 위해 어떻게 행동해야만 하는가에 관한 나름의 생각을 가진 베일리가 있다고 생각해보자. 베일리가 '진실' 로 만들어낸 그 생각은 그녀가 친밀한 관계를 형성하고 유지하려 할 때 사용되는 기준이 될 것이다. 예를 들어, 그녀는 그녀의 파트너가 얼마나 그녀를 사랑하는지 끊임없이 말함으로써 사랑을 보여줘야 한다는 기대를 가졌다고 해보자. 그러나 그녀의 파트너는 사랑이 어때야 한다는 것에 대해 다른 의견을 가지고 있다. 가령, 그는 작고, 미묘한 애정 행동이 사랑이라고 본다. 그가 그의 방식대로 사랑을 보여준다면, 사랑에 관한 베일리의 개념과는 다른 것이 된다. 베일리가 문자적 진실로 사랑의 형상을 받아들인다면, 이 순간에 그녀를 향한 실제 사랑의 행동으로부터 그녀를 멀어지게 하며 — 그녀의 정신적 형상은 실제의 현재 순간보다 더 현실로 보인다 — 그녀는 그의 파트너가 그녀를 사랑하지 않는다는 결론을 내린다.

더욱이, 융합은 외부세계에 반응하는 대가로 사적 경험에 반응하는, 끊임없는 요구가 지배하는 삶의 방식을 이끈다. 방금 주어진 예로 보자면, 베일리의 파트너가 그녀가 기대하는 방식으로 행동하지 않았을 때 아마 그녀는 관계에서 불확실의 느낌을 가지기 시작한다. 그때 그녀는 그녀의 파트너가 그녀를 사랑하는지 재차 확인하며 이러한 느낌에 반응하게 된다. 그녀는 이러한 느낌이나 어떤 관련된 생각이든 그 형태와 빈도를 감소시키기 위해 전반적 행동을 조직화하기 시작할 것이다. 그러나 그녀가 사고와 느낌을 조절하는 데 에너지를 사용할수록 그녀의 행동은 점점 유연성을 잃어버리게 되고 그녀의 가치에 따라 살기 어렵게 된다.

인지적 융합과 경험적 회피는 서로 얽혀 있다. 사람들이 자신의 사적 경험을 부정적으로 평가할수록 그것들은 더욱 서로 뒤엉키고, 사람들은 점점 그것들을 경험하기 어려워진다. 사적 경험에 대한 평가를 가진 융합(예 : "나는 불확실성을 좋아하지 않아")은 더 큰 비자발성을 가져온다. 관계에서 불안정한 느낌을 갖는 사람들은 "나는 불안정한 느낌을 원하지 않아"라고 말하면서, 그 느낌이 제거될 방법을 모색한다. 이러한 생각이 문자적 진실로 받아들여지면, 그들은 그러한 상황에서 도망치기 위해 반응들을 관리할 필요를 느낀다. 사람들이 사적 경험이 원인이 되고 위협적이라는 입장에 서기 시작하면 경험적 회피의 패턴들은 늘어나게 된다. 예를 들어 베일리가 자신이 관계에서 불안정감을 느끼는 '원인' 은 파트너의 행동 때문이라고 믿는다면, 그녀는 파트너의 행동을 조정하려는 입장으로 반응하게 된다. 그러나 그녀의 파트너는 저항할 것이며, 이는 베일리의 불확실감을 더욱 자극하게 돼버린다. 그러므로 악순환은 계속된다.

인지적 융합에 대한 해법은 인지적 탈융합이다. 그것의 핵심은, 사람들이 생각을 단순히 생각으로 — 직접적으로 반응하고, 도전하고, 조절할 필요가 없는 덧없는 사건으로 — 경험하기 시작하는 과정에 있다. 예를 들어, 나의 파트너는 신뢰하기 힘들어라는 생각을 가졌다고 해보자. 이러한 생각을 가진 융합은 그것을 문자적 진실로 취급하고 질투와 싸움 걸기 등 그것에 따라 반응하는 것을 포함한다. 반면 탈융합은 그것이 진실과 같은 것이 아니고 반응할 필요가 없는 단순히 덧없는 언어적 사건으로 받아들이는 것을 포함한다.

언어에 몰입해온 역사 속에서 언어에 따라 반응해온 인간은 매우 융합하기 쉽고 자연스럽게 탈융합을 많이 하지 않는다. 그러나 ACT는 탈융합을 사람들이 자신의 심리적 건강을 지원할 수 있는 중요한 기술이라고 보고, ACT 실천가들은 탈융합을 촉진하는 수많은 기술을 가르친다. 그러한 기술 중 하나는 '강에 떠내려 보내기' 인 시각화 혹은 명상으로, 어떤 사람이 각각 자신의 생각을 강으로 떠내려 보내는 상상을 하도록 하는 것이다. 이것은 사람에게 사고에 어떤 조망을 갖도록 하고 사고를 '쫓아가고' 그것들을 따라 행동하기보다는 생각으로서 그것들을 바라보도록 한다. 또 하나의 기법은 단어나 어구들의 문자적 의미가 사라질 때까지 반복하는 것이다. 사용되는 전형적인 예는 '우유' 라는 단어이다. 이 단어를 큰 소리로 계속 반복하다 보면("우유", "우유", "우유"), 그 사람은 그것이 의미 있는 단어라기보다는 단지 소리에 불과하다는 것을 경험하게 되고, 그럼으로써 그 문자적 의미는 점점 약해진다. 이러한 기술 모두 각각의 모든 생각에 사용될 수 있으나 부정적이거나 문제가 되는 생각에 대해 치료적 기법으로 사용할 때 특히 효과적이다. 인지적 탈융합에서, 예를 들어 나는 사랑받기 어려워라는 생각은 단순히 생각으로 반응될 것이고, 그러므로 도움이 안 되는 회피로 이어지는 경우는 줄어들 것이다.

탈융합은 수용과 병행해서 작용한다. 위에서 언급했듯, 수용은 심리적 사건의 자동적 자극 기능을 피하거나 변경하려 하지 않고 구체적으로 접촉하는 규칙에 따르는 것으로 볼 수 있다. 다시 한 번, 어떤 사적 경험이 부정적으로 보일지라도, 그것이 심리적으로 해를 끼칠 것이라는 구체적 맥락에서 이러한 정신적 내용을 붙잡고 있을 때 일어나는 것이다. 이러한 맥락은 사람들이 자신의 관계틀의 문자적 의미에 따라 반응하는(즉 그들은 그들의 생각을 '받아들인다') 기능적 변환인 인지적 융합 중 하나이다. 반면 탈융합은 언어적으로 기술된 경험에 따라 도움이 안 되는 기능적 변환이 일어나지 않도록 맥락을 조절하고 변화시키는 과정으로 해석될 수 있다(예 : Blackledge, 2007 참조). 생각이 강으로 떠내려가는 것을 보고, 생각을 큰 소리로 반복해서 말하는 것을 듣는다고 상상해보면, 두 경우 모두 자극 변환이 덜 일어나는 맥락이고, 결국 문제적 반응이 일어날 가능성도 줄어든다.

그러므로 인지적 탈융합 기법들은 바람직하지 않은 사고의 형태나 빈도, 혹은 그것들이 일어나는 맥락을 변경하기보다는 생각의 기능을 변경하는 데 사용된다. 이러한 기법들의 목표는 사적 경험에 대한 대안적 반응을 창조하거나 강화함으로써 그러한 경험의 문자적 기능의 지배를 감소시키는 것이다. 탈융합 연습의 결과 대개는 생각이나 다른 사적 사건들의 빈도가 갑자기 변하기보다는 그것들에 대한 신뢰나 집착이 감소하게 된다. 예를 들어, 마르코는 자신의 파트너가 자신을 속일지도 모른다는 의심을 종종 한다. 파트너 배신에 대한 생각으로부터 탈융합을 연습한 뒤, 여전히 마르코에게 그러한 생각이 종종 떠오르지만 그래도 이러한 생각에 대한 확실성과 그것에 반응할 가능성은 감소한다. 그러한 생각이 단지 생각이라는 것을 인지할 수 있게 되면, 그는 이러한 생각과 씨름하느라 시간을 보내는 일이 줄어들고 그의 가치 — 관계에 집중하거나 그 밖의 것 — 를 향해 에너지를 쓰게 된다. 사실 한 사람이 가치와 행동을 향해 움직이도록 하는 것이 ACT의 중요한 역할이기에, 다음에 살펴볼 것들이 이것들에 대한 것이다.

가치와 전념행동

가치는 우리 삶에 중요한 방향을 제공하는 것이고, 반면 전념행동은 우리를 그러한 방향으로 가게 하는 행위들이다. 연인, 가족, 그리고 친구와의 관계는 종종 사람들의 삶에서 중요한 가치의 원천이다. 특별히 친밀한 관계는 애정, 감각적 만족, 우정, 그리고 지적 자극의 원천이 될 수 있는 것이 사실이다. 이러한 가치를 가진 특질을 제공하는 안정된 관계를 성립하고 유지하기 위해서는, 사람들은 그러한 관계를 지지하는 특별한 방식으로 행동(즉 전념행동에 참여)해야만 하는 것이다.

가치

가치는 ACT에서 치료적 과정의 핵심 특징이다. 이런 맥락에서 그것은 "지속되고, 역동적이며, 진화하는 활동 패턴에 대한 자유롭게 선택되고, 언어적으로 구성된 후속자극이며, 가치를 가진 행동 패턴 그 자체에 참여하는 본질적인 활동에 대한 독보적인 강화물이다"(Wilson & Dufrene, 2009, p. 64)로 정의된다. 이러한 정의를 살펴보자.

첫 번째 부분에서 자유롭게 선택된 것으로 기술하고 있다. 이 경우 '자유'란 혐오적인 조절이 없다는 것을 가리킨다. 기능적 맥락적 조망에서 자유란 자유의지도 결정론도 아닌 궁극적으로(존재론적으로) '진실'인 것이다. 그러나 사람들은 그들이 혐오스러운 상황을 피하거나 도망치려고 할 때보다는 그들 스스로를 위해 긍정적 강화를 산출하려 할 때 더 자유를 느낀다(Skinner, 1971). 예를 들어, 사람들은 외로움에서 탈출하거나 그것을 피하려는 목적으로 관계를 맺는 것보다는 그들의 삶을 더욱 풍성히 만들려는 목적으로 관계를 맺을 때 더 자유를 느끼는 것 같다. ACT 조망에서, 혐오스러운 자극을 피하기 위한 것보다는 긍정적 강화를 추구하기 위해 자유로운 선택을 한다는 느낌은 가치의 중요한 측면이다.

'언어적으로 구성된 후속자극' 이란 가치가 가치를 가진 행동의 후속자극에 대한 언어학적 개념을 포함한다는 사실을 이른다. 예를 들어, 당신이 관계에서의 친밀감에 가치를 두는데, 이러한 가치가 포함하는 것이 무엇인지 기술해보라는 요청을 받는다면, 당신은 "다른 누군가에게 나의 감정과 경험을 솔직하고 개방적으로 말할 수 있는 것"이라고 할 것이다. 이것은 이전의 친밀감에 대한 실제 삶의 경험에 근거한 언어적 구성 혹은 언어학적 기술이며, 뿐만 아니라 그러한 경험의 질의 어떤 것에 관한 추정 혹은 일반화이다. 그러한 언어적으로 구성된 후속자극은 가치에 대해 의미하는 중요한 부분이므로 사람들이 그것을 성취하기 위해 특별한 방식으로 행동(가치를 가진 행동에 몰두)하도록 만든다.

'지속되고, 역동적이며, 진화하는 활동 패턴' 이란 상대적으로 직접적이다. 사람들은 그들의 일생 동안 매우 다른 활동 패턴에 참여하며, 이런 것들의 일부는 특별히 방금 논의한 언어적으로 구성된 후속자극의 어떤 것을 산출하는 가치와 관련되어 있다. 예를 들어, 사람들이 친밀한 관계를 위한 조건을 주도하고 성립하려고 노력할 때 사회화되기, 데이트하기, 발전하는 관계 안에서 확인되고 강화되는 솔직함 등이 중요하게 포함되는 행동 패턴이 발달한다. 살아가는 동안 사람들은 많은 데이트 상황과 관계를 경험하며, 그러한 경험과 그런 것들에 관한 언어적 기술은 그들이 언어적으로 구성된 가치에 가깝게 다가가도록 지속되고, 역동적이며, 진화하는 활동 패턴을 형성할 것이며, 그것들은 또한 시간이 지나면서 그들의 경험에 따라 진화할 것이다. 다른 말로, 사람들이 데이트와 낭만적 상황을 경험하면서, 친밀감에 대한 그들의 아이디어는 그러한 활동 패턴 안에서 지속적인 참여를 동기화할 뿐 아니라 친밀감에 포함되어야 할 핵심 아이디어(신뢰, 정직, 친밀 등)는 여전히 지속될지라도 그러한 패턴들은 친밀감에 대한 그들의 언어적 개념이 어느 정도 진화하도록 할 것이다.

'독보적인 강화물' 이란 어구에 대해 설명하자면, 우리는 먼저 기본적이고 안정적이며 잠재적으로 장기적인 강화의 원천(예 : 애정, 감각적 자극, 사회적 상호작용)은 ACT 가치 정의에서 매우 중요하다는 것을 지적해야 한다. 이는 사람들이 그들의 삶에서 우선적으로 특정 영역에 가치를 두는데, 이러한 영역이 이러한 강화의 원천에 직접적으로나 간접적으로나 관련되어 있기 때문이다. 예를 들어, '친밀한 관계' 에 포함되어야 할 것이 무엇인지에 대한 대부분의 사람들의 언어적 구성에 엮인 낭만적 이야기 속 값비싼 융단, 개인적인 성 역사, 그리고 자신과 타인에 대한 사적인 이해는 궁극적으로 바로 앞에서 나열한 것과 같은 강화물들과의 연관에서 강력한 동기를 얻는다. 정의에서 '독보적' 이란 용어는 이러한 강화물들의 장기적인 핵심 중요성에 기초한다.

이러한 가치의 정의는 동기적 확대성 규칙이라는 RFT에 뿌리를 두고 있다는 점을 분명히 해두어야 한다. 지난 장에서 설명했듯, 동기적 확대성 규칙이란 이전에 강화 혹은 대안적으로는 처벌로서의 후속자극 기능을 했던 것을 일정 부분 변경시키는 언어적 관계망이다. 가치라는 것이 처벌보다는 강화적인 용어로 사용되므로, 이전에 강화로 후속자극 기능을 했던 것을 일정 부분 변경시키는 언어적 관계망이다. 더욱 단순히, 가치는 더 큰 동기조차 특수한 후속자극으로 만드는 아이디어이다. 예를 들어, 친밀감에 가치를 두는 어떤 사람이 친밀감에 대해 생각하거나 친밀감을 마음에 두고 있다면, 친밀한 대화나 신체적 친밀감을 높이기 위해 언어적으로 주의를 집중할 것이다. 그다음에, 그 또는 그녀는 상황에 따라서 친밀감을 유지할 수 있는 활동(예 : 감정적 솔직함)이나 결과적으로 친밀감을 가져올 수 있는 활동(예 : 데이트)에 적극적으로 참여하게 될 것이다.

가치에 대한 Wilson과 Dufrene의 정의에서 마지막 어구는 가치는 '가치를 가진 행동에 참여하는 본질적인' 것이다. 이는 이전 어구에서 언급한 독보적인 강화물이라는 설명을 정교화한 것이다. 이러한 어구는 단순히 이러한 독보적이거나 전형적인 강화물들이 어떤 행동의 종류 가운데 본질적으로 내재된 것이라는 사실을 제안한다. '본질적' 이란 단어는 가치 전념된 행동의 어떤 패턴으로부터 기인한 강화라는 사실을 강조하는데, 이는 동기화된 힘을 증가시키는 것으로 비전형적이고 인공적이며 단기적인 개념과는 반대로 전형적이고 자연스럽고 유지되는 것이다. 관계 내 친밀감의 예로 돌아가보면, 본질적인 강화물에는 사회적 수용, 정서적 지지, 신체적 접촉, 그리고 성적 각성 등이 포함된다. 이러한 강화물 각각은 친밀한 관계의 전형적이고 자연스러운 측면을 가지고 있으며, 또한 가능한 오랫동안 유지되기를 기대하게 되는 것이다.

ACT 조망에서 비롯된 이러한 기본적인 가치에 대한 정의에 덧붙여, 가치는 수많은 추가적인 자질을 가지고 있다는 것을 언급해야 한다.

가치는 사회-언어적 맥락 내에서 발달한다. 가치가 개인적인 것일지라도, 다른 사람들이 그것을 좋은 것으로 생각하는지 나쁜 것으로 생각하는지, 중요한지 중요하지 않은지, 바람직한지 바람직하지 않은지에 의해 부분적으로 영향을 받는다. 아동들이 자람에 따라 공동체는 그들에게 그들이 원하는 것(정확하게는 희망하는 것)이 무엇인지 생각하도록 가르친다. 그들의 부모는 그들에게 '적절한' 놀이친구 및 잠재적 친구에 대해 안내한다. 대중매체와 광고 세계는 그들에게 매력적인 인형과 동물 피규어와 영화를 제시하고, 이를 통해 무엇이 매력적인가에 대한 아이디어가 형성된다. 시간이 지나면서 그들이 원하는 것, 그들의 목표, 그들 인생의 방향에 대한 진술을 발전시킨다. 그들은 완벽한 파트너에 대한 이미지와 진술도 발전시킨다.

가치는 결코 완벽하게 도달될 수 없는데, 성취되는 것이라기보다는 선택되고 언어적으로 구성된 후속자극으로 ACT에서 정의되었듯, 어떤 행동적 방향을 위한 동기로 기능한다. 예를 들어, 친밀한 관계 내에서 사람을 보살피려는 가치는 결코 성취될 수 있는 것이 아니다. 그 사람이 결혼(구체적 목표)을 한다 하더라도 "이제 나는 결혼했으니 보살핌을 획득했어. 그러므로 나는 다음 것을 향해 움직일 거야"라고 말하는 것은 우스운 것이다. 가치로서의 보살핌은 개인적 정보를 공유하고, 적극적으로 관심을 가지며, 파트너의 바람에 함께하는 것과 같은 행동에 기초한다. 이런 것들 중 어느 것도 구체적 목표를 성취하는 것이 아니고, 가치의 방향에서 행동하는 것이다.

가치는 기술적인 규칙이고, 그러므로 다른 규칙들과 마찬가지로 비교적 엄격하게 반응된다(예 : 우리가 어떤 대가를 치르더라도 붙들어야 할 진실에 대한 진술처럼). 그러나 가치는 자유롭게 선택되고 어떤 특수한 행동으로 규정되지 않는다. 다른 말로, 당신이 관계에서 양육에 가치를 둔다면 양육의 규칙은 어떻게, 누구를(혹은 무엇을), 혹은 얼마나 자주 양육 행동에 참여해야 하는가를 자세히 말해주지 않는다. 규칙으로서의 가치는 단순히 사람들이 이상적으로 의미 있고 강화가 되는 목적지향 행동의 일반적 패턴으로 가도록 방향을 제시할 뿐이다. 사람들은 반드시 그들의 행동에 강화가 되는 후속자극을 추적하며 그러한 가치와 어울리는 특수한 행동을 선택하는 방법을 배워야 한다. 그러므로 가치는 누군가에게 방향을 제시하지만, 그는 반드시 그 과정을 살펴봐야 한다. 규칙의 엄격성이 함축하는 바가 있음에도, 유연성 또한 끊임없이 가치에 따라 살기 위해 중요하다. 내재된 가치가 비교적 같더라도, 그 가치를 구체화하는 행동은 다른 삶의 환경에 반응하는 세월 동안 그 형태가 바뀌게 될 것이다. 예를 들어, 대부분의 커플은 나이가 들어감에 따라 전만큼 성생활을 하지는 않겠지만 대신 더 확장된 다른 일들이나 친밀감의 가치를 이어갈 수 있는 다른 사건을 공유할 것이다.

전념행동

전념행동은 가치를 지속하는 광범위한 일련의 구체적 목표에 따라 행동하는 것을 이른다. 설명했듯, RFT 조망에서 가치는 하위 항목(목표, 하위목표 등)에 의해 실현되고 촉진되는 망의 상위 아이템인 관계망의 정점으로 해석될 수 있다. 그러한 위계적 관계망의 예로, 낮은 지점에 있는 '감정 표현하기' 그리고 '함께 시간 보내기' 에 대한 정점은 '친밀감' 일 수 있다. 전념행동은 그러한 위계적 망과 일치하는 행동을 규정하는 규칙에 특별히 반응하는 것이다. 예를 들어, 토마스는 그의 파트너와 훨씬 더 많은 접촉을 촉진할 목표로 '시간 함께 보내기' 의 중요성을 인식하고는, 매주 일정량의 '질 높은 시간' 을 함께할 것을 규정하는 규칙(예 : "나는 매주 시간을 비워놓을 것이다")을 만들 것이다. 그가 이후에 그의 규칙과 일치하게 행동한다면, 그는 '친밀감' 이라는 그의 가치에 전념함을 보여주는 것이다.

가치와 일치하는 행동 패턴에 관여되지 않으면 사람들은 삶이 의미 없거나 지나치게 고통스럽다고 느끼게 된다. 예로, 몇 년 전 파트너가 다른 여자에게 떠난 뒤 실리아는 비탄에 빠진다. 그녀는 또 다른 관계를 시작하기 위해 노력하는 것은 너무 고통스러우므로 일과 다른 책임에 자신을 헌신한다. 그러나 지속되는 경력에서의 성공의 기쁨이 있을지라도 그녀가 삶에서 특별한 누군가를 그리워한다는 사실을 부인할 수 없다. 그녀는 데이트 장면을 생각해봤으나, 어색하고 불확실한 감정을 느끼고 여전히 실연의 고통스러운 기억을 가지고 있다. 그녀는 경력에서 모든 일이 잘 풀리고 있으니 관계를 시작할 필요는 없다고 스스로에게 말한다. 그러나 결과적으로 경력에서의 성공조차 고통으로 물들게 되는데, 이는 그것들을 함께 나눌 가까운 누군가가 없다는 사실이 머리에서 떠나지 않기 때문이다.

ACT에서, 내담자들로 하여금 그들이 명시한 가치와 관련된 전념행동을 하도록 이끄는 것은 치료의 핵심이다. 전념행동을 산출하기 위한 계획은 단기적, 장기적으로 행동을 변화시킬 목적과 관련된 치료 작업 및 과제를 포함한다. 그런 다음, 행동을 변화시키려는 노력은 수용과 탈융합과 같은 다른 ACT 과정을 통해 제기되는 심리적 장벽에 접촉하게 한다. 치료자와 내담자는 가치와 일치하는 행동이 증가되도록 격려하는 작은 단계와 큰 단계를 준비할 수 있다. 가치를 가진 방향으로 단계를 밟는 것은 시간이 지나면서 추가적인 단계로의 이행을 용이하게 한다.

예를 들어 내담자가 친밀한 관계에 가치를 두지만 이러한 입장에서 지도가 필요하다면, 치료자는 사회화되기, 데이트하기, 급성장하는 관계 내에서 솔직함을 규정하고 강화하기, 그리고 관계가 발전함에 따라 적절한 순간에 다른 사람에게 감정 개방하기 등 관련 단계에 대해 논의할 것이다. 다음으로 각각의 이러한 단계는 더 작은 단계로 쪼갤 수 있다. 예를 들어, 사회화되기는 정기적으로 친구들에게 연락하기, 만나기로 약속하기 그리고 그들과 수다 떨기를 요구하며, 이러한 단계는 관계 형성의 방향으로 나아가는 하나의 단계가 되고, 잠재적인 낭만적 파트너를 만나기 위한 기회를 제공한다는 점에서 중요하다.

추가적으로, 가치 및 그러한 가치와 관련된 전념행동의 두 경우에서 잠재적으로 중요한 활동을 시도하고 실패하는 것에서 올 수 있는 불편함에 대해 수용하는 것이 과정의 일부이다. 친구를 만나도 항상 마음이 맞는 것은 아니고, 잠재적인 파트너와 보다 자주 데이트를 해도 실망이 멈추지 않고, 파트너의 솔직함에 상처를 받기도 하며, 스스로 감정적으로 솔직해진다는 것이 감정적 고통에 취약하게 만들 수 있다. 그럼에도 친밀감을 향한 이러한 단계는 친밀감 영역에서 가치를 추구하려면 필요한 과정이고, 그러므로 정서적 불편함을 다루는 것이 과정의 한 부분으로서 필요하다.

전념행동을 통해 가치를 추구하는 과정에 정서적 불편함을 다루는 것은 수용과 탈융합 기술에 의해 촉진되는데, 이에 대해서는 이미 논의하였다. 예시한 수용 과정(수용과 탈융합)과 가치 과정(가치와 전념행동) 사이의 상호작용은 사실 ACT 내에 주요한 역동이다. 가치는 사람들에게 그들의 경험을 수용하도록 동기를 부여하고, 한편 수용은 그들이 선택한 가치에 따라 행동하도록 촉진한다. 그러나 이러한 역동을 보다 온전히 이해하기 위해서, 우리는 그것이 일어나는 맥락을 알아야 하는데 이는 바로 행동하는 자기이다.

맥락으로서의 자기와 현재 의식

자기는 모든 경험에 대한 장소 혹은 맥락인데, 가치와 가치를 가진 활동뿐만 아니라 가치 지향적인 행동을 촉진하는 수용과 탈융합의 과정을 포함한다. 현재 의식 혹은 마음챙김(mindfulness)은 사람들이 수용과 가치 과정을 더 잘 촉진하기 위한 것으로서 진행 중인 (순간순간) 경험을 지향하는 자기 활동의 부분 체계이다. 관계와 관련해, 사람들의 자기 개념 및 그들이 어떻게 다른 사람의 맥락에 자신의 진행 중인 경험을 관련시킬지에 대한 것은 기본적인 방식으로 관계와 그것의 경험에 영향을 미칠 것이다.

맥락으로서의 자기

이전 장에서 설명했듯, 관계틀 이론은 지시적(조망수용) 관계(나-너, 여기-거기, 그리고 지금-그때)에 따라 자신의 행동과 다른 사람의 행동을 언어적으로 구별하는 입장에서 자기의 출현을 설명한다. 지시적 관계에 따라 반응한다는 것은 나(즉 자기 자신)는 언제나 여기와 지금에서 반응되는 것으로 보이고, 반면 너(또 다른 사람, 혹은 일반적인 다른 사람)는 언제나 거기와 그때로 보이는 것과 같은 관계적 행동의 일관된 위치를 구별하도록 한다. 행동, 자기의 위치는 모든 사고와 감정에 대한 맥락을 제공하고 마음의 이론, 공감, 연민, 자기 연민, 수용, 탈융합, 그리고 자기 초월적 감각 등을 포함하는 매우 다른 경험이 가능하도록 촉진한다.

이전 장에서 우리는 자기의 전반적 맥락에서 구별될 수 있는 세 종류의 자기를 기술하였다. 이들 중 하나는 맥락으로서의 자기인데, 이는 시간이 지나면서 구축해온 정교한 자기 기술로 구성된다. 예를 들면, "나는 서른 살 남자다. 나는 친절하다, 약간 수줍다, 재치 있다…"이다. 그러한 이야기들 내 연결성은 중요한데, 이는 사람들이 자신의 행동을 예측하고 통제하도록 하는 자기에 대한 안정된 감각을 촉진하기 때문이며, 사람들이 자기담화를 확인하는 증거를 찾고 맞지 않는 증거는 무시하는 이유가 된다. 이것의 불리한 점은 사람들이 특히 다른 사람을 통한 경험에 쉽게 집착하거나 출자하게 된다는 것인데, 개념화된 자기에 대한 그러한 경직되고 문자 그대로의 집착은 행동을 제한할 수 있다. 즉 '부끄러움을 타는' 자신이라는 개념에 경직되게 집착이 이루어지면 사회화되기는 쉽지 않다.

정신적 내용에 집착하는 것은 물론 다른 맥락과 마찬가지로 관계에서도 문제가 될 수 있다. 관계 안에서 사람들은 그들이 보는 (내용으로서의 자기) 파트너에 대한 이야기를 가지고 있고, 또한 그들의 파트너가 보는 (내용으로서의 타인) 개인에 대한 이야기를 가지고 있다. 다시 말해 이러한 이야기에 대해 경직되게 집착하는 것은 문제가 될 수 있다.

정신적 내용에 대한 집착의 예로, 자신이 매력적인 신체 모습을 가졌다는 개념에 집착해온 카린에 대해 생각해보자. 그녀는 몸무게를 121파운드(약 54킬로그램)에 맞춘다. 그녀는 이러한 모습을 유지하기 위해 꾸준하게 운동한다. 이 모습을 유지하는 것이 나쁠 것은 없지만, 신체 활동 중 어떤 것도 그녀의 가치 방향에 연결되지 않는다. 만일 묻는다면, 카린은 몸무게가 늘어나서 잠재적 데이트에서 덜 매력적이 될 것이 두렵다고 말할 것이다. 그녀는 날마다 몸무게를 재고 오직 잠시 동안만 자신에 대해 좋게 느낄 것이다. 심지어 그것조차 체중계 눈금에 따라 달라진다. 완벽한 모습을 가진 자신에 대한 개념 집착은 고도로 구조화된 생활을 이끄는데 이는 매우 오랫동안 활기를 느끼지 못한다. 더구나, 그녀의 신체적 모습은 나이가 들어감에 따라 불가피하게 변할 것이다. 카린이 지치게 되거나 관계에서 거절당하게 되면 그녀는 치료를 받으러 나타날 것이다. 어떤 경우든, 그녀의 개념화된 자기는 위협받은 것이다.

그러므로 내용으로서의 자신에 대한 집착은 잠재적으로 문제가 되는데, 사람들이 자신의 가치와 접촉하지 못하도록 만들 수 있기 때문이다. 그러한 문제가 되는 집착에 대한 대안은 보다 자기에 대해 총체적이고 초월적인 감각을 키우는 것인데, 바로 **맥락으로서의 자기**이다.

ACT는 사람들이 자신의 심리적 과정을 보다 잘 알아차리고 평가를 최소화하면서 이 과정을 관찰하도록 가르침으로써 자기에 대한 이러한 감각을 키운다. 사적인 경험에 대한 관찰과 비평가적인 설명은 사람들이 자신의 사적 경험에 의해 규정되거나 위협받거나 조정될 필요가 없음을 인식하도록 돕는 조망 감각을 양성할 수 있다. 그럼으로써 어떤 특정 경험에 집착하거나 출자하지 않고 자신의 경험의 흐름을 알아차릴 수 있게 된다. 맥락으로서의 자기는 ACT에서 현재 의식이나 마음챙김을 가르침으로써 중요한 부분으로 양성된다.

현재 의식

순간순간 일어나는 것을 충만히 의식하는 것은 적응적이고 유연한 반응에 필요한 일이다. 사람들은 종종 그 순간에 그들에게 일어나는 것을 의식하지 못한 채 그들의 감정, 기억, 신체 감각, 걱정, 그리고 반추에 사로잡혀 있다. '머리로' 사는 것, 그리고 실제로 일어나고 있는 일 대신 자신의 생각에 주요하게 반응하는 것은 사람들이 자신의 가치에 지속적으로 반응할 기회를 잃어버리도록 하는 주요 이유가 된다.

예를 들어, 라우라는 그녀의 파트너를 잃게 될 것을 두려워하며 강박적으로 그가 떠나는 상상을 하기 시작했다. 그녀는 그들이 함께 이야기 나누는 동안조차 그들의 관계에서 그가 불쾌하게 여기는 것은 없는지 살피게 된다. 사실 그녀는 때로 그가 말하는 것 중 일부를 놓치게 되는 상상에 매달린다. 그녀가 현재 순간에 집중하지 못하는 것은 상호작용의 질을 떨어뜨린다. 그녀의 공포스러운 상상은 그녀를 긴장으로 몰아넣고, 때로 그 커플은 작고 무관한 일로 논쟁하다 끝나버린다. 라우라는 관계의 기쁨을 놓치고 두 사람을 위한 관계의 질을 떨어뜨리면서 역설적으로 그녀의 파트너를 잃게 될 것에 대한 두려움에 사로잡혀 있다. 이런 식으로, 공포스러운 상상과의 무심 어린 융합은 가치와 일치되는 행동(즉 전념행동)을 손상시키고 있다.

이와 같은 정신적 내용에 사로잡히는 것에 대한 대안은 과정으로서의 자기와 다른 측면들을 포함하는 진행 중인 경험을 충만히 의식하는 것이다. 이렇게 하면 할수록 더 좋다. 이렇게 하려면, 신중한 마음챙김 연습이 습관이 되어야 한다. 마음챙김 세션은 전형적으로 신체적 감각과 사고, 그리고 자신의 주변에서 일어나고 있는 것에 주의를 기울이는 것과 이런 것들을 평가하지 않고 단순히 경험하려는 노력과 관련된다. 이것은 일반적으로 경험에 대한 탈융합되고 비평가적인 관찰을 촉진한다. 그것은 차례로 사람들이 자신의 행동의 '기능' 을 보도록 하는 '관찰자' 조망을 양성한다.

RFT 관점에서, 마음챙김을 연습하는 것은 즉각적인 현재 경험에 주의를 기울이도록 규정하는 규칙을 따를 것과 관련된다. 그렇게 하는 것은 경험에 대한 행동 조절된 효과를 증가시키고, 전형적 수준의 기능 전환을 감소시킨다. 진행 중인 것을 기초로 마음챙김을 연습하는 사람들은 그들이 가치를 두는 목표(예를 들어, 매일 사회적 상호작용을 이루는 자신과 타인의 행동)에 중요한 환경적 측면을 구별하는 능력이 증가될 것이다. 진행 중인 것에 대한 연습은 언어의 행동 조절 효과를 약화시키도록 할 수 있는데, 이는 ACT 접근의 중요한 측면이다. 진행 중인 것에 대한 충분한 연습으로 현재 의식의 긍정적 효과가 구별되고, 조작자가 강력해지도록 행동하게 되어 긍정적인 피드백 고리가 만들어질 것이다.

마음챙김 연습은 심리적 사건의 덧없는 속성을 이해하도록 촉진하고 그럼으로써 그것들을 피하거나 그것들에 매달리는 대신 그저 일어난 사건으로 단순히 받아들이도록 돕는다. 관계에서 수용은 모든 관련된 감각, 사고, 느낌을 바꾸려 하지 않고 그대로 온전히 경험하는 것을 의미한다. 불행히도, 긍정적인 또는 부정적인 낭만적 경험과 관련된 언어적 망에 대한 융합은 사람들에게 생명력과 현재 순간에 대한 심리적 유연성을 빼앗아갈 수 있다.

우선, 부정적 사고와 느낌에 대해 생각해보자. RFT는 이것을 관계망을 통한 부정적 정서 기능의 전환이라는 용어로 해석한다. 당신이 사랑하는 사람과 상호작용하고 있다고 상상하고, 당신은 이 사람을 잃을까 봐 걱정하는데, 그 결과 공포와 두려움을 경험한다. 그러한 경우의 느낌은 언어적 인간 존재로서 피할 수 없는 결과이다. 그러나 당신이 그러한 느낌을 경험하는 맥락이 중요하다. 그 맥락이 무심 어린 융합 중 하나라면, 당신은 그 이상의 관계를 끌어내려 할 것이며 불쾌하게 하고 현재 순간의 수반성(예 : 당신이 사랑하는 사람과 친밀한 상호작용을 나눌 가능성)에 덜 민감하도록 만드는 부정적 생각의 장기적 에피소드를 붙잡게 될 것이다. 그러나 그 맥락이 충만히 의식된 것의 하나라면, 생각을 단지 생각으로 의식하며 사랑하는 사람과의 충만한 관계를 지속하게 될 것이다. 긍정적 정서 경험의 변형의 경우에 융합은 단기적으로는 만족을 주고 비교적 덜 해로울 수 있지만, 장기적 결과로 볼 때 낭만적 견지에서 관계에 대해 생각하려는 습관은 부정적 사건에 대한 융합과 마찬가지로 부정적 효과를 가져오게 된다. 즉 현재 순간의 정신적 수반성에 덜 민감하게 된다. 예를 들어, '사랑에 빠진' 느낌은 낭만적 이미지와 이야기에 관련된 관계망을 통해 기능 변환을 포함한다. 이러한 이야기에 대한 융합은 부정적인 사고와의 융합과 마찬가지로 사람들이 현재 순간을 경험하지 못하게 만든다. 궁극적으로, 이야기에 대한 만족은 일시적이고 인위적인 것이며 다른 사람과 있는 그대로 관계를 맺는 데서 오는 실제 삶의 기쁨을 감소시킬 수 있다.

그들이 원치 않는 감정을 피하고 낭만적 꿈에 빠지는 것은 사람들로 하여금 현재 실제에서 멀어지게 할 수 있다. 사람들이 자신의 감각, 사고, 느낌을 검증할 수 있는 것은 오직 현재 순간뿐이다. ACT는 특별히 혐오스러운 사적 경험을 포함해서 기꺼이 현재를 경험하는 것의 중요성을 강조한다. 자발성은 수용의 태도 측면의 기본이 되는데, 이는 사람들이 감각과 사고를 검증하도록 도우며 그것들이 언젠가 나타날지 모르는 영구적인 실체라기보다는 그저 지나가는 사건으로 보도록 기회를 제공한다. 그러한 사적 사건에 자발적으로 머무는 것은 사람들로 하여금 관계에서 가치를 가진 행동을 추구하도록 만들 수 있다. 사람들은 감정이란 게 일시적이라는 것과 어떤 감정을 피하거나 거기에 매달리기보다는 모든 감정에 개방적으로 머물러야 한다는 것을 알아가며 사랑하고 사랑받는 법을 배우게 된다.

우리가 위에서 말해온 것으로부터, 어떻게 현재 의식이 맥락으로서의 자기를 촉진할 수 있는지 분명해졌다. 핵심적으로, 맥락으로서의 자기는 사람의 모든 경험을 담아내는 것으로 생각해볼 수 있고, 현재 의식은 사람으로 하여금 어떤 경험이든 접촉하도록 한다. 그러므로 맥락으로서의 자기는 ACT에서 현재 의식을 가르침으로써 중요한 부분으로 양성된다. 이렇게 친밀하게 관련된 두 과정은 이제 다른 두 개의 과정 쌍을 위한 중요한 기초를 제공한다. 즉 자기 과정에 대한 충만한 의식은 부정적인 정신적 내용의 수용과 그것으로부터의 탈융합을 촉진하고, 가치와 전념행동은 자기에 대해 충만하고 초월적인 감각을 갖도록 촉진한다.

관계와 심리적 유연성

지금까지 우리는 ACT가 인간 심리에서 중요하게 보는 몇 가지 중요한 과정들을 살펴보았고 이러한 과정들이 특히 관계의 맥락에서 어떻게 사람들에게 영향을 미칠 수 있는지에 대한 실례를 제공하였다. 우리는 이 과정들을 짝을 지어 살펴보았는데, 설명했듯 어떤 짝은 특별히 서로 보완적이기 때문이다. 그러나 궁극적으로 기술된 과정들 각각은 각각의 다른 것들을 지원하고, 그 모든 것은 심리적 유연성을 목표로 한다. 이는 의식을 가진 인간 존재로서 현재 순간을 온전히 접촉하는 과정이고 선택된 가치를 위해 어떤 행동을 유지하거나 변화시키는 과정이다. ACT 작업의 목표는 심리적 유연성을 구축하는 것이고, 가치를 가진 방향과 어울리는 광대한 행동 레퍼토리에 의해 특징지어진다.

이번 장의 중요한 목표 중 하나는 물론 사랑과 인간관계 맥락에서 ACT 과정을 소개하는 것이었다. 대부분의 사람들에게 장기적인 친밀한 관계를 만들고 유지하는 것은 정말이지 미묘하고 복잡한 일이다. 그리고 누군가에게 친밀한 관계는 사실 선물이면서 인생 최대의 도전이다. 사랑과 친밀감은 다행감의 절정에서부터 비탄의 바닥에 이르기까지 감정 스펙트럼 전체에 대한 맥락을 만들어내는데, 그러한 감정은 변덕이 심하다. 여기에서 친밀한 관계의 맥락에서 사람들의 최선과 최악의 행동 패턴을 드러냈다. 그러므로 친밀한 관계는 사람들에게 심리적 유연성이 필요한 삶의 분야를 제시한다. 그들은 친밀한 관계를 성립하기 위해 마음을 열고 스스로를 노출시키는 것이 필요하다. 그들을 공격하는 모든 감정, 신체적 감각, 그리고 생각을 수용하기 위해 현재 순간에 머무는 것이 필요하다. 그들은 모든 감정은 지나간다는 것, 그리고 원치 않는 감정을 피하거나 원하는 감정을 쫓지 않기 위해 감정, 사고, 그리고 신체적 감각을 조절하지 말아야 한다는 것을 아는 지혜가 필요하다. 그들은 심지어 어떻게 사랑받아야 하는지에 대한 언어적 기대, 모습, 아이디어에 매달릴 때조차 그들의 관계를 실제 그대로 보는 질적인 강화를 통해 최대한의 접촉을 이루기 위해서는 생각을 생각으로 관찰할 수 있어야 한다. 그들은 진정으로 친밀감을 향한 가치 방향에 머물기 위해서는 사랑의 감정이 들지 않을 때조차 사랑하는 방식으로 행동할 수 있어야 한다. 그들은 삶이 제시하는 가능성을 최대화시키기 위해 강박적인 사고와 느낌에 직면하여 친구, 건강, 그리고 개인적인 시간과 같은 다른 삶의 영역에 균형을 유지하고 돌볼 필요가 있다. 어떤 친밀한 관계는 정서적 고양을 이룰 뿐 아니라 정서적인 도전도 안겨준다. 심리적 유연성은 사람들이 경험적 회피의 힘든 문턱을 지나서 친밀감을 발전시키고 유지하도록 도울 수 있다.

요약

이번 장에서는 인간 언어의 RFT 개념을 연결하고 어떻게 이러한 개념에 따라 인간 기능이 최적화되는지 제시하는 심리적 기능에 대한 접근인 수용전념치료(ACT)를 소개하였다. 우리는 세 가지의 보완적 과정 짝인 수용과 탈융합, 가치와 전념행동, 그리고 맥락으로서의 자기와 현재 인식을 살펴봄으로써 여섯 가지 ACT 과정을 논의하였고, 우리가 각 과정을 논의했듯 친밀한 관계 영역에서 그것들의 관련성에 대한 예를 생각해보았다. 수용과 탈융합은 때로 관계 내에 포함된 혐오적인 정서 경험에 의해 생기는 회피와 융합으로 다룰 필요가 있다. 가치와 전념행동은 관계에서 중요한 것과 그것을 유지하기 위해 필요한 행동이 무엇인지에 따른다. 자기는 사람들이 긍정적이든 부정적이든 모든 관계의 측면을 경험하는 맥락에 놓여 있고, 한편 현재 의식은 이러한 모든 측면과 가능한 최대한의 접촉을 하도록 돕는다. 우리는 심리적 유연성에 대한 전반적인 ACT의 목표 및 이러한 목표와 관계의 관련성을 고려해봄으로써 결론을 내렸다. 관계 안에서 사람들은 높고 낮은 양극단을 경험하게 되는 것이 관계의 속성이므로, 유연성은 특별히 중요하다.

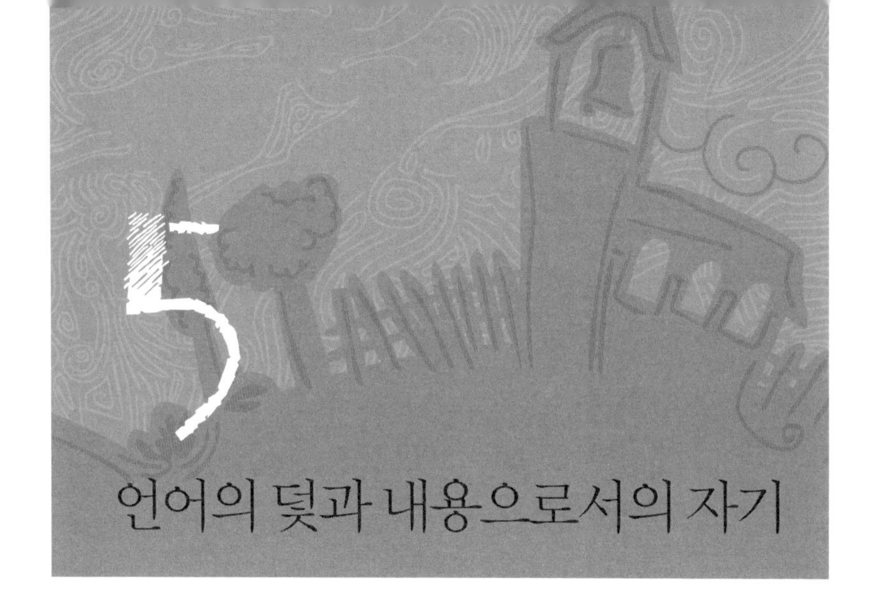

언어의 덫과 내용으로서의 자기

서론

인간의 사랑과 성은 행동의 기저를 이루는 유례없는 인간 언어로 인해 다른 동물들에서 보이는 것보다 훨씬 풍성하고 더욱 복잡하다. 인간은 다른 동물들처럼 단순히 신체적 혹은 절대적 수준에서 성적 파트너나 잠재적 파트너와 상호작용하지 않는다. 인간 존재는 또한 그들의 파트너와 언어적 수준에서 상호작용한다.

일단 아동이 관계틀에 숙달되면, 그들은 그들의 환경과 언어적으로 상호작용하며 그것에 의해 영향을 받는다. 이러한 환경에는 다른 사람의 언어적, 비언어적 행동이 포함되며, 또한 중요하게 자기 자신의 행동이 포함된다. 자기 생성된 규칙들은 사람들에게 지대한 방식으로 영향을 미칠 수 있다.

낭만적 관계를 나누는 사람들은 끊임없이 서로서로뿐 아니라 그들 자신의 개별적인 학습 역사와 언어적으로 상호작용한다. 이러한 개별적인 학습 역사에는 그들이 의식조차 못하는 아이디어 — "반드시 ~해야 한다" 방식들 — 와 관련된 규칙과 이미지가 포함된다. 다른 말로, 각각의 개인은 자신의 파트너뿐만 아니라 자신의 심리적 내용과도 끊임없이 상호작용한다. 친밀감을 형성하고 유지하는 모든 과정은 이러한 복잡한 반응의 언어적 기저에 의해 영향을 받게 된다.

"자기 자신에 대해 의식하고 있는 사람들은 자신의 행동을 예측하고 통제하는 데 더 유리한 지점에 놓여 있다"(Skinner, 1974, p. 35). 그리고 이러한 언어적 자기 지식은 친밀한 관계에서 핵심적이다. 예를 들어, 당신이 새로운 낭만적 관계에 있고 관계가 보다 진지해지면서 당신이 겁먹는 경향이 있음을 안다면, 그러한 두려움을 경계할 수 있고 그것이 심각한 문제가 되기보다 더 큰 친밀감을 나타내게 된다는 것을 알게 된다.

동시에, 언어적 자기의식은 과거 고통스러운 사건의 언어적 보고(즉 생각과 이야기)가 현재에서 고통을 끌어낼 수 있으므로 인간 고통의 원인이

기도 하다. 외상적인 실연에 대한 기억은 그가 해변에 있든, 집에 앉아 있든, 지하철을 타든 화, 슬픔, 그리고 두려움의 감정을 촉발한다. 사람들은 자연적으로 현재 그런 느낌이 드는 것을 피하기 위해 과거의 고통스러운 사건들을 '생각하지 않으려' 하지만 그러한 회피는 문제의 소지가 있고 친밀한 관계를 파괴할 수 있다.

이번 장에서는 어떻게 이러한 반응에 대한 언어적 기저가 친밀한 관계를 형성하고 유지하는 매 지점에 문제를 일으킬 수 있는지 묘사하는 것을 목표로 한다. 우리는 특별히 위태로운 조망인 '내용으로서의 자기' 개념에 집중할 것이다. 내용으로서의 자기는 비교적 정교하고 잘 실연된 언어적 자기 기술이며 자신의 행동에 대한 기술이다. 이러한 기술은 현재 진행 중인 경험과 잘 연결될 필요도 없고 현재 환경과의 접촉에 끼어드는 정도가 정말이지 엄격하고 유연하지 못하다.

내용으로서의 자기 문제에 대한 ACT 해법은 현재 의식의 배양(마음챙김)과 맥락으로서의 자기와 관련된다. 행동을 위한 지속적인 장소로서, 맥락으로서의 자기는 포괄적이고 초월적이다. 그러하기에 잠재적으로 문제의 소지가 있는 정식 내용의 다른 측면을 보도록 할 수 있고 그러므로 그것을 탈융합한다. 우리가 지난 장에서 설명했듯, ACT는 사람들이 자신의 심리적 과정을 보다 의식하게 되도록 그리고 최소한의 평가로 이러한 과정을 관찰하도록 가르침으로써 이러한 자기에 대한 감각을 양성한다. 이것은 과정으로서의 자기(즉 누군가에게 일어나는 진행 중인 사건)를 포함해서, 진행 중인 외적 사건에 대해 충만한 의식을 갖도록 가르치는 것과 관련된다. 관계에서, 충만히 의식되기 위해 중요한 다른 하나의 사건들의 계층은 과정으로서의 타인이고, 그것은 다른 사람에게 일어나는 진행 중인 사건이다. 과정으로서의 자기와 과정으로서의 타인 모두에 대한 충만한 의식(3장 참조)은 사람들의 경험을 풍부하게 할 수 있는데, 특별히 그들의 파트너와의 친밀한 상호작용에서 그러하다.

관계 초기에 사랑하는 이들은 비교적 충만한 방법으로 반응할 것이다. 그 경험의 신기함은 각 사람이 다른 사람에 대해 배우기 위해 마음을 열도록 도울 것이다. 그러나 시간이 지나면서 한쪽 혹은 양쪽 파트너들은 종종 현재 상태보다는 정교해지고 제거되어야 할(즉 내용으로서의 자기) 심리적 내용에 대한 반응이 늘어나기 시작한다. 파트너들은 서로에 대한 생각, 기억, 느낌, 그리고 관계를 누적하기 시작하고, 문제의 소지가 있는 언어적 반응의 가능성이 증가된다.

정교해진 심리적 내용이 마치 현실이듯 제시되고 반응될 때 문제가 일어나듯 혼란이 일어난다. 예를 들어, 친밀한 터치는 현재적(과정으로서의 자기)으로 감각적 쾌감을 끌어내기도 하고 친밀한 터치에 대해 갖는 극단적 죄책감이라는 혐오적 기억(내용으로서의 자기)을 끌어내기도 한다. 만일 한 사람이 내용으로서의 자기를 마치 과정으로서의 자기처럼 반응한다면, 잠재적 쾌감을 포기하면서 친밀한 터치를 피하는 방식으로 행동하게 된다. 이런 식으로, 언어적 구성의 혐오적 구성은 현재 상황에서 잠재적 강화를 제거하고 회피를 유발한다. 파트너십을 만족스럽고 풍성하게 할 수 있고 해야 할 것이 대신 혐오스러운 문제가 돼버린다.

이번 장에서 우리는 ACT와 RFT에 한정하여 내용으로서의 자기에 대한 일반적 개념을 제시한다. 내용으로서의 자기는 특히 친밀한 관계에 문제를 가져올 수 있는 수많은 측면으로 붕괴된다. 이러한 '언어적 덫' 은 그다음에는 언어적 융합의 다른 형태의 기초가 된다. 심리적 내용과의 융합은 종종 삶의 역할, 규칙, 고정관념, 느낌, 그리고 느낌에 대한 평가 등의 용어로 표현된다. 파트너들 스스로가 단순한 고정관념으로 규정되면 '사랑' 의 속성은 잠재적으로 삶을 풍성하게 하는 친밀한 경험으로부터 사람들을 떼어놓을 수 있다.

내용으로서의 자기와의 융합

이것은 내용으로서의 자기라는 승강장이 어떻게 만들어지는가이다. 대략 4세 이전에 아동은 자기를 구별하는 개념이 발달하고, 사춘기 즈음에 능력, 감정, 가치, 그리고 특성 등을 포함하는 심리적 특징에 대한 자기 기술을 사용하기 시작한다(Damon & Hart, 1988). 학교, 사회, 그리고 가족은 어떻게 이러한 자기가 발달해야 할지 지시하고 다른 사람과의 비교를 촉진한다. 구체적인 목표에 대한 능력과 성취는 이러한 자기에 대한 성공을 결정한다.

어떤 시점에 자신이 바라보는 자기와 다른 사람이 어떠해야 한다고 하는 기대 사이에 격차가 생긴다. 다른 사람과의 지속적인 비교는(즉 다른 사람과 비교해 어떻게 보이고, 어떻게 행동하고, 어떻게 성취하고, 무엇을 가져야 하는지) 시간이 지나면서 적어도 어떤 측면에서는 다른 사람보다 못하다는 유도를 하게 된다. 이것은 자기결핍감(self-deficiency)을 동반하는 하나의 개념으로 귀결된다.

Gilbert(2007)와 다른 연구자들은 사람들이 여러 중요한 측면에서 평생 그들 스스로를 다른 사람과 비교하면서 부정적 편견을 가지고 살아간다는 것을 보여줌으로써 '결핍된 자기'의 증거를 제공해왔다. 이러한 '결핍된 자기'의 불편함은 대중 앞에서 발표할 때와 같은 한 사람이 검증받게 되는 사회적 상황에서 특별히 드러난다. 이러한 상황에서 사람들은 결핍된 자기가 드러날 위험이 높다고 판단하게 될 것이다. 그러한 결핍된 자기를 숨

기고 그것이 드러나는 불편함을 회피하려고 하면 몇 가지 범주의 경험적 회피를 가져오게 된다. 알코올과 약물 혹은 음식과 같은 물질 사용, 과도한 성관계, 쇼핑 혹은 운동과 같은 행동의 문제가 그것이다.

현재의 맥락에서 특별히 관련 있는 것은 '결핍된 자기' 가 관계에서 경험적 회피의 단계에 놓일 경우이다. 친밀한 관계를 형성하기 위해서는 신체적, 언어적 접근과 개방이 요구된다. 그러나 결핍된 자기는 이러한 상황에 드러나기를 특별히 두려워하게 된다. 이러한 두려움은 회피하는 행동 패턴을 유발하게 되고 그것은 온전한 관계의 기쁨을 방해할 것이다. 예를 들어, 싸우기, 자신의 파트너를 판단하기, 또는 결핍감에 대해 파트너를 탓하기 등은 회피행동의 한 범주를 구성할 수 있다. 파트너를 기쁘게 하거나 그 또는 그녀의 바람에 일치하려는 — '보상적 유연성(compensatory pliance)' — 시도는 또 다른 것을 구성한다. 두 경우 모두에서, 건강하지 않은 관계 패턴이 결핍된 자기를 피하기 위해 구축되고, 그 결과 관계가 제공해야 할 강화에 덜 접촉하게 된다.

ACT/RFT 관점에서 '결핍된 자기' 는 내용으로서의 자기와의 융합의 산물이다. 내용으로서의 자기는 세상이 자신의 심리적 내용의 문자적 의미로 구축되었다는 특수한 세상에 대한 조망이다. 여기 몇 가지 예가 있다.

"나는 슬퍼."
"나는 좋은 사람이야."
"나는 너에게 화가 났어."
"나는 뚱뚱하고 매력적이지 않아."
"나는 사랑스럽지 않아."
"나는 사람들을 믿지 않아."

이러한 예들에서, 말하는 이는 심리적 내용일 뿐인 진술의 문자적 진실에 융합되어 있거나 그것을 온전히 믿는 경향이 있다. 이와 같은 마음의 내용(즉 사람의 언어적 관계 레퍼토리)에 대한 경직된 집착은 잠재적 문제를 일으킨다. 예를 들어, "나는 매력적이지 않아"와 같은 부정적 자기평가와 같은 문자적 진실을 믿는 것은 꽤나 절망적인 느낌을 줄 수 있다.

앞서 나열한 예시 가운데 한 가지를 생각해보면, "나는 뚱뚱하고 매력적이지 않아"를 언어적 진실로 반응하는 것은 관계에서 친밀감을 이루기 어렵게 만들 것이다. 이는 친밀감을 이룬다는 것은 당신의 파트너가 당신을 당신으로서 보도록 만든다는 것을 의미하기 때문이다. 그러나 당신이 스스로가 매력적이지 않다고 확신한다면, 이런 방식으로 보이는 것을 피하려 할 것이다. 또 다른 예를 생각해보자면, "나는 사람들을 믿지 않아"를 사실로 반응하는 것은 신뢰의 행동을 덜 하도록 만들 것이다. 융합은 이 경우 분명히 해결하기 어려운 딜레마를 가져오는데, 불신의 원인은 과거의 일인데 그 과거는 달라질 수 없기 때문이다. 이러한 정신적 내용이 마치 지금 여기에서 진실인 것처럼 반응하며 미래 행동을 이끌어갈 가이드로 기능하도록 하면 친밀한 상호작용을 위한 기회는 제한되게 된다. 다른 방식으로 설명하면, 그러한 생각과의 융합은 친밀함과 같은 가치의 방향으로 발걸음을 옮기는 데 있어 방해물이 된다는 것이다.

내용으로서의 자기는 사람들이 시간이 지나면서 그들 스스로와 그들의 개인사에 대해 구축하는 정교한 기술적이고 평가적인 관계망으로 구성된다. 앞서 지적했듯, 아동이 자기의식(self-aware)을 갖게 되자마자, 그들은 꽤 일관적인 제시에 특수한 기술, 평가, 역사, 그리고 경향성을 구조화시키면서 '자기'를 창조하기 시작한다. 아마도 그들은 남은 일생 동안 이러한 자기에 대한 감각에 연결되는 것들을 찾게 될 것이다. 해석, 설명, 평가, 예측, 그리고 합리화는 이러한 연결성을 이루려는 시도의 예이다. 다음의 진술문을 생각해보자.

"나는 결코 내 감정을 잘 표현하지 못해."

"나는 알코올 중독자의 자녀이기 때문에 신뢰 문제를 갖고 있어."

"나는 이 관계가 끝날 거라는 것을 아는데, 노력한들 무슨 소용이 있겠어?"

이러한 예들 각각은 말하는 이가 연결성을 이루려고 자신에 관해 구축한 이야기들이다. "나는 결코 내 감정을 잘 표현하지 못해"라는 이야기에 융합된 사람은 감정을 표현하려 노력하지 않는 것을 합리화할 것이다. 두 번째 예에서도, 믿으려는 행동이 부족한 것을 과거 사건에 귀인한다. 세 번째에 역시 과거가 미래를 신뢰도 있게 예측한다는 암시된 규칙에 근거해 친밀감을 구축하려는 시도를 회피하는 것에 대한 합리화를 보여준다.

이 모든 예에서 말하는 이는 역사적인 심리적 내용에 융합되어 있고 이렇게 생성된 자기라는 렌즈로 잠재적 관계를 포함한 현 실제를 바라본다. 이렇게 구축된 자기와의 융합은 관계에서 풍성한 친밀한 순간을 경험하는 데 있어 잠재적으로 단연코 제동을 걸 것이다. 자기 평가의 이러한 유형은 과거 행동을 기술할 뿐 아니라 실질적으로 미래 행동을 이끄는 역할을 한다. 더구나, 이러한 예들의 핵심에는 경험적 회피가 있다. 감정을 표현하고, 다른 사람을 믿으며, 일시적이라고 생각하는 관계에 들어가는 것 등에서 오는 불편함이 모두 회피되기 때문이다. 말하는 이는 상황적인 불안에서 단기적인 안도감을 얻겠지만, 길게 봤을 때 삶의 질에서 비싼 대가를 치르는 것이다. 대안은 가치를 가진 방향인 친밀감을 향해 발을 내딛고 피할 수 없는 불편함을 받아들이는 것이다.

그들의 자기 이야기에 연결성을 유지하기 위해 사람들은 그러한 이야기와 일치하게 행동하려 할 것이다. 사실 그들은 증거에 반하는 것은 심지어 무시하고 실제로 자기 이야기와 일치하는 것들만 선택한다. 다음의 예를 생각해보자.

요란다는 과거에 그녀가 가치 있는 방식으로 사랑받은 적이 없음이 확실하다는 이야기와 융합되어 있다. 그녀는 또한 현재의 파트너도 그녀가 기대하는 방식으로 결코 그녀를 사랑하지 않음이 확실하다고 믿고 있다. 그녀는 자신의 파트너가 자신을 사랑하지 않음을 보여주는 증거 자료를 마음속으로 수집해왔다. 그녀가 표현하는 주제는 오래되고 익숙한 것이다. "결국 이 관계는 끝날 거야. 나한테는 그게 더 나아." 요란다가 많은 변형 중 하나인 이 주제를 반추할 때마다, 그녀는 울면서 스스로를 불쌍하게 느낀다. 외부의 조망에서 이러한 행동은 매우 특이한데, 그녀의 파트너는 그녀를 사랑하고 보살피는 것으로 보이며 종종 이것을 보여주는 행동을 하기 때문이다. 그러나 요란다는 파트너의 사랑과 보살핌의 표현을 무시하고 자신의 이야기를 지지하는 사건만 수집한다. 자신의 이야기를 유지하려고만 함으로써 요란다는 그녀의 관계를 파괴하고 있다. 사랑을 보여주는 파트너의 행동을 강화하기보다 그것들을 처벌하고 있다. 요란다가 관계에 가치를 두고 그녀의 파트너를 향해 사랑하는 방식으로 행동하기 원한다 하더라도, "나의 파트너는 나를 사랑하지 않아"라는 이야기와의 융합은 사랑하는 행동과 반대되는 대응과 반응을 유발하며, 사실 자신에게나 파트너에게나 사랑하는 행동에 대한 처벌의 기능을 하고 있다.

내용으로서의 자기는 과거의 감정, 감각, 그리고 선호와의 융합뿐 아니라 다양한 경험의 영역에서 온 심리적 내용과의 융합을 포함하므로 이러한 심리적 내용의 모든 것은 지금 여기에서 일어나는 것과 뒤섞이게 된다. 사람들이 친밀한 상호작용에 관해 그들의 좋아하는 것과 싫어하는 것을 표현할 때마다 대부분 내용으로서의 자기의 조망을 갖게 된다. 그러한 자기 자신이나 잠재적 파트너에 대한 아이디어나 스테레오타입과의 융합이 반드시 문제가 되지는 않는다. 그러나 그것은 불가피하게 친밀한 경험을 위한 기회를 제한하기 마련이다. 이것이 나타나는 영역 중 하나는 온라인상의 데이트이다. 데이트 사이트는 내용으로서의 자기로 구축된다. 온라인 만남 프로필을 작성할 때, 사용자들은 그들이 선호하는 파트너를 규정할 뿐 아니라 그들 스스로를 특징짓거나 정형화할 것을 요구받는다. 이 과제는 내용으로서의 자기 조망을 요구하는데, 사용자들은 스스로에 대한 언어적 정교화나 요약을 제공해야 하기 때문이다. 만남 사이트가 잠재적인 파트너를 만날 기회를 제공한다는 측면에서는 유용하지만, 이러한 사이트가 제공하는 분류와 체크리스트는 문자 그대로 잠재적 파트너에 대한 진실이 아니라는 것을 이해해야 한다.

슈는 온라인 데이트를 해보기로 결심했다고 해보자. 그녀는 나이, 교육 수준, 체중, 성적 지향, 종교, 인종, 그리고 음식, 음악, 여가 활동 등의 선호에 이르기까지 자신을 특징지을 수 있는 프로파일을 작성한다. 그녀는 자신이 선호하는 잠재적 파트너에 관한 유사한 목록도 채워넣는다. 다시 한 번 말하면, 이러한 선호의 상당 부분은 과거 경험에 따라 구축된다. 그녀가 선호하는 것의 일부(예를 들어, 같은 종류의 음식이나 음악을 좋아하는 누군가를 만나기 위해)는 실제적 경험보다는 선입견, 바람, 스테레오타입, 꿈에 근거하기 쉽다고 말하는 것이 안전할지도 모른다.

데이트 맥락에서 잠재적 파트너에 관한 선호와 스테레오타입의 형태로 정신적 내용과의 융합을 이룬다면, 그러한 내용은 그들의 데이트 행동을 조절하려 할 것이다. 심지어 사람들이 열린 마음과 경험적인 것에 가치를 둔다 하더라도, 그들이 선호하는 '이야기'와 융합되면 마음이 닫히기 쉽다. 이상적으로, 파트너를 찾기 원하는 사람들은 유연한 방식으로 그들의 선호와 관련된 것을 '지금 여기'에서 찾으려는 노력이 필요하다. 이것의 내용으로서의 정신적 내용을 이해하고 관련시키는 것을 의미하는 것이지, 개인 혹은 다른 사람으로의 정신적 내용을 의미하지 않는다.

데이트 사이트 분석에 따라 생각해볼 때, 앤디는 슈의 희망 목록 범위에 매우 잘 맞는다. 전화로 서로 대화를 나눈 뒤, 슈는 카페에서 앤디를 만나기로 약속한다. 그 두 사람은 각자의 모습을 마음속으로 그리고 있는데 다른 사람의 온라인 프로파일에 근거해 강한 기대를 갖는다. 그 미팅에서 그들의 마음에 슈와 앤디는 없으며, 즉시 정신적 구조에 따라 다른 사람을 평가하고 판단하기 시작한다. 이것은 슈와 앤디의 미팅이라기보다는 내용적 자기로서의 슈와 내용적 자기로서의 앤디의 미팅이다. 드물게 일어나는 일이 아니듯, 슈와 앤디 두 사람은 실망하게 되고, 각자의 내용으로서의 자기는 잘 맞았을지라도 그들 서로에게 매력을 느끼지는 못한다. 이것은 내용으로서의 자기가 지배적이면 현재 순간을 실험하는 것은 뒤로 물러나게 되고 친밀함이 연결되기란 쉽지 않기 때문이다. 그러나 보다 충만한 두 사람이 만난다면, 그들이 커플로 이어지지 않는다 하더라도 의미 있는 시간을 가지게 될 것이다.

행동의 '원인'으로서의 정신적 내용

내용으로서의 자기는 때로 현재의 부적응적인 행동 패턴의 원인으로 — 함축적이든 노골적이든, 그것에 대한 핑계가 되므로 — 받아들여질 수 있다. 이는 언어적 덫의 '원인으로서의 내용' 이다. 여기에 친밀한 관계에 작동될 수 있는 특정한 언어적 덫의 예가 있다.

"나는 사람들을 믿는 법을 배운 적이 없기 때문에 당신에게 마음을 열 수 없어요."

"당신의 가족은 나와 너무 다르기 때문에 나는 그들이 편하지 않아요."

"나는 동성 파트너와의 관계는 잘못된 것이고 결코 지속될 수 없다고 배웠기 때문에 동성 파트너를 사귀는 일을 없을 거예요."

이러한 예들 각각에서, 말하는 이는 '원인' 으로서 과거에서 온 심리적 내용을 사용해서 자신이 돌보고, 사랑하고, 마음을 열지 않는 이유를 설명하고 있다. 이러한 이유의 선에서 현재를 바꾸는 유일한 방법은 (그러므로 신뢰하고 열린 방식으로 행동을 시작하기 위해서) 과거를 바꾸는 것이다. 첫 번째 예에서, 말하는 이의 마음이 열리고 신뢰가 생기려면 어떻게 할지 과거에서 배워야 한다는 얘기다. 두 번째 예에서, 말하는 이가 새로운 가족에게 마음을 열고 수용적인 방식으로 행동하려면 과거에 비슷한 가족을 경험했어야 한다. 그것은 불가능하므로, 가치 있는 방향으로 행동하지 않는 '핑계' 는 친밀감의 발달을 방해한다. 이러한 생각들과의 융합은 이 개인이 마치 자신은 자신의 행동을 변화시키고 가치를 가진 방향으로 발걸음을 옮길 능력을 잃어버린 것처럼 느끼도록 하는 피드백 고리를 만들어낼 수 있다. 파트너들은 그들 관계에서 가치가 있는 방향을 알고 있고 동의하고, 뿐만 아니라 어떤 행동이 그러한 가치와 일치하는지도 알고 있다. 그러나 심리적 내용과의 융합은 그러한 시도를 파괴한다. 그러한 융합은 미래는 과거에 의해 결정된다는 착각을 만든다. 그러나 과거의 행동은 분명히 미래 행동을 예측하게 할 수는 있어도, 그것을 결정하지는 않는다.

또 다른 유사한 언어적 덫은 행동의 원인으로 언어적 이유에 의존하는 것에서 비롯된다. 사람들은 그들이 원하는 삶 속에서 그들이 왜 그 일을 했고 왜 그 일을 하지 않았는지 설명하려는 경향을 가지고 있다. 그들은 삶의 초기부터 '왜' 가 원인과 관련될 수 있다는 것을 배우고, 거기에 원인이 있다면, 그들은 이러한 원인의 효과를 예측하고 심지어 가능하면 조정할 수 있게 된다. 삶의 많은 영역에서 이것은 유용한 전략이지만, 그것이 친밀한 관계에서의 느낌과 행동과 적용될 때, 이유를 찾는 것은 사람들을 궤도에서 벗어나게 할 수 있다. 이러한 언어적 덫의 사례를 찾기 위해 "만일 나의 파트너가 그의 행동을 변화시키기만 한다면, 좀 더 내가 행동하기 원하는 방식으로 행동할 수 있을 텐데"라는 식의 '만일-그러면' 원인 관계를 가지고 있는 진술문을 찾는 것이 유용할 것이다. 다음에 몇 가지 예가 있다.

"만일 나의 파트너가 우리가 데이트하러 나갔을 때 나에게 좀 더 사랑과 관심을 보여준다면 좀 더 기분을 낼 수 있을 텐데."

"만일 나의 파트너가 성관계에 좀 더 흥미를 보여주기만 한다면 내가 좀 더 매력적으로 느껴질 텐데."

"만일 나의 파트너가 아이들에 대해 좀 더 책임감을 갖기만 한다면 나는 학교로 돌아가 삶에서 뭔가를 할 수 있을 텐데."

여기서의 문제는 대인관계적 행동 영역에서 '원인과 효과' 관계는 실제로는 거의 진실이 아니라는 것이다. 앞서 제시한 진술문들과 같은 것은 '원인과 효과' 관계의 단순한 착각을 만든다. 그러나 전형적으로 첫 번째 조건이 성취된다고 뒤의 조건이 바로 결과로 이어지는 경우는 없다는 것이다. 만일 사람들이 자신의 나쁜 기분이, 매력적으로 느껴지지 않는 것이, 혹은 학교로 돌아가지 않는 것에 있어서 그들 파트너의 행동이 '원인'이라고 생각한다면, 그들은 파트너 행동의 변화는 문제를 해결할 것임을 예측하게 될 것이다. 그러나 실제로 많은 다른 요인들이 그 상황에 개입된다. 사건들 사이에 복잡한 관계가 주어지면, 사람들은 그러한 진술문의 '만일' 부분을 정확하게 기술하지 못하고, '그러면' 부분 역시 결코 확증하지 못한다.

이러한 단순한 '원인 그리고 효과' 관계의 진술문과의 융합은 사람들을 정체에 대한 핑계에 가두게 된다. 그러나 위의 모든 예에 있는 말하는 이들은 파트너가 자신의 행동을 변화시키는지 여부와 관계없이 그들이 원하는 것을 할 수 있다. 첫 번째에서 자신의 기분을 바꾸는 데 영향을 끼칠 수 있고, 두 번째에서 스스로 매력적으로 느끼도록 도울 수 있으며, 세 번째에서 어쨌든 학교로 돌아가기로 결심할 수 있다.

덧붙이면, 진술문의 '만일' 부분에 놓인 조건이 실현될 것 같지 않을 때 관계에는 문제가 일어나게 된다. 필경 제한된 행동을 보이는 파트너가 결코 변할 것 같지 않다면, 사실상 다른 파트너는 그 진술문의 '그러면' 부분에서 멀어지게 되는 것이다.

인생의 역할과의 융합

친밀한 관계에서 작동할 수 있는 또 다른 다양한 언어적 덫은 한 사람이 관계에서 스스로 가져야 한다고 보는 특수한 역할과의 융합에 기원한다.

모든 사람은 관계에서 역할이 발달한다. 역할은 '요리하는 사람', '자동차를 운전하는 사람', '자녀를 훈육하는 사람', 혹은 '친구를 초대하기 좋아하는 사람' 처럼 가사 책임감에 관해 언급할 수 있다. 이와 같은 역할 영역은 기능적이고 가사 일이 부드럽고 예측 가능하게 이루어지도록 도울 수 있다. 그러나 문자적으로만 받아들이면 그것들은 사람들을 가두게 되고 제한, 강제, 침체의 느낌을 갖게 만들기도 한다. 역할이란 항상 지나치게 단순화되어 있고 사람들은 복잡하고 계속 변화한다.

역할은 또한 심리적 (종종 정형화된) 기능에 관해 언급하기도 한다. '사랑스러운 아내', '질투심 많은 남편', '조정하는 아내', '공격적인(혹은 수동적인) 파트너', '지나치게 참는 혹은 믿을 수 없는 남편' 등등. 그러한 단일차원성은 질적으로 더 떨어지는 기능의 캐릭터이다. '나쁜 남자' 로부터 '좋은 남자' 를 엄격하게 묘사하고 예측 가능한 방식으로 행동하는 캐릭터를 그리면 읽기는 더 쉬운 소설이 만들어지겠지만, 문학적인 소설일수록 인간 복잡성을 정확하게 반영한다. 예를 들어, 도스토예프스키의 캐릭터들은 시간이 지나면서 변화하고 진화하므로 단조롭고 정적인 캐릭터보다 더 흥미롭고 예측 불가하게 만든다. 재능이 부족한 작가의 경우와 마찬가지로, 사람들은 자기 자신과 파트너들을 심리적 내용이라는 용어로 정형화시킨다. '부끄러움을 타는 사람', '성관계를 별로 원하지 않는 사람', 혹은 '조정하려는 별난 사람' 으로 파트너의 배역을 정해버리면 바로 그 행동을 유지하게 되기 쉽다. 자신에게나 파트너에게나 이러한 역할 고정관념을 반복하는 것은 실제로 그것을 확증하는 행동 가능성을 증가시킨다.

어떤 역할은 문화적인 아이디어에 근거한다. 서구 사회에서 '좋은' 남편, '호의적인' 아내, 그리고 '핵' 가족은 사람들이 프로그램화한 역할의 예들이다. 집단주의 문화에서 단지 엄마, 아빠, 그들의 자녀로 구성된 가족은 개인주의 문화에서보다는 덜 이상적으로 보일 것이다. 그러나 유럽과 대부분의 북미에서 핵가족은 가족이라는 것이 실제로 꽤 다양한 형태를 가진다는 증거가 있음에도 여전히 이상적이다. 오직 한 부모만 있는, 다른 경우 다수의 세대가 함께 모여 사는 어떤 경우 자녀가 조부모에 의해 양육되는, 또 다른 경우 자녀가 동성의 두 부모에게 양육되는 등의 많은 가족 형태가 존재한다. 사실 1950년대 미국에서 이상적으로 생각하던 외곽에 살면서 좋은 직업을 가진 아버지는 가정 경제를 위해 일하고, 어머니는 집에서 파이를 굽고, 사랑스러운 두 자녀(물론 아들 하나, 딸 하나)를 가진 모습은 대부분의 현실과 거리가 멀고, 혹은 Coontz(1992)가 언급했듯 '결코 존재하지 않았던 길' 이다. 그러나 절대적인 아이디어의 일부 형태는 모든 사회에 존재하고 동시대 사회에서 삶을 경험하는 사람들에게 유지되는 이상적인 역할을 제공한다. 그들 자신과 다른 사람의 가족을 모든 다양성 가운데서 이상에 따르기 위해 그들 스스로를 왜곡하거나 다른 사람들이 그렇게 되기를 기대하기보다는 그 자체로 받아들이는 사람들이 지금 여기에 더 잘 살아갈 것이다.

이상화된 역할의 어떤 측면이 기능적일지라도, 역할들은 항상 사람들이 '지금 여기' 에서 실험적이고 진행 중인 현재를 살아가는 것에서 멀어지게 한다. 역할에 맞추기 위한 책임감은 현재 순간에 일어나는 감정을 능가한다. 예를 들어, 사랑스러운 아내 역할을 하는 여성이 실제로는 일의 세계에 대해 갈망하며 숨 막히는 느낌을 가질지라도, 그녀는 역할에 충실하기 위해 자신의 느낌을 무시할 수 있다. 그녀의 실제 느낌(숨 막히는)과 역할에 대해 가정하는 느낌(행복) 사이의 불일치는 그녀가 느끼는 것이 뭔가 잘못되었다는 생각을 하도록 만든다. 반대 성의 누군가와 결혼할 것에 대한 사회와 가족과 개인적 압력에 따르는 게이나 레즈비언은 (배우자 역할을 하는 데 있어) 스스로 정서적으로나 성적으로 채워지지 않는다고 느끼게 된다. 이러한 상황에서 알코올, 신경안정제, 혹은 혼외 애인은 이러한 느낌에서 벗어나도록 도울 것이다.

고정관념은 단지 개인에게만 적용되는 것이 아니다. 그것은 또한 커플에게도 적용될 수 있다. 이는 커플이 하나의 단위로 여겨질 때 일어난다. 고정관념화는 사회경제적 위치(예 : 중류층 커플), 교육 수준(예 : 고학력 커플), 혹은 성적 경향(예 : 게이 커플)과 관련된다. 사용된 범주가 어떤 것이든 관련성이 추출되고 그러한 관련성에 대한 평가가 이루어지는데, 이는 커플들로부터 그리고 다른 사람들로부터 모두 마찬가지다. 같은 방식으로, 커플로서의 역할과의 연합은 피할 수 없는 변화에 대한 민감성을 감소시키고 이러한 변화에 적응하는 것을 어렵게 만든다.

규칙과의 융합

이전 장에서 우리는 관계틀을 통해 환경의 기능을 전환함으로써 사람들의 행동에 영향을 미치는 언어적 관계 망으로서의 규칙에 대한 RFT 입장을 설명하였다.

규칙은 도움이 될 수 있다. Skinner(1989)는 인간이 아닌 동물들은 시행착오 방법으로 그들의 환경에 적응한다는 점을 강조하면서 규칙 지배적 행동을 수반 조성된(contingency-shaped) 행동과 대조했는데, 인간은 특수한 상황에서 어떻게 행동해야 할지 구체화시키는 규칙에 따름으로써 빨리 적응할 수 있다. 인간은 다른 사람들이 이전에 유용성을 찾은 방법으로 행동하도록 안내한다. 예를 들어 요리법은 실험을 통해 누군가가 발견한 유용한 요리 방법에서 기인되는 일련의 규칙들로 구성된다. 이러한 일련의 규칙을 따르면 다른 사람들은 실험을 위한 시간과 노력이 절약되고, 바라기는, 맛있는 요리가 완성된다.

성적 관계에서 친밀한 상호작용의 선호에 관한 규칙은 도움이 될 수 있다. 예를 들어, 한 파트너가 "나는 일하고 집에 돌아왔을 때 당신이 나의 등을 마사지해주는 것이 좋아요"라고 말한다. 이러한 규칙은 공간적이고 시간적인 선행자극, 반응 지점, 그리고 후속자극의 속성 등을 구체화한다. 다른 파트너는 이러한 규칙을 한 번 들으면 다른 입력 없이 그것에 따라 행동한다. 이러한 종류의 규칙은 시행착오를 통해 서로의 선호를 알아내느라 노력하는 시간을 절약해준다.

그러나 규칙은 또한 도움이 안 되기도 한다. ACT 전통에서는 전형적으로, 사람들에게 부정적인 영향을 미치는 개인적 상황에서 생성되는 비공식적 규칙에 초점을 둔다. 예를 들어, 온라인에서 만난 여성들로부터 수많은 거절을 경험한 제프는 "누구도 나와 함께하기를 원치 않아"라는 규칙을 생성하고, 이것은 이후 데이트가 그의 가치를 가진 방향에 구성되어 있음에도 보편적으로 데이트를 멀리하는 행동으로 이끌게 된다.

제프의 경우처럼 그러한 규칙이 특별히 도움이 안 되는 이유는 사람들을 수반된 접촉 기회에서 멀어지게 한다는 것이다. 규칙에 근거해서 수반성에 둔감해지는 현상을 보여주는 경험적 연구는 많은데, 그러므로 규칙의 영향력하에 있는 사람들은 그들의 환경 변화에 적응하기가 쉽지 않다(예 : Hayes, Brownstein, Haas, & Greenway, 1986; Matthews, Shimoff, Catania, & Sagvolden, 1977; Shimoff, Catania, & Matthews, 1981). 방금 그 예에서, 자기 생성된 규칙의 영향력하에 제프는 데이트를 멈췄다. 그러나 그가 데이트를 멈추면, 데이트를 통해 호환되는 누군가를 만날 수 있는 수반성으로부터 그가 단절된다. 다른 말로, 그에게 더 이상 자신을 만족시키고 성공적인 관계를 세울 수 있는 누군가를 만날 기회는 없게 된다. 그 규칙이 이러한 가능성에서 그를 단절시킨다. 만일 제프가 이러한 규칙을 다른 생각들 가운데 하나의 미미한 생각으로 간주하게 된다면, 그는 아마도 데이트를 지속하고 적어도 적당한 상대를 만나 수용과 친밀감을 강화받을 기회를 가지게 된다. 그러나 자기 생성된 규칙과의 융합에 의해 시도를 멈추게 되면 이러한 가능성은 모두 사라진다.

도움이 안 되는 규칙에 따르는 것은 사람들을 이미 구축된 관계 내 수반성으로부터 단절시킬 수도 있다. 민감성은 친밀한 관계를 구축하고 유지하는 데 필수적이다. 그러나 규칙에 따르는 것은 현재 순간의 신호에 대한 민감성을 감소시키고, 이런 일이 관계에서 일어나면 파트너는 친밀한 궤도를 벗어나기 쉽다. 예를 들어, 조지는 1년 동안 열정적인 관계를 유지한 후 프랭크에게 그의 아파트에서 함께 살자고 한다. 그러나 이러한 맥락에서 두 사람 사이의 차이는 극명해진다. 조지는 깔끔하고 정리에 민감하다. 그는 깔끔하지 않은 사람은 배려심이 없는 거라는 일반적 규칙을 발전시켜왔다. 프랭크는 되는 대로는 아니어도, 이러한 측면에서는 훨씬 더 느긋하다. 그들이 함께 살기 시작하면서 프랭크의 느긋한 행동 패턴은 조지에게 극명한 문제로 다가오고, 프랭크가 자신은 배려하지 않는다는 생각을 하게 된다. 프랭크는 조지가 불쾌해한다는 것을 알아차리고 조지가 원하는 방식에 좀 더 맞추려고 노력한다. 그러나 그의 오랜 습관은 강력하기 때문에 때로 잊어버린다. 논쟁은 차츰 잦아진다. 심각하게 싸운 어느 날, 조지는 더 이상 프랭크가 언제까지나 함께하고 싶었던 그 사람이 아닌 것 같다며 대신 자신의 관대함의 덕만 보려는 사람으로 보인다고 말한다. 프랭크는 자신이 할 만큼 했고 집을 나가기로 결심한다.

자신의 규칙에 근거해 사태의 방식을 해석하는 조지의 융합은 프랭크가 다른 역사와 다른 태도를 가졌다는 사실에 대한 민감성을 짓밟고 있음에 틀림없다. 일단 두 사람이 함께 살기로 한 곳에 피할 수 없는 변화를 협상

할 공간은 어디에도 없다. 보다 중요하게, 조지의 규칙 준수는 프랭크가 그의 요구를 맞추려고 노력한 점에 대한 민감성을 짓밟았을 뿐 아니라 그가 프랭크를 사랑한다는 사실을 알아차리는 능력까지 짓밟았다. 깔끔함의 규칙 준수에 대한 조지의 융합은 친밀감을 발전시키려는 그의 가치를 가진 방향과 그의 관계에 비싼 대가를 지불한 것이다.

그러므로 규칙은 위에서 예시했듯 너무 종종 부정적 방식으로 영향을 끼칠 수 있다. 3장에서 규칙을 따르는 행동을 만드는 세 가지 다른 종류의 수반성에 기초한 다양한 범주인 눈치보기(pliance), 추적하기(tracking), 확대하기(augmenting)에 대해 언급했다. 현재 맥락에서 이 세 가지 범주를 돌이켜보는 게 도움이 되는데, 파트너들이 어떻게 친밀한 관계에 규칙을 관련시키는지 생각해보는 데 추가적인 통찰을 제공할 수 있기 때문이다.

눈치보기란 규칙을 따르기 위해 사회적으로 중재된 강화의 역사적 영향력하에 있는 규칙 지배적 행동이다. 이는 단순히 개인이 과거에 규칙을 따름으로써 강화되었기에 규칙을 따른다는 의미이다. 눈치보기가 친밀한 관계에서 어떻게 나타나는지에 대한 몇 가지 예가 있다.

파트너를 기쁘게 하려고 무언가를 하는 것
갈등이나 폭발을 피하려고 무언가를 하는 것
다른 사람의 눈에 좋게 보이려고 무언가를 하는 것

각각의 예에서, 반응의 기능이나 의도가 다른 사람을 기쁘게 하거나 그들로부터의 처벌을 피하기 위해서이다. 눈치보기는 대부분의 심리치료와 관련된 규칙 지배적 행동 범주이다. 왜냐하면 규칙에 따라도 강화의 원천(즉 다른 사람의 승인)이 불안정하게 제공되고 환경적 수반성 역시 관련성이 없기 때문이다. 그러므로 이러한 범주의 규칙 준수는 특히나 수반성보다는 규칙에 집중한다. 우리가 전에 말했듯이, 친밀함을 구축하고 유지하려면 '지금 여기'—자연스러운 환경적 수반성—에서 민감성이 요구된다. 그러나 눈치보기는 규칙에 대한 민감성을 더욱 일으키게 되고, 이는 현재 순간에서 실제로 일어나는 것이 무엇인지 접촉하기 어렵게 만든다.

예 :

(현재 순간의 단서에 민감한) 자연적 수반성

"당신이 지금 나를 만져주니 각성이 되네요."

눈치보기

"오늘 밤 우리의 일정은 저녁을 먹고, 영화를 보고, 섹스를 하는 거예요."

첫 번째 진술에서 말하는 이는 친밀한 애무에서 기인되는 감각에 접촉하고 있고 그것이 좋다고 말로 표현하고 있는데, 이는 듣는 이가 더 큰 친밀감을 갖도록 이끌어준다. 반면 두 번째 진술에서 말하는 이는 실제 시간에 무엇이 펼쳐지고 있는가, 즉 두 파트너가 그 순간에 무엇을 느끼고 바라는가에 대한 자연적 수반성과는 별개로 규칙 혹은 의제를 말하고 있다. 그러한 의제는 눈치보기로 고려될 수 있는데, 그것이 성에 대한 사회적 일치(즉 "우리는 규칙적으로 섹스를 해야 해요. 왜냐하면 사람들이 그렇게 하니까요")라는 명분이 되기 때문이다. 만일 말하는 이를 기쁘게 하거나 달래기 위해 듣는 이가 말하는 이의 계획의 일부로서 섹스에 열중한다면 그것 또한 눈치보기의 과정이다.

추척하기란 규칙과 그러한 규칙을 전달하는 데 있어 독립적인 환경 배열 사이가 조화로운 역사의 통제하에 있는 규칙 지배적 행동이다.

친밀한 관계에서의 추적하기는 어떤 사람이 파트너의 좋아하고 싫어하는 행동을 '읽으려는' 노력이라고 일컫는 것과 유사하다. 다른 사람의 패턴을 추적하는 것은 추적하는 이에게 어떻게 상대의 행동에 적응할지 알도록 도움을 줄 수 있다. 이것은 질문(예 : "당신 무슨 생각을 하고 있어요?" "내가 그렇게 하는 게 좋은가요?")을 사용해서 진행 중인 '과정으로서의 타인' 을 구축하고 그런 다음 그 대답에 기초해서 민감하게 응답하는 것을 포함할 것이다.

그러므로 관계에서 추적하기는 중요한 범위에서 파트너의 조망을 취하는 능력을 요구하고, 이러한 능력은 친밀함을 구축하는 데 핵심적인 기술로 간주되기도 한다. 역으로, 추적하기의 문제는 추적하는 이가 파트너의 행동을 지금 여기에서의 상호작용에 근거하기보다 자신의 심리적 내용(예 : 다른 파트너와의 기억 혹은 성적 수행에 대한 걱정)에 근거해 해석하고 평가할 때 발생한다.

확대하기란 사건의 기능 수준을 후속자극으로 변경하는 규칙 지배적 행동이다. 동기적(motivative) 확대하기는 이미 후속자극으로 기능하던 자극의 효과성을 변화시키는 것이다. 예로서, 만일 당신의 파트너가 당신의 차 안에서 당신에게 전화해서 "당신이 집에 도착하면 당신을 위해 멋진 저녁식사가 기다리고 있어요"라고 말한다면, 이것은 저녁식사의 강화 효과를 증가시킬 것이다. 자기 규칙은 "나는 나의 파트너와 더 친밀해지고 싶어요" 같은 가치 있는 진술이 될 수 있다. 이러한 종류의 규칙은 어떤 이를 가치의 방향으로 움직이도록 하는 행동 가능성은 증가시키고 가치로부터 멀어지는 행동은 처벌하기도 하는 기능이 있다. 예를 들어, 당신의 파트너와

단둘이 있는 시간을 갖는 기회는 강화되지만, 파트너와의 시간을 감소시키는 활동은 처벌받게 될 것이다.

확대하기는 건강한 파트너십과 반대되는 행동이 격려될 때 문제가 될 수 있다. 예를 들어, 어떤 집단(예 : 정치적 보수주의자들)은 여자들이 자녀를 양육하기 위해 가정에 있어야 한다는 규칙을 (때로는 함축적으로 때로는 직접적으로) 촉진한다. 이러한 문화적 가치는 어떤 남자에게는 지배성('가장')을, 어떤 여성에게는 조력('가정주부')을 동기화하고, 그렇게 되면 틀림없이 진실로 동등한 양쪽 파트너의 참여가 이루어지는 파트너십의 가능성은 약화된다. 그러한 고정관념적인 성 역할과 관련된 규칙은 이러한 집단의 규준이 그들의 자유롭게 선택된 가치를 대표하지 않을 때 양쪽 파트너 모두에게 제한과 스트레스가 될 수 있다.

느낌에 대한 생각과의 융합 : 정서적 언어

느낌과 정서는 낭만적 관계에서 분명 중요한 측면이다. 그것들은 때로 매우 긍정적이 될 수도, 매우 부정적이 될 수도 있다. ACT 조망에서, 정서의 영향의 정도와 속성은 그것들이 긍정적이든 부정적이든 문제가 될 수 있다. 느낌에 대한 생각과의 융합은 또 다른 언어적 덫을 나타내고, 사람들이 언어 공동체에서 훈련받은 관습적인 정서의 결과로 그들의 정서에 대해 생각하고 이야기하게 되는 방식이 문제를 일으킬 수 있다.

우선, 정서적 언어는 정확하지 않다. 언어 공동체는 사람들에게 펜이나 고양이 같은 외적 대상을 기술하도록 가르치는 것과 같은 방식으로 그들이 느끼는 방식에 대해 구별하고 기술하도록 가르친다. 그러나 여기에 중요한 차이가 있다. 외적 대상은 공공연하게 관찰이 가능하다. 느낌은 오직 부분적으로만 관찰 가능한데, 알고자 하는 느낌이 나타낼 수 있는 가능한 행동을 통해 간접적으로 관찰 가능할 뿐 결코 직접적으로 느낌 그 자체를 관찰할 수는 없다. 부모 혹은 양육자가 울고 있는 아동에게 "네가 슬프구나"라고 말한다. 그러나 이러한 추정된 느낌에 대한 언어적 명명은 당연히 고양이를 보며 "이것은 고양이야"라고 말하는 것에 비해 훨씬 덜 정확하다. 이것은 부모 혹은 양육자도 아동이 어떻게 느끼는지에 대해 진정 직접 알고 있는 건 아니기 때문이다. 그들은 단지 아동이 느끼고 있다고 그들이 생각하는 것에 반응하고 있는 것뿐이다. 그러므로 정서적 상태를 구별하는 훈련은 바라는 것보다 덜 정확하다.

사람들의 정서적 훈련에 대한 또 다른 문제 측면은 정서를 행동의 중요한 결정 요인으로 보도록 배운다는 것이다. 예를 들어, 그들은 "나는 X를 하고 싶었어(혹은 하고 싶지 않았어)"같이 말하는 것은 전형적으로 X가 무엇이든 간에(파티에 가는 것, 직업 인터뷰에 참석하는 것, 일어나는 것 등) X를 하는 것에 대한 혹은 하지 않는 것에 대한 정당한 이유로 받아들여진다는 것을 배운다. 실제로는 느낌과 행동 사이에 어떤 관련성도 필요하지 않은데도 — 다른 말로, 사람은 자신의 느낌이 무엇이든 간에 X를 할 수 있거나 X를 하지 않을 수 있는데도 — 말이다. 이러한 유형의 훈련은 사람들이 감정이나 정서를 심리적 수준에서 그들 삶의 중요한 결정 요인으로 보도록 가르치며, 그들이 이러한 생각과 융합될 때 그것에 따라 행동하게 될 가능성이 높다.

이것에 덧붙여, 언어 공동체는 또한 사람들이 자신의 경험을 좋고 나쁨으로 평가하도록 가르친다는 사실이다. 아동의 양육자가 어떤 느낌을 '슬픈' 것으로 혹은 '나쁜' 것으로 평가한다면, 아동은 또한 이런 방식으로 느낌을 평가하도록 배우게 되기 쉽다. 일단 아동이 이러한 '좋은' 느낌 대

'나쁜' 느낌의 이분법을 배우게 되면 이러한 평가에 융합되고, 그들은 나쁜 느낌을 피하고 좋은 느낌을 구하려고 노력하기 시작한다. 내용으로서의 자기의 조망에서, 좋고 나쁜 느낌은 마치 그들이 실제로 다다르거나 대안적으로 피하게 되는 장소에 있는 것처럼 문자 그대로 취급되게 된다.

사람들의 정서 훈련의 이러한 측면들은 삶의 모든 영역에서 잠재적으로 문제가 될 수 있는데, 그러나 친밀한 관계 맥락에서는 적어도 아닐 수 있다.

정서에 관해 학습된 부정확함은 친밀한 관계에 관련되는데, 느낌을 표현하거나 정서적 언어를 사용하는 것은 종종 관계에서 우선시되기 때문이다. 낭만적 관계를 구축해가는 과정에서 사람들은 전형적으로 "나는 당신을 사랑해요" 그리고 "나는 당신을 향해 사랑을 느껴요" 같은 문구를 사용한다. 사람들은 그들이 "나는 당신을 사랑해요"라고 말할 때의 느낌을 구별하도록 배우지만, 정확히 그 느낌이 무엇인지 혹은 그것의 강도가 얼마인지는 그런 말을 사용하는 경우에 달려 있다. 이러한 이유와 개인적 역사의 다른 이유 때문에 '사랑한다', '열망한다', '마음 쓴다' 그리고 '숭배한다'와 같은 용어가 정서적 언어로 진정 무엇을 의미하는지는 파트너마다 다를 것이다. 예를 들어, 한 파트너는 "나는 당신을 사랑해요"라는 표현을 성적인 배타성에 관련시키는 반면, 다른 파트너는 그렇지 않을 수 있다.

정서를 행동의 결정 요인으로 보는 것은 일반적으로 문제가 될 수 있는데, 느낌은 상대적으로 불안정하며 시간에 따라 변화하기 때문이다. 기복을 가진 관계에서는 특히나 그러하다. 사람들은 때로 '진실로 사랑하는' 것처럼 느끼다가, 다른 때에는 확신하지 못한다. 크게 싸운 뒤에는 사람들은 분노를 느끼고 심지어 서로를 증오하기도 한다. 덧붙이자면, 열정은 종종 세월이 가면서 사라지거나 변한다. 나이 든 커플들은 젊은 커플들이 느끼는 것과 같은 깊이나 종류의 정서를 느끼지 않을 것이다. 그러한 정서의 변화가 있으므로, 단기적으로 장기적으로 정서적 사고 — 정서가 행동을 지배하도록 허락하는 — 와의 융합은 인간관계를 매우 불안정하게 만들 가능성을 가지고 있다.

정서를 평가하는 경향성 또한 문제의 소지가 있다. 정서란 절대적인 감각에서 좋거나 나쁜 것이 아니며 단지 언제나 변하는 지나가는 감각일 뿐이다. 사적인 사건이 '좋은' 것으로 보이면 거기에 매달리는 경향이 있으며, 사적인 사건이 '나쁜' 것으로 보이면 그것을 피하려는 경향이 있다. 그러나 우리가 방금 논의했듯이, 특히나 친밀한 관계에서 정서는 언제나 기복이 있고, 그러므로 그것에 매달리거나 피하는 행동 모두 비생산적일 것이다.

요약하면, 학습된 정서적 반응의 많은 측면은 친밀한 관계 영역에서 문제의 소지가 될 수 있다. 정서는 주관적이고, 그것은 시시각각 변할 수 있으며, 그것은 상대적으로 강렬하다. 그러나 사람들은 그것을 그들의 행동에 영향을 미치는 결정 요인으로 간주하도록 배웠고, 좋은 느낌은 추구하고 나쁜 느낌은 피하도록 배웠으며, 예를 들어 가치와 같은 행동의 안정적이고 심리적으로 건강한 잠재적 가이드를 방해하는 것이라고 배웠다.

이러한 정서적 훈련은 친밀한 관계에 영향을 끼치기도 하고 문제를 일으키기도 하는데, 친밀한 느낌은 강력하고 변하기 쉽기 때문이다. 관계 행동이 느낌과 같은 일시적인 것에 의해 이끌린다면 관계는 불안정하게 될 것이다. 정서는 중요하다. 그러나 사람들은 스스로 그것에 지배되도록 해서는 안 된다. ACT는 관계 내 행동의 핵심적인 결정 요인으로 정서보다는 가치를 중요하게 본다. 이후 장(7장)에서는 친밀한 관계에서 느낌에 기초한 행동과 가치에 기초한 행동을 대조할 것이다.

요약

언어는 사랑과 친밀감의 경험을 풍성하게 만들지만, 그것은 또한 문제를 만든다. 이번 장에서는 언어의 덫을 강조하였다. 내용으로서의 자기와의 융합은 친밀한 관계에서 잠재적으로 위험하다. 이러한 개념을 정교화해서 우리는 특별히 친밀한 관계에서 문제가 될 수 있는 수많은 측면에 침투되어 있는 내용으로서의 자기를 분석하였다. 그다음에는 다른 '언어적 덫'이 삶의 역할과의 융합, 규칙과의 융합, 그리고 정서(에 대한 생각)와의 융합을 포함하는 언어적 융합의 다른 형태에 기초한다는 것을 살펴보았다. ACT는 내용으로서의 자기와의 융합의 대안으로 과정으로서의 자기를 포함하는 마음 가득한 자각을 제안하는데, 이는 사람들이 그들의 가치에 따라 행동하기 위해 언어적 덫에서 탈융합하도록 돕는다. 우리는 나중에 건강한 관계를 위한 ACT 처방을 살펴보며 이 생각으로 다시 돌아올 것이다. 다음 장에서 우리는 친밀한 관계 내에서 두 번째 잠재적으로 문제가 되는 현상인 심리적 경직성에 대해 살펴볼 것이다.

6 심리적 경직성

서론

우리 인간은 다른 종들처럼 위험이나 혐오하는 상황을 피하고 벗어나기 위한 능력을 진화시켜왔고 이러한 능력은 역사적으로 중요한 생존의 가치가 되었다. 인간은 다른 동물들과는 다르게 특별히 언어적 속성을 갖고 있기 때문에, 잠재적으로 위험한 상황에 대한(혹은 더 구체적이고 논리적인 관점에서) 생각과 감정을 피하고 벗어나고자 시도한다. 관계에서, 혐오하는 생각이나 감정을 회피하고자 하는 경향으로 인해 사람들은 자신의 가치와 일치하지 않는 행동 패턴에 빠질 수 있다. 이전에 논의했던 것처럼, 욕구통제(예 : '긍정적인 사건' 에 대한 반응)의 행동이 융통성 있고, 탐색적이고, 생명력이 있는 반면, 혐오통제의 회피행동(예 : '부정적인 사건' 에 대한 반응)은 경직되고, 규칙에 얽매이고, 활력이 적은 경향이 있다.

생명력 없는 관계 패턴에 빠지기

사람들이 회피를 훨씬 많이 시도하게 될 때 회피행동에 빠져 꼼짝 못하는 결과를 낳는다. ACT에서는 **심리적 경직성**을 혐오자극의 회피반응인 부적응 행동으로 정의한다. 경직성은 종종 생명력 있는 삶에 방해가 되는 부정적인 생각, 감정, 기억으로 인한 고통으로 특징지어진다. 간단히 말해서, 사람들은 종종 정말 생동감 있는 삶과 '지금 여기' 에서의 기쁨을 희생하면서, 부정적인 개인적 사건들을 지워버리기 위해 가치 있는 시간과 에너지를 쓴다. 관계에서, 사람들은 심리적 경직성으로 인해 충동적이고, 자기패배적인 행동의 덫에 걸리거나 친밀감을 파괴하는 상태에 머물게 된다.

친밀한 관계에 대한 특별한 도전

모든 관계의 정의에는 다양한 측면에서 서로 다른 둘 이상의 사람들이 포함된다. 따라서 필연적으로 어느 정도 사회적 기술과 심리적 유연성이 요구되는 사안에 대하여 갈등을 빚게 된다. 친밀한 관계는 이러한 도전과 질적으로 다르지 않지만 정서는 보다 강렬하다. 그 원인 가운데 하나는 대중매체와 문헌의 낭만적인 신화에 기인한 높은 기대이다. 그 신화 속에는 '완벽한 파트너' 가 있다. 파트너는 상대를 완벽하게 해주고, 쉽게 사랑할 수 있고, 결혼 후에 완전히 행복하게 함께 살게 된다. 이러한 낭만적인 사랑의 기대를 갖고 있는 사람들은 특별한 도전에 처한다. 좀 더 자세히 이러한 도전의 특성을 알아보기 전에, 친밀감의 다른 수준이나 단계를 알아봄으로써 도전을 불러일으키는 낭만적인 상황의 특성을 생각해볼 수 있을 것이다.

친밀감의 단계

친밀감에 대한 논의는 정서적 체계와 정서적 범주에 대한 Fisher의 이론에 기반을 두고 있다(Fisher, Aron, & Brown, 2005). 이론에 따르면, 욕망, 낭만적 사랑, 애착에 대하여 세 가지 질적으로 다른 범주가 있다. 각각은 다른 생화학적 체계에 근거하고 있다. Fisher는 친밀감이 이 세 가지 감정 가운데 하나에서 시작될 수 있다고 제안하지만 낭만적인 관계 형성의 제일 보편적인 순서는 욕망, 낭만적인 매력, 애착이 될 것이다. 이 순서를 친밀감 형성의 단계에 대한 이론으로 생각해보고자 한다.

첫 번째 단계는 욕망으로 동물적인 매력 — 어느 정도 잘 맞는 상대와 성관계를 갖고자 하는 동기 — 을 포함한다. 이 단계는 남성과 여성의 테스토스테론과 에스트로겐과 관련이 있다.

두 번째 단계는 낭만적인 사랑으로 특정한 상대에게 초점을 두는 행동이다. 이것은 보통 사랑의 열병이라고 부르거나 '미칠 듯이' 사랑에 빠지는 것을 일컫는다. Fisher는 '미칠 듯이' 사랑에 빠진 사람들은 훨씬 많은 양의 도파민이 분비된다고 하였다. 이것은 '미칠 듯함' 과 그 감정의 강도, 비합리성을 설명해줄 수 있다. 높은 수준의 도파민 분비와 별개로 낭만적인 사랑은 노르에피네프린과 세로토닌의 증가도 가져온다. '사랑에 빠지는' 감정으로 인해 활력감이 증가될 뿐만 아니라 사랑의 대상에게 초점을 두게 된다. 진화적인 용어로, 이런 유형의 낭만적인 감정은 우리의 조상이 어떤 파트너를 선택하고 원해서 성관계를 하는 과정에 도움을 주었다. 그러나 이러한 친밀감의 단계는 오래 유지될 수 없다. Fisher에 따르면, 이 단계는 6~18개월 동안 유지된다.

두 번째 단계의 화학물질들이 감소하면서 친밀감의 세 번째 단계가 시작된다. 애착은 '둥지' 를 틀고자 하는 동기 혹은 함께 살기 원하는 것으로 설명할 수 있다. 이 단계는 신경전달물질인 옥시토신에 근거한다. 진화의 관점에서 전형적으로 출산과 자녀 양육을 위한 일부다처 관계가 나타난다. 물론 현대의 많은 '장기적인 혼인관계' 에 자녀가 있는 것은 아니다. 그럼에도 불구하고 커플이 자녀 양육을 하기로 하든 아니든, 자녀 양육은 진화적 기원의 궁극적인 단계이다. 이 단계의 특성은 장기적인 낭만적인 관계로 정의된다.

세 가지 범주나 각각의 단계는 특별한 도전을 담고 있다. 관계의 어려움 때문에 상담을 찾는 대부분의 사람들은 세 번째 마지막 단계인 애착 단계에 있을 수 있다. 두 번째 단계인 낭만적인 사랑의 단계 동안 파트너들은 서로를 이기려 하면서 불안을 낮출 수 있다. 예를 들어, 당신은 파트너에게 어떤 이슈에 대하여 이기려 하고, 파트너는 다른 것에 대하여 당신을 이기려 한다. 이렇게 해서 불안이 생기지 않게 한다. 두 사람은 서로 사랑받고 있으며 옳게 여겨진다고 느낀다. 그러나 이 단계에서 타협은 양가감정 없이 이루어질 수 없고, 대개 어느 정도 한 파트너는 상대방에게 맞추고 싶어 하지 않는다.

낭만적인 역사를 나누며 전념하는 관계 속에서 서로를 선택한 파트너들은 활력(vitality)을 유지하기 어려워진다. 낭만적인 사랑의 단계 동안 일단 두 사람이 함께 살기로 하고 서로의 차이점들이 더 매력으로 느껴지면서 불일치하는 추상적인 것 — 정서, 정치적 입장, 인식, 가치와 같은 — 에 대하여 꽤 쉽게 동의한다. 모든 유형의 관계에서 상담에 오게 되는 가장 일반적인 문제는 유사하다. 성적 욕구, 재정 관리 방식, 자녀 양육 방식, 확대가족과의 상호작용 빈도가 여기에 포함된다(예 : Kurdek, 2004). 커플이 이런 갈등을 어떻게 다루는가는 그 관계가 얼마나 성장하고 발전할지를 예언하는 요인이다. 만일 파트너 한쪽 혹은 양쪽이 갈등 그 자체를 회피하는 패턴을 갖게 된다면 정체된 관계가 되거나 활력을 잃게 된다. 회피 양식과 갈등에 대한 유연함이 없을 때에도 문제가 될 수 있다.

갈등관계의 심리적인 경직성

인간으로서 우리 모두는 내적, 외적으로 우리에게 일어나는 것을 통제하려 한다. 우리는 오직 '긍정적인' 정서만 경험하기를 원하는 경향이 있다. 또한 우리가 원하는 방식이 아닐 때 스트레스를 받고, 화내고, 실망하게 된다. 관계에서 우리는 개인적 공간을 갈망하는 파트너와 공존하고 개인적 공간을 원하기도 한다. 이 공간에서 우리는 자신과 파트너의 욕구 열망, 흥미 사이에서 균형을 이루고자 하는데, 이를 위해서는 타협과 적응이 필요하다.

갈등은 상반되는 것이 아니며 친밀한 관계에서 성장의 주요 근원이다. 직면을 통해 가치 있는 경로로 문제를 해결하는 커플의 능력을 시험하게 된다. 파트너들은 관계를 악화시키기보다 강화시키기 위해 경직되고 자기파괴적인 행동에 대하여 유념할 필요가 있다. 사람들이 갈등을 다루는 방식 — 그리고 경직성과 유연성의 정도 — 은 관계 형성과 활력 수준을 결정짓는다. 갈등관계의 맥락에서 심리적 반응의 예로 각 파트너가 얼마나 자주 성관계를 원하는가와 관련하여 하나의 갈등의 근원을 생각해보자.

성욕의 차이

Schnarch(2011)는 커플이 상담을 찾는 일반적인 이유는 한 파트너가 다른 파트너보다 더 자주 성관계를 원하기 때문이라고 제안한다. 그는 거의 모든 커플들에서 지속적으로 높은 욕구 역할(high-desire role)과 지속적으로 낮은 욕구 역할(low-desire role)이 있다고 제안한다. 더 많은 성관계를 원하는 높은 욕구의 파트너는 자연적으로 일상생활에서 거부당하는 경험을 할 것이다. 거부는 불편함과 불안으로 경험되는 부정적인 정서적 자극으로 변환되어 별로 좋지 않다는 생각을 가져올 수 있다.

여기 하나의 예가 있다. 제미마는 그녀가 성관계를 갖기 원하는 것처럼 유혹적인 키스를 하며 임란에게 다가간다. 임란은 피곤하고 쉬고 싶다고 반응한다. 제미마는 상처받고, 거부당하며, 자신이 매력적이지 않다는 느낌을 받는다. 그녀는 이전에 여러 번 그런 경험이 있기 때문에 이 감정을 무마시키기 위해 커다란 와인잔에 술을 따른다. 임란의 눈에 그녀가 술을 마시는 것은 덜 매력적으로 보이고 그날 밤 성적 행동을 하지 않게 만든다.

술을 통해 불편함을 회피하려는 제미마의 행동은, 임란으로 하여금 친밀감과 멀어지게 만들고 관계는 악화된다. 알코올은 그녀의 안 좋은 기분을 빨리 바꿔주기 때문에 그녀는 계속 알코올을 찾게 된다. 그러나 계속 술을 마시는 것은 그녀가 친밀감의 가치를 전하는 전념행동을 하지 못하게 한다.

다른 예로, 킴은 그녀와 애나의 첫 번째 기념일을 축하하기 위해 완벽하게 낭만적인 주말을 마련한다. 그녀는 낭만적인 성관계를 위한 분위기를 애나가 느낄 수 있도록 세심하게 모든 것을 계획한다. 그러나 애나는 킴의 이런 준비가 자신을 조종하려는 것이라고 생각하면서 부담스러워한다. 그리고 정서적으로 차단하고 대화하지 않는다. 커다란 기대를 갖고 낭만적인 밤을 위해 많은 시간과 돈, 에너지를 쓴 킴은 몹시 실망한다. 애나는 그들의 '특별한 날'을 망쳤다고 화낸 뒤 나가서 그 주말 내내 들어오지 않는다. 기념일에 애나를 홀로 둔 채 그녀는 예전 파트너와 술집에서 만난다.

킴의 사례는 거부로 인해 유발되는 불편감에 대한 편협함을 보여준다. 킴의 회피 전략은 충동적으로 화나는 감정에 빠지는 것이다. 그녀의 화내는 행동은 그녀가 지각한 거부에 따르는 부정적인 생각과 감정의 효과적인 단기 완화제이다. 이는 술집에서 사회적 상호작용에 의해 확인된다.

위의 두 사례에서, 원치 않는 내적 경험을 단기적으로 감소시키는 것은 관계의 확실성을 떨어뜨린다. 우리가 얻는 교훈은 불편함을 회피하는 것은 더 큰 갈등, 더 많은 거리감, 궁극적으로 관계의 끝을 가져올 수 있다는 것이다.

불편함의 회피는 관계의 끝으로 이어질 수 있다

커플들은 단기간 동안 자신의 불안, 스트레스, 안 좋은 기분을 회피할 수 있다. 그러나 장기적으로는 대가를 치를 수 있다. 예를 들어, 스트레스와 불안의 경우 물질남용은 단기간에 파트너들을 더 편안하게 만들 수 있다. 그러나 물질남용은 습관적이 되고 많은 가치 있는 영역에서 대가를 치르게 한다. 또한 이완물질들의 경우도 완전히 없어지지 않는 두려움, 불안, 스트레스, 부정적 사고와 같은 원치 않는 내적 경험을 야기할 수 있다. 실제로 연구들은 그런 것들이 회피를 통해 더 악화된다는 것을 보여주고 있다(Abramowitz, Tolin, & Street, 2001).

부정적인 심리적 사건과 관련된 생각, 두려움, 기억, 감정을 없애는 것은 매우 어렵다. 더욱이 사람들은 유쾌하지 않은 심리적 현상을 없애는 것이 가치에 따라 살기 위한 전제라고 믿기 때문에 가치 있는 삶의 방향을 보류하고 불가능한 것을 시도하느라 많은 시간과 에너지를 쓰기도 한다.

친밀한 관계에 있는 사람들은 문제를 먼저 없애거나 해결하기 위해 많은 것을 한 뒤에 가치 있는 방향으로 가려 한다. ACT의 관점에서 상담자는 "이것이 당신에게 효과적이었습니까?"라고 질문할 수 있다. 대부분의 내담자의 경우, 장기적으로는 전체적으로 효과적이지 않은 전략이라고 답한다. 관계 속에서 원치 않는 일이 많아질수록 긍정적인 가치추구는 점점 더 적어지고 관계의 활력과 질은 떨어진다. 내담자가 문제되는 감정이나 사고를 없애기 원한다고 얘기할 때, 단순히 갈등 없는 관계를 원하는 것이 아니라 활력에 대한 소망을 표현하는 것임을 명심해야 한다. 내담자는 "나는 부정적인 경험들을 없애는 데 가치를 둡니다"라고 말할 수도 있다. 하지만 안 좋은 감정을 회피하고자 하는 이유 이면에는 내담자가 관계에서 원하는 특성이 있다.

관계의 심리적 경직성 패턴

ACT에서, 심리적 경직성은 심리적 과정의 핵심이다. 문제의 증상과 상황적인 삶의 방식은 사람들이 습관적으로 특정 회피행동을 하게 될 때 생긴다. Robinson, Gould와 Strosahl(2011)은 경직성의 기본적 요소를 다음과 같이 정의하였다. 오로지 과거나 미래에 살기, 가치로부터 분리되기, 자기 이야기에 빠지기, 회피하기이다. 어떻게 효과적이지 않은 이런 패턴들이 덫이 되고 관계에서 재앙적인 결과를 가져오는지 이해하기 위해 심리치료 사례를 활용하여 앞의 네 과정을 살펴보기로 하자.

엘렌의 사례

엘렌은 부정적인 사고와 감정으로 고통스러워 상담을 받게 되었다. 조의 낭비벽으로 인해 청구서 지불이 어렵게 되었다. 그는 카드빚을 갚기 위해 초과근무를 하겠다고도 약속했지만, 그녀는 그가 신뢰를 저버렸다는 것을 되새김질하는 사고에 빠져 있었다. 엘렌이 그렇게 반추하는 것은 그녀가 조를 사랑하는 행동 방식에 영향을 주었을 뿐만 아니라 일에 집중하고, 친구들과 즐기고, 흥미 있는 일을 하는 데 어려움을 겪게 되었다. 이로 인해 우울한 상태가 야기되었고, 항우울제뿐만 아니라 불안 완화제를 고려하고 있었다. 그녀는 매일 저녁 와인을 스스로에게 처방하였다. 그녀는 잠을 잘 이루지 못하였고, 테니스를 치거나 몸에 좋은 음식을 만드는 것과 같은 건강한 활동들을 하지 않게 되었다. 상담자의 조언대로, 엘렌은 그녀가 시간을 어떻게 보내는지 알아보기 위해 1주일 넘게 활동일지를 작성하였다. 일지에 따르면, 그녀는 하루에 3~4시간을 반추하는 데 보내고 그녀의 불안을 통제하기 위해 그만큼의 시간을 보내는 것으로 나타났다. 그녀는 조의 이메일과 신용카드 기록을 확인하느라 많은 시간을 보냈다. 그녀는 그의 책상 서랍에 놓인 신용카드 가운데 하나를 잘라버리기까지 하였다. 그녀는 때때로 조와 격렬한 싸움을 하게 되었다.

상담자가 그녀에게 무엇이 일어나기를 원하는지 물었을 때 그녀는 다음과 같이 대답하였다.

- "나는 조가 낭비벽을 그만두고 변화하기를 원해요."
- "나는 그가 나를 사랑한다는 것을 보여주기 원해요."
- "나는 내 삶을 되찾고 싶어요."

엘렌의 사례는 사람들이 가치 있는 길 — 이 사례에서는 사랑하는 사람, 위해주는 사람 — 을 잃을 때 이것이 친밀한 관계를 얼마나 방해하는지 전형적인 예를 보여준다. 엘렌이 조의 낭비행동을 떠올리는 고통을 통제하고 없애는 것에 초점을 두었기 때문에, 그녀는 목적 있는 삶과 소중한 파트너 모두에서 활력을 잃기 시작했다. 그녀는 고통을 통제하려는 목적으로 회피에 근거한 전략에 그녀의 에너지를 쏟았다. 하지만 실제로는, 자신의 고통뿐만 아니라 조의 고통도 커지고 있었고, 이러한 행동 패턴 속에서 궁극적으로 결혼의 파국 위기에 처하게 되었다.

과거나 미래에 살기

우리가 4장에서 언급했던 것처럼, 삶의 활력은 — 특히 관계에서 — '지금 여기' 에서만 경험될 수 있다. 관계에서 고통받는 것은 주로 과거나 미래에 초점을 두기 때문이다. 고통(pain)은 불가피하지만, 괴로워하는 것(suffering)은 선택이라는 것을 기억하라. 사랑하는 관계에서 정서적인 롤러코스터를 회피할 수 있는 방법은 없다. 하지만 장기간 괴로워하면서 견디는 것은 고통을 야기하는 증폭제이다.

엘렌은 파트너의 과거 낭비벽과 경솔한 행동으로 인해 시달리고 있다. 사실, 누구나 기본적인 가정생활에서 요구되는 것을 고려하지 않는 파트너로 인해 고통스러워진다는 것을 이해할 수 있다. 그러나 이해 가능한 이러한 고통은 사람들이 과거에 더 많은 시간과 에너지를 쏟게 되거나 현재

보다 미래를 염려하게 될 때 장기적으로는 고통이 되어버릴 수 있다.

과거 고통에 대한 일반적인 주제들은 다음과 같다.

- 내가 다르게 했다면 어떻게 되었을까?
- 내가 그렇게까지 해주었는데, 어떻게 나에게 이렇게 할 수 있지?
- 내가 한 노력에 대해 인정해준 적이 없어.
- 처음부터 우리 관계에서 그녀의 초점은 일이었지 내가 아니야.

자신에게 한 부당함을 반추하는 사람들은 자신을 슬픔, 분노, 애도 속으로 밀어넣는 것 같다. 이런 방식으로 과거의 창을 통해 현재를 경험하고, 현재 누릴 수 있는 즐거운 경험을 하기 어려워진다.

비슷한 방식으로, 사람들은 미래에 대한 걱정에 휩싸일 수 있다.

- 이후에, 난 절대 그 사람을 다시 믿을 수 없을 거야.
- 사람들은 나를 실패자라고 생각할 거야.
- 내가 잘 마무리 짓고 나면 어떤 것에 대해서도 불평할 수 없을 거야.
- 변호사들은 일에 파묻혀 살기 때문에 나는 변호사와 데이트하지 않을 거야.

미래를 걱정하는 것은 예기불안이나 두려움을 유발한다.

현재의 순간을 살지 않는 것이 관계를 어떻게 방해하는지 보여주는 엘렌의 일기가 그 예이다.

오늘 나는 조와 더 가까워지기 위해 노력하자고 결심했다. 나는 그의 낭비벽이 우리를 빚에 허덕이게 했다는 것을 비난하기보다 현재에 머물고자 하였다. 우리는 식당에서 만났고 메뉴를 보는 5분 동안은 좋았지만 그게 다였다. 그가 메뉴 가운데 아주 비싼 것을 원한다고 했을 때 모든 낭비벽 주제가 내 머릿속에 되살아났다. 화를 참을 수 없었다. 나는 원하지 않던 욕을 그에게 퍼붓고 식당을 뛰쳐나왔다. 조는 그날 밤 집에 오지 않았다.

이 예에서 엘렌과 조는 그들이 예전에 가졌던 친밀감으로 가까워지려고 시도했다. 식당에 앉아 있는 상황은 현재 순간의 친밀감을 위한 가능성을 제시하였다. 조의 메뉴 선택은 엘렌으로 하여금 위험하다는 느낌의 단서를 제공하였다. 그녀는 부당함과 연합된 과거 감정에 초점을 두는 익숙한 경직된 패턴으로 반응하였다. 이러한 행동은 친밀감으로부터 훨씬 멀어지게 하고 더 싸우는 결과를 가져왔다.

가치로부터 분리되기

친밀한 관계와 관련해서 가치는 파트너들이 감정, 사고 등의 변화에도 불구하고 사랑하고 서로에게 열려 있고, 현재에 머물도록 하는 안내자의 기능을 한다. 가치로부터 분리된 사람들은 의미 있는 것을 대신하는 외형적인 규칙을 따를 수도 있다. 3장에서 이러한 규칙에 따르는 행동을 '눈치보기(pliance)'라고 했던 것을 기억할 것이다. 눈치보기의 역사를 보여주는 엘렌의 일기장에 그 예가 있다.

나는 근검절약에 매우 엄격한 노동자 계급의 가정에서 자랐다. 나는 이런 규칙들로부터 자유로워졌다고 생각했다. 하지만 조가 아주 비싼 물건들을 계속 사들인 후 우리의 카드빚이 늘어가는 것을 보고, 나는 그가 서로를 돌봐야 한다는 신뢰를 저버렸다는 생각을 멈출 수 없었다. 나는 실제로 이것에 대해 어머니와 이야기했고, 회계사 친구와도 말했다. 이런 규칙들에 대한 생각은 내가 옳고 조가 틀렸다는 것을 느끼도록 도와주었다. 하지만 우리의 결혼에는 그렇게 도움이 되지 않았다.

엘렌은 개인적인 가치 대신 사회적으로 형성된 규칙을 따르고 있다. 이렇게 규칙을 따르는 것은 그녀가 '옳게 느끼는' 것에는 도움을 주지만, 관계에서는 활력을 잃는 방향으로 이끈다. 자신의 가치보다 규칙을 따르는 경향이 있는 사람들은 장기적으로 친밀한 관계에서 유발되는 복잡한 문제에 대처하는 기술이나 융통성이 떨어질 수 있다. 도움이 되는 규칙이 있고 도움이 되지 않는 규칙이 있다. 하지만 모든 규칙은 삶의 우발적인 일들로부터 사람들을 끌어낸다. 규칙의 '옳은' 면에 있는 것은 관계에서 활력을 위한 대안이 없다는 것을 의미한다. ACT의 대표적인 질문은 "당신의 삶은 '옳은' 것에 대한 것입니까? 당신은 활력 있는 삶을 살고 있습니까?" 이다.

자기 이야기에 빠져 있기

4장에서 언급했듯이, 사람들은 어떤 것이 친밀한 관계를 만들고 유지하는데 도움이 되(었)거나 도움이 되지 않는다고(않았다고) 생각할 수 있다. 사람들은 그런 그들의 관계에 대한 '이야기'를 쓴다. 그리고 유사하게, 그들의 관계에 대해 쓴 이야기들은 관계에 도움이 되거나 해를 끼칠 수도 있다. 이야기를 들을 때 객관적 진실은 없으며 주관적인 관점만이 존재한다는 것을 기억하라. 여기 엘렌이 조의 낭비벽의 이야기를 이야기할 수 있는 두 가지 다른 방식이 있다. 하나는 친밀감에 해가 되고, 다른 하나는 도움이 된다.

- 조는 작년에 많은 돈을 썼을 때 실제 자기를 보여주었다. 그가 내 안전과 감정에 관심이 없다는 것은 그가 믿음직하지 않고 나는 그렇게 순진해서는 안 된다는 것을 가르쳐주었다.
- 조는 확실히 나쁜 소비 결정을 하였다. 하지만 나 역시 우리가 정말 필요하

거나 나중에 사도 되는 것을 것들을 샀다. 그는 새로운 잔디깎이나 식당의 예쁜 샹들리에와 같이 집을 위한 것들에 돈을 썼다. 그는 충동적이었지만, 우리의 삶을 보다 낫게 하려고 했다. 따라서 나는 그가 이런 것들을 원했던 이유를 이해할 수 있다. 그가 그런 것들을 사지 않았다면 좋았겠지만, 그가 나보다 돈에서 더 자유롭고자 하는 경향으로 인해 관계를 깰 필요는 없다.

두 이야기 모두 파트너의 안 좋은 선택에 대하여 이야기하고 있다. 하지만 두 이야기는 서로 반대되는 결과로 이끄는 듯하다.

첫 번째 이야기는 그 결론이나 규칙이 미래 행동을 예측하기 때문에 친밀감을 유지하는 데 방해가 될 수 있다. 이야기의 메시지는 조의 '실제 자기'는 생각 없고 앞으로도 계속 생각이 없을 사람이라는 것이다. 동시에, 이야기를 만들어낸 엘렌은 그녀가 덜 신뢰하는 방식으로 행동할 것임을 예언한다. 이야기의 내용에는 인식과 융합이 있다. 즉, 조는 생각 없고 믿을 수 없다는 것이다. 이런 유형의 융합은 심리적 경직성으로 이끌고 미래의 행동을 예언하는 경향이 있다. 이것이 Robinson과 동료들(2011)이 의미한 '더 낮은 조망을 갖는 것'이다. 이러한 조망을 따르는 것은 관계에서 친밀감으로부터 멀어지게 한다. 이야기에서 조는 이기적이고, 생각 없는 사람이며 더 좋아질 수 있는 가능성은 별로 없다. 또한 엘렌이 신뢰하는 행동으로 변화할 필요가 있다는 제언은 더 깊은 친밀감으로 이끄는 것 같지 않다.

두 번째 이야기에서, 엘렌은 Robinson과 동료들(2011)이 '더 높은 조망'이라고 이야기한 것을 받아들인다. 그녀는 변화할 수 있는 이야기로 본다. 엘렌은 자신이나 조를 특정 성격으로 규정짓지 않는 대신 생각 없는 행동에 대해 이해할 만한 것이라는 맥락으로 묘사한다. 그녀는 이러한 행동을 용납하는 것이 아니라 특정한 맥락에서 이해한다. 이러한 유형의 이야기는 변화를 위해 필요한 것을 볼 수 있도록 돕는다.

파트너가 특정한 자기 이야기와 결합되면, 변화는 매우 어렵고, 갈등은 불가피하게 더 커진다. 관계에서 야기되는 불가피한 새로운 행동과 상황은 파트너 모두 자신들과 관계에 대하여 새로운 관점을 갖게 한다. 따라서 이런 새로운 경험을 통합할 수 있도록 파트너들이 서로에 대해 유연한 생각을 갖는 것이 중요하다.

경험적 회피

우리가 논의하였듯이, 경험적 회피는 심리적 · 행동적 해를 줄 만큼 힘들게 하는 개인적인 사건들로부터 통제하거나 바꾸거나 도망치려 시도하는 것을 말한다. 관계 갈등의 맥락에서 경험적 회피의 예는 충동적인 직면이다. 또 다른 하나는 관심이 필요한 상황에서 차단하고 관여하지 않는 것이다. 이는 대화나 문제해결 기술의 결핍으로 악화될 수 있다. 그런 '돌벽쌓기'는 커플들이 헤어지게 만드는 특별히 부정적인 행동으로 간주된다(Gottman & Silver, 2000).

당신은 ACT의 관점에서, 행동 양식(form)은 기능(function)만큼 중요하지 않다는 것을 기억할 것이다. 필연적으로 어떤 행동 유형도 자신의 경험을 회피하도록 할 수 있다. 기분 나쁜 감정, 생각, 기억으로부터 일시적으로 이완되게 만드는 알코올이나 약물남용, 성관계 갖기, 과잉 수면하기, 가치 있는 행동 차단하기는 경험적 회피의 기능을 할 수 있다. 관계에서, 사람들은 두려운 상황이나 도전, 기분 상하는 상호작용을 회피하고자 할 수 있다. 예를 들어, 커플들이 불일치하는 것에 대하여 이야기하게 되는 것은 일반적인데, 회피하는 경험에는 또 다른 함정이 있다.

친밀감의 회피

친밀감은 많은 사람들에게 매우 강화되는 욕구를 갖게 하는 상태이며, 그 결과 많은 이들이 친밀감을 원한다. 동시에 아이러니하게 사람들이 두려워하고 회피하려는 것이기도 하다. 강한 친밀감의 상태는 다른 사람에 의해 소속감과 친밀감을 빼앗긴다고 인식하는 처벌적인 거부의 경험도 내포한다.

어떤 사람은 삶이 편안하고 쉬울 때에만 관여함으로써 실제 활력을 줄 수 있는 경험을 회피하고 안전한 삶을 선택한다. 두 가지 예를 생각해보자.

이브는 그녀의 마음을 아프게 할지도 모를 활력 있는 파트너보다 안전해 보이는 파트너를 선택한다. 그녀는 자신이 친밀감과 에너지 넘치는 관계에 가치를 두지만 미래는 너무 불확실하고 불안해서 안전함을 선택한다고 이야기한다. 최근 그녀의 관계는 나쁘게 끝이 났고 정서적으로 커다란 고통을 가져왔다. 그녀는 그 고통을 기억하고 비슷한 경험을 피하고자 하였다.

찰스는 누군가와 친밀한 관계를 형성하는 어떤 노력도 할 수 없게 실패하는 것을 매우 두려워한다. 다른 사람들이나 자신의 눈에 위험해 보이는 친밀감에 가치를 덜 두는 것이 더 쉽고 간단해 보인다.

이브와 찰스는 활력 있는 친밀감이라는 특별한 가치를 지지하지만, 부정적인 경험을 회피하기 위해 그런 활동들을 하지 않으면서 무의미함을 느끼고 있다.

눈치보기

눈치보기(3장에서 소개)는 규칙을 만든 사람에게서 강화를 얻기 위해 규칙을 따르며 적응하는 일종의 규범 행동이다. 눈치보기는 다른 사람을 기쁘게 하는 것으로 설명될 수 있다. 낭만적인 관계와 관련하여, 더 많은 사회적인 승인을 얻기 위해 특정 파트너를 선택하는 것이 눈치보기의 예이다. 사회적으로 혹은 파트너에게 잘 보이려는 단기간의 강화물이 초점이 되고, 이는 잠재적으로 장기간의 활력과 심리적 건강에 문제가 된다.

파트너이든 다른 중요한 사람들이든, 다른 사람을 기쁘게 하는 것은 장기적으로 가치 있는 방향처럼 보일 수 있지만 기능적으로 누군가의 가치와 일치하지 않을 가능성이 크다. 눈치보기는 복합적인 개념이다. 친밀한 관계의 사람들은 많은 적응적인 행동을 추구하기 때문에 시간이 지남에 따라 그러한 행동을 강화하고 있다는 것을 알 수 있다. 예를 들어, 저녁을 위해 제시간에 집에 오는 것은 규범으로 시작될 수 있지만 본질적으로 강화하는 것이 될 수 있다.

만일 '좋게 보이려' 하고 다른 파트너를 기쁘게 하는 것이 특정 행동의 기능이라면, 그 행동은 엄밀하게 다른 사람의 승인을 위해 욕구를 통제하는 행동이다. 강화에 근거한 문제는 그런 행동이 감소해서 그 행동을 강화해주는 사람이 없어질 때 나타난다. 예를 들어, 당신의 파트너가 없을 때 당신은 관계나 파트너에 대해 덜 생각하게 될 수 있다. 그리하여 파트너가 꽃을 좋아할지라도 꽃다발이 좋은 선물이 될 수 있다는 것을 생각하지 못한 채 꽃가게를 지나칠 수 있다. 이것은 활력 있는 친밀한 관계 형성을 위해 필요한 전념행동의 패턴을 유지하는 데 있어 시사점을 제공한다.

요약

관계에서 통제할 수 없는 것을 통제하기 위해 많은 시간과 에너지를 쓰는 사람들은 경직되고, 활력이 없는 패턴에 빠지게 된다. 이는 궁극적으로 관계를 깨뜨린다. 이 장에서는 관계에서 심리적 경직성이 생겨나는 많은 다양한 패턴들을 살펴보았다. 종종 관계에서 갈등이 야기될 때, 파트너들은 혐오하는 사건에 반응하면서 건강하지 않은 습관적 양식을 만들어갈 수 있다.

심리적인 단호함은 파트너가 현재의 활력을 놔두고 과거나 미래에 초점을 맞출 때 생겨난다. 과거 부당함을 반추하거나 미래를 걱정하는 것은 부정적인 감정을 지속시키고 건강하지 않은 관계를 가져올 수 있다.

친밀한 관계를 위해 개인적으로 가치 있는 방향으로부터 분리되어 사회적으로 구성된 규칙에 따르는 것은 활력을 해치는 또 다른 양상이다. 경직된 규범 준수는 일반적으로, 사람들로 하여금 현재의 자연스러운 활력으로부터 멀어지게 하고 침체되게 한다.

다른 문제 영역은 제한적이고 해가 되는 자신의 이야기, 파트너의 이야기, 혹은 둘의 이야기에 빠지는 것이다.

경험적인 회피는 더 광의의 심리적 경직성으로 간주된다. 이러한 유형의 행동은 기분이 좋지 않더라도 관계 성장을 위해 다가갈 필요가 있는 사건, 상황, 상호작용 — 또한 감정, 신체적 감각, 기억, 사고 — 을 회피하는 파트너에게서 나타난다. 다른 사람을 기쁘게 하기 위해 어떤 것을 하는 것(예 : 눈치보기)뿐만 아니라 상처받는 두려움 때문에 친밀감을 추구하지 않는 것은 경험적 회피를 의미한다.

우리는 5장과 6장에서 관계의 중요한 건강증진 현상을 고찰하였다. 다음 장에서는 가치 부여하기(valuing)에 초점을 둘 것이다. 8장에서는 자기연민(self-compassion)을 살펴볼 것이다.

7 친밀한 관계에 가치 부여하기

서론

"나는 친밀한 관계에서 무엇을 원하는가?" 다른 말로, "관계는 나에게 무슨 기능을 하는가?" 이 질문은 어렵고 복잡하다. 하지만 관계의 '온도를 재는' 유일한 방법은 그 기능에 대하여 더 아는 것이기 때문에, 관계에 가치를 두는 사람들은 스스로에게 관계로부터 무엇을 원하는가, 그 의미 혹은 가치는 무엇인가를 물어볼 필요가 있다. 행동 분석, RFT, ACT에서 행동의 기능을 이해하고 그 진가를 알아보는 것은 그 행동을 이해하고 그 후속자극을 예측하는 데 중요하다. 친밀한 관계를 갖게 되는 것은 관계 전체의 색을 결정하는 기능을 한다(혹은 RFT 용어로, 관계의 기능을 변환시킨다).

이상적으로, 친밀한 관계의 기능은 친밀한 관계의 보상인 자신의 경험에 근거하여 관계에 가치를 부여한다는 사실에서 비롯된다. 그리하여 관계를 지지하고, 발전시키는 방식으로 행동하게 되고, 그(그녀)는 계속 그 관계를 즐길 수 있다. 그러나 관계에는 종종 다른 기능이 있는데, 이러한 기능들은 장기적인 관계나 심리적 건강에 기여하지 않을 수 있다.

이 장에서는 친밀한 관계에 가치 부여하기에 대하여 생각해보고자 한다. 우리는 건강한 관계의 가치 부여하기뿐만 아니라 진정한 가치 부여하기가 부재하는 역기능적인 관계도 살펴볼 것이다.

4장에서는 ACT에서 가치의 정의를 "지속적이고 역동적이며, 진화하는 활동 패턴에서 자유롭게 선택되고, 언어적으로 구성된 후속자극이며, 가치 있는 행동 패턴에 참여하는 본질적인 활동을 위한 독보적인 강화물"이라고 하였다(Wilson & Dufrene, 2009, p. 64).

친밀한 관계에 특별히 초점을 두면서 가치 부여하기의 개념을 다시 살펴보자.

언어적으로 구성된 후속자극으로서의 친밀한 관계

가치의 핵심적인 정의는 강화된 행동의 특정 양식으로 언어적으로 자유롭게 선택되어 구성된 후속자극이라는 점이다. 사람들은 광범위하게 정의된 후속자극을 선택하는데, 그러한 후속자극들이 언어적으로 특정한 강화 유형과 관련되기 때문이다. 친밀함처럼 특정 가치 영역에 대한 언어적 구성 혹은 언어적인 묘사는 그 경험의 질에 대한 일반화나 추정뿐만 아니라 개인의 역사에 근거한다. 이처럼 언어적으로 구성된 후속자극은 우리가 '가치'라고 의미하는 것의 핵심요소이다. 왜냐하면 필수적으로 사람들이 그것을 이루기 위해 (전념행동을 하는) 특정 방식으로 행동하도록 동기화시키기 때문이다.

친밀감은 많은 사람들이 공유하는 가치이다. 이 가치 영역은 사람들과 자신의 삶을 나누는 경험으로 설명된다. 예를 들어, 4장에서 제안하였듯이, 만일 어떤 사람이 이 가치에 무엇이 포함되는지 질문을 받는다면, 그(그녀)는 "누군가에게 나의 감정과 경험을 진실되게 마음을 열고 이야기할 수 있는 것"이라고 이야기할 수 있을 것이다. 더 나아가, 이 영역은 인간에게 극히 중요한 정서적 친밀감, 신체적 친밀감, 감정, 성, 동지애, 지적 자극, 활력, 의미, 목적을 포함하는 심리적 자양분과 발달의 용어로 매우 중요한 핵심적인 후속자극들을 제시한다.

사람들은 친밀감과 같은 가치 영역을 떠올릴 때, 이 영역에서 가능한 강화물을 떠올린다. 그리고 그 영역과 강화물을 향해 계속 할 수 있는 활동을 하도록 동기화된다. 이것이 3장에서 설명한 RFT의 동기부여를 위해 확장된 통제(motivative augmental control) 개념이다. 이는 강화물로서 이전에 확립된 후속자극 기능 수준만큼 달라질 수 있는 언어적 관계 네트워크라는 용어로 설명되었다. ACT/RFT의 관점에서 자신이나 타인에게 가치 있는 후속자극을 재확인하는 것은 더 강화하는 어떤 활동을 하기 위한 안내자로 기능한다. 가치를 재확인하거나 상기하는 것은 활동들의 자극 기능을 (RFT의 용어로) 변형시켜 그 활동을 더 하게 할 수 있다. 친밀한 관계라는 영역과 관련하여 관계를 주도하고, 유지하고, 발전시키는 많은 활동들이 있다.

예를 들어, 온라인 데이트 커뮤니티에 가입하고 몇 시간을 알아보고 다시 만나지 않을(사실 그중 적어도 어떤 사람들은 당신이 다시 만나고 싶지 않을 수도 있다!) 낯선 사람들과 며칠 저녁을 데이트하는 것은 가장 매력적인 활동은 아니고 피하고 싶을 수도 있다. 그럼에도 불구하고, 수많은 사람들은 친밀한 관계를 만들 수 있는 누군가를 만날 수 있기 때문에 온라인 데이트 활동을 한다.

관계에는 잠재적인 어려운 정서적 이슈들이 종종 생긴다. 정직하고, 건강하고, 친밀한 관계를 유지하기 위해, 갈등과 스트레스가 생기는 동안이라도 사람들은 개방적으로 현재와 연결될 필요가 있다. 불행하게도 잠재적인 훨씬 더 많은 것의 성패가 달려 있기 때문에 — 데이트하는 동안 생기는 불편한 경험보다도 훨씬 더 어려운 — 많은 사람들에게 정서적 친밀감은 정말 두려울 수 있다. 그럼에도 불구하고, 진정으로 친밀한 관계가 되기 위해서는 두려움과 상처받는 느낌을 허용할 수 있는 개방성이 중요하다.

이러한 예처럼, 중립적이고 심지어 위협적이기까지 한 활동들이 친밀감의 가치추구를 위해 필요하다. 사람들은 이 가치의 영역 내에서 강화하는 후속자극들(신체적 친밀감, 애정 자극, 활력 등)을 얻을 때 이런 활동들을 한다.

다음으로, 우리는 친밀한 관계의 맥락에서 가치의 핵심적 특성을 논의하고자 한다.

친밀한 관계에서 긍정적 강화

가치는 욕구 자극이나 정적 강화에 근거한다. 우리가 언급한 대로, 친밀한 관계에는 많은 정적 강화 요인이 있다. 이들 중 어떤 것들은 정서적, 신체적 친밀감과 애정처럼 대개 부모의 사랑과 관련된 생애 초기 경험에 근원을 두고 있다. 동지애, 지적 자극, 성적 친밀감은 다른 사람의 사랑과 우정을 경험할 때 중요성을 갖게 된다.

청소년기에 시작해서 성인 초기에 가장 풍부하게 표현되는 강력한 강화 요인인 성적 친밀감은 친밀한 관계 경험과 가장 중요하게 관련될 수 있다. 이상적으로, 성적 친밀감은 관계에 강력한 감정과 경험을 불어넣기 위해 신체적 친밀감, 애정, 동지애와 조화를 이루며 기능한다.

이러한 관계 특성에 더해서, 다른 강화물보다 중요한 부가적인 특성이 되는 활력, 의미, 목적을 강화하는 특성이 있다. 활력은 중립적이거나 심지어 혐오스러운 활동에서 강력한 강화 요인으로 이어지는 가장 중요한 정서적 경험이다. 예를 들어, 친밀한 관계에서 당신은 성심을 다해 깜짝 놀라게 해줄 낭만적인 밤이나 여행을 계획하면서 활력의 감정을 느낄 수 있다. 의미와 목적은 활력과 관련되지만 더 큰 선을 위해 하는 더 추상적인 언어적 개념으로 이해될 수 있다(Blackledge & Barnes-Holmes, 2009). 친밀한 관계에서 더 큰 덕목은 로맨스와 사회적, 인간적, 심지어 우주적 현상으로서의 사랑뿐만 아니라 파트너의 특별하고 고유한 특성을 포함하는 많은 방식으로 개념화될 수 있다.

가치 추구하기 vs. 감정 추구하기

앞서 논의한 대로, 활력은 가치의 매력적인 강화 특성의 중요한 차원으로 친밀감을 갖게 한다. 그러나 중요한 강화물로서의 활력에 대한 논의는 비판적인 주제를 낳는다. 우리는 중요한 구분을 해야 할 필요가 있고, 활력이 누군가의 가치를 지지하는 전념행동의 부산물이라는 점을 강조할 필요가 있다. 활력이나 다른 정적 정서적 강화물들이 ACT/RFT에서 이론적으로 낭만적인 사랑을 이해하는 데 중요할지라도, 그것들이 가치 그 자체라고 오해해서 궁극적인 가치보다 정서적 경험을 추구해서는 안 된다.

ACT/RFT에서는 불만족과 고통을 야기하는 것은 가치 추구 대신 정서나 감정(예 : '사랑')을 추구하는 것이라고 제안한다. 더욱이 정서적 경험은 친밀감의 영역에서 매우 중심적인 역할을 한다.

사랑하고 사랑받는 것은 사람들에게 좋은 느낌을 갖게 한다. 논의했던 것처럼, 친밀한 관계는 성적 만족과 정서적 지지의 근원이 될 수 있고, 소속감을 줄 수 있다. 이것들은 강력한 강화물이다. 사실 사람들은 일반적으로 관계에서 좋고 행복하게 느끼는 정도에 근거하는 친밀한 관계 특성 쪽으로 마음이 기운다. 더욱이 서구 사회는 우리 삶의 모든 영역에서 좋게 느끼는 것이 우리가 추구해야만 하는 것이라는 메시지를 끊임없이 보낸다. 예를 들어, 행복의 추구(삶과 자유에 덧붙여)는 미국의 독립 선언서에서 언급된 '빼앗을 수 없는 권리' 중 하나이다(맥락적으로 아마도 '행복'이 단순히 '좋은 기분'과는 다르겠지만). 반대로, 우리는 안 좋게 느끼는 것은 회피해야 할 것이고 특별히 관계에서 더 그렇게 해야 한다고 배웠다. 관계에서 중립적이거나 부정적인 기분은 종종 잘못된 것으로 해석된다.

좋고 행복한 기분에 커다란 중요성을 부여하면서, 그런 감정을 갖는 것이 관계에서 의도와 목적인 것처럼 여겨질 수 있다. 사실 우리 문화에서 많은 사람들은 이런 태도를 적어도 암시적으로 갖고 있으면서 관계를 시작한다. 그러나 이것은 근본적인 실수이다. 더 나아가, 아이러니하게도 중장기적으로 훨씬 덜 만족스럽고 덜 행복한 결과를 가져오는 실수이다.

좋은 기분은 심리적으로 가치에 근거한 건강한 삶의 중요한 부산물이다. 그러나 우리는 좋은 기분이나 행복의 추구가 가치나 가치 추구로 비춰져야만 한다는 보수적인 서구적 관점에 동의하지 않는다.

감정이 가치로 여겨져서는 안 된다. 가치는 특정 영역을 설명하는 관계적 네트워크로부터 나오고, 장기적으로 유지되는 강화물들은 획득적이다. 사람들은 어떤 영역에 대하여 그들의 경험에 근거해서 중요한 것으로 인식하게 된다(예 : 관계적으로 구성하거나 언어적으로 묘사할 수 있다). 그리고 가치를 두는 것에 대하여 질문을 받으면, 그것을 정의하거나 묘사할 수 있고 가치에 일치하도록 행동해나갈 수 있다.

그러므로 가치는 삶의 가이드나 방향으로 행동하게 하는 것이다. 더 나아가, 행복감과 활력은 사람들이 가치 영역에서 중립적으로 강화물과 접촉하는 방식으로 행동할 때 생길 수 있다. 그러나 궁극적으로 감정을 추구하는 것은 가치에 대한 개념과 맞지 않는다. 가치를 가이드로 행동하기 위해서, 가치가 안정적이어야만 한다는 것은 바로 이런 이유에서이다. 감정은 본질적으로 안정적이지 않다. 좋은 기분이나 행복감과 같은 정서는 '반응적인' 혹은 '반영적인' 것으로 설명되는 행동 범주이다. 그런 행동들은 '비롯된' 것과는 반대인 '유발된' 것으로 설명된다. 또한 상대적으로 비자발적이고, 전형적으로 빨리 발생하고 없어진다. 이런 이유 때문에 정서와 감정은 비자발적이고 상대적으로 짧고 순간일 뿐이다 — 즉 왔다 가는 것이다. 사람들은 정서적인 '상태 공간'에서 다른 지점들 사이를 움직이고, 그 움직임을 잘 통제할 수 없다.

또한 우리 인간은 언어적인 존재이므로, 우리가 원하는 어떤 정서적 상태를 이루었을 때조차, 이런 상태는 본질적으로 우리가 항상 반대의 상태를 상상하거나 어떤 이유로 인해 원하는 정서적 상태를 지속할 수 없을지도 모른다는 것을 알기 때문에 불안정하다. 예를 들어, 파트너와 친밀한 순간 이후에 당신은 그와 함께 있어 얼마나 행복한가에 대해 생각할 수 있다. 그러고 나서 정서적 상태를 바꿀 수 있는, 관계에서 야기될 수 있는 모든 것에 대해 생각해보고 행복이 끝나는 가능성을 떠올려볼 수 있다.

우리가 설명했던 것처럼, 감정이 친밀한 관계의 핵심적인 부분이라는 것은 의심의 여지가 없다. 가치에 일치하는 삶은 활력의 감정을 가져온다. 예를 들어, 강하고, 잘 다져진 관계를 유지하기 위한 활동을 하는 것은 좋은 감정(예 : 활력, 사랑, 행복)에 의해 특징지어질 것이다. 하지만 건강한 친밀한 관계조차 혐오하는 정서적 경험의 근원이 될 수도 있다. 기대는 언제나 충족되지 않는다. 감정은 항상 변하고, 어떤 형태이든 거부는 매일 일어난다. 사람들은 어느 때는 관계에서 행복하게 느끼고 파트너에게 깊이 전념할 것이고, 어느 때는 그렇게 강하게 느끼지 않을 것이다. 다른 때, 그들은 매우 슬프고 화날 수도 있다. 또한 관계에서, 사람들은 다른 맥락에서처럼 어떤 기분과 반대되는 기분을 느낄 때 정확하게 통제하지 못할 수 있다.

우리는 일관되고 중요한 가치나 삶의 방향을 선택해야 할 때 궁극적으로 특정한 감정 유형을 추구하는 것은 의미가 없고 결국 두려움, 혼란, 심리적 문제를 야기할 것이라고 제안한다. 이것은 다른 영역뿐만 아니라 친밀감에 있어서도 그렇다. 사실 감정과 정서는 많은 영역을 차지하고, 한 사람의 감정만이 아니라 두 사람의 감정이기 때문에 친밀감 영역의 경우 더욱 그렇다.

정리하면, 특정한 유형의 감정을 갖는 것은 그것이 좋든 나쁘든, 관계를 갖는 이유가 되어 가치로 여겨져서는 안 된다. 가치는 친밀한 관계 그 자체로 가장 잘 설명된다. 가치에 전념하는 것을 유지하게 하는 강력한 강화물에는 애정과 신체적 · 지적 자극이 포함된다. 이런 행동방식으로 인해 관계가 유지되고 성숙해진다. 친밀감과 친밀한 관계에 가치를 두는 사람들은 그들의 가치에 따라 살아가고 오랫동안 가치를 유지하는 데 도움을 받는다.

감정에 근거한 친밀감과 역사적인 증거

우리는 만일 불안정하고 짧은 '기분 좋은' 경험이 관계에서 사람들의 주요 관심사라면, 그 관계는 활력을 잃고 시간에 따라 퇴색할 것이라는 논의를 하였다. 이제, 가치와 반대로 감정 추구와 관련한 역사적 증거들을 살펴보기로 하자.

Coontz(2005)는 대부분의 인간 역사에서 결혼, 파트너십, 가족은 개인적인 행복이나 사랑과 같은 감정에 영향을 받기보다는 가치에 근거하고 있다고 주장한다. 개인적인 감정을 토대로 한 결혼은 1850년대에 대두되었고, Coontz는 이러한 생각이 어떻게 제도로서 결혼의 몰락을 가져왔는지 보여주고 있다. 그녀는 사랑에 근거한 결혼에 대한 사조가 나오기 무섭게 사람들은 일단 더 이상 사랑하지 않는다고 느낄 때 이혼할 권리를 요구하게 되었다고 제안한다. 1870년대와 1890년대 사이에 서구 세계에서 이혼은 70퍼센트까지 증가하였다. 이것은 가치에 근거한 친밀감(예 : 가치 있는 방향이 일치하기 때문에 행동하기)에서 감정에 근거한 친밀감(예 : 정서로서 사랑의 경험에 근거한 행동하기)으로 옮겨간 예이다. '사랑에 근거한' 대중적 비판은 1800년대 말에 문서화되었고, 1900년대 초에 영속적인 행복 획득의 기치 아래, 사회의 기초가 되는 가장 중요한 친밀한 관계가 재앙을 만들어냈다는 것이 논의의 근간이 되었다. 우리가 논의하였듯이 감정은 변한다. 더 전통적이고 가치에 근거한 결혼 개념을 지지하는 경고에 부합하여, 개인적인 감정이 결혼의 질을 좌우하는 결정요인으로 바뀐 것은 제도로서 결혼의 몰락에 기여했을 수 있다고 주장할 수 있다.

Coontz는 스웨덴과 같은 많은 나라에서 결혼은 이전의 기능(예 : 사회적 법적 기능)을 많이 잃고 있음을 지적한다. 그 결과 한부모 가족과 동거와 같은 다른 선택들이 전통적인 결혼에 근거한 가족보다 더 일반화되었다. 물론 전통적인 결혼이 특정 사회와 서구 사회의 사회적 형태, 역할, 중요성에서 변화된 것도 사실이다. 그러한 변화는 일반적으로 나쁜 것이 아닌, 좋은 것으로 간주될 수도 있으며, 더 많은 다양한 사람들이 더 많이 선택할 수 있는 것이기도 하다. 여기에서 핵심은 Coontz의 역사적 관점은 가치에서 감정으로 기능이 변화함으로써 사람들의 행동에 어떻게 영향을 주었는지 보여주고 있다는 점이다. 더 명확하게, 감정에 근거해서 만족을 추구하는 것은 상대적으로 쉽게 관계를 풀어가지 못하게 한다는 것을 제시한다. 그리고 그런 관계가 진정한 가치에 근거한 만족의 근원이 되기까지, 감정에 근거한 충족감 추구는 고통을 증가시킬 수 있다. 우리는 역사적으로 사회적 기준이나 중매에 따른 모든 결혼에 고통이 전혀 없었다고 주장하는 것은 아니다. 친밀한 관계에서 중매결혼이 현재 서구의 개인적 선택보다 우월하다고 옹호하려는 것도 아니다.

근본적으로 대부분의 사람들은 행복하기를 원하거나 행복을 추구한다. 적어도 북미에서 좋게 느껴지는 '행복'은 사람들이 원하는 가치 목록의 상위에 있다(Diener, 2000; Myers, 2000). 그러나 한편으로 행복의 추구 경험이 부정적인 결과로 이끌 수 있음을 제시하는 경험적인 증거들이 알려지고 있다. Schooler, Ariely와 Loewenstein(2003)의 연구에 따르면, 음악을 듣는 동안 가능한 자신을 행복하게 만들라는 지시를 받은 참여자들은 통제집단과 비교하여 덜 행복하게 느끼는 것으로 나타났다. Mauss, Tamir, Anderson과 Savino(2011)는 행복과 좋은 감정에 가치를 두는 것과 관련하여 더 직접적인 관련성을 보여주는 두 연구를 보고했다. 연구자들은 상관연구에서, 행복에 가치두기가 안녕감과 부적 상관을 나타내고, 우울증과 같은 정신건강 어려움과 정적 상관을 보인다는 것을 제시하였다. 실험연구에서는, 행복에 가치를 두도록 유도된 (행복하게 느끼는 것의 이점을 제시한 신문 기사를 읽음으로써) 참여자들이 '행복한' 영화 장면을 본 뒤, 영화를 보는 동안 더 행복하게 느끼지 못했다는 것에 실망을 느꼈기 때문에 그들의 정서 상태에 대한 암시적이고 명시적인 평가에서 통제집단보다 더 좋지 않은 결과를 나타냈다.

이러한 연구들은 가치로서 '좋은 감정'의 추구가 문제라는 경험적인 증거를 제공한다. Mauss 등(2012)의 최근 연구는 관계의 맥락에서 좋은 감정에 가치 부여하기와 관련된다. 상관연구에서 연구자들은 행복에 가치를 둘수록 매일 보고하는 고립감의 수준은 더 높게 나타난다는 것을 제시했다(실험적으로 기록된 일지로). 실험연구에서도 사람들에게 행복에 가치를 두도록 설득할 때, 더 높은 고립감과 사회적 단절(프로게스테론 수준뿐만 아니라 자기보고에 근거하여), 더 낮은 안녕감을 경험하는 것으로 나타났다.

나아가, 행복에 가치를 두는 사람들은 감소된 사회적 관계와 궁극적으로는 행복과 안녕의 가장 부정적인 예측변수인 고립감을 경험할 수 있다(J. T. Cacioppo, Hughes, Waite, Hawkley, & Thisted, 2006; Steverink & Lindenberg, 2006). 반대로, 행복을 긍정적인 감정(예 : 아시아의 문화적 배경에서 Uchida, Norasakkunkit, & Kitayama, 2004에서 논의)이라는 용어로 정의하지 않는 사람들은 행복에 가치를 두게 되어 고립감을 덜 경험하는 것으로 나타났다. 하나의 가능한 결론은 사람들이 개인적인 결과에 높은 가치를 둘 때 그 결과가 자존감을 높이고, 옳고, 성공적이고, 행복한가 아닌가보다는 자신에 대해 더 생각하고 타인들에 대해서는 덜 생각한다는 점이다. 그것은 고립감을 증가시킨다. 행복해지고 싶은 것은 '행복' 해지기보다 반대의 효과를 가져올 수 있고 부정적인 사회적 결과를 가져올 수 있다.

행복을 갈망하는 것은 실제로 '행복한' 방식으로 행동하는 것과는 매우 다른 행동을 하게 하고, 다른 결과를 낳는다. 그 증거는 왜 행복 추구가 부정적 정서를 가져오는지에 대한 ACT/RFT 관점에서 찾아볼 수 있다. 앞서 가치의 특성에 대한 논의는 ACT/RFT의 관점에서 고려해볼 수 있는 과정을 제시하고 있다. 기본적으로 어떤 특정한 감정을 경험하고 유지하는 것이 개인 성공의 준거라면 그(그녀)는 결코 성공할 수 없을 것이다. "나는 행복하게 느껴야 한다"는 규칙을 따르는 예를 생각해보자. 이 규칙을 따르기 위해 사람들은 정말 행복한지 매번 체크해야만 한다. 하지만 감정은 순간적이고 변한다. 그래서 사람들은 정서를 체크할 때 행복과는 다른 감정을 느끼게 된다. 또한 자신의 정서 상태를 체크할 때 상대적으로 행복하게 느낄지라도 언어를 통해 그 상태와 다른 상태를 비교하게 된다(예 : 과거 상태, 미래 상태, 상상한 다른 사람들의 상태). 그런 비교는 현재의 자극 기능으로 변환될 수 있고, 정서적 상태를 변화시킨다. 예를 들어, 사람들은 "그래, 나는 상대적으로 행복해. 하지만 과거에 더 행복했어" 혹은 "그래. 이것을 얻으면 나는 정말 더 행복할 거야"라고 할 수 있다. 이것은 친밀한 관계에 적용된다. 예를 들어, 파트너와 신체적 · 정서적 친밀감을 한창 느낄 때 당신은 "내 파트너가 나를 떠날지도 몰라"라고 생각하고 관계를 그렇게 만들어갈 수도 있다. 이것은 배우자의 자극 기능('내게 고통을 줄 수 있는 사람')과 상황('앞으로 언젠가 혐오스러운 감정이 올 수 있는')을 변환시킬 것이다. RFT 분석은 왜 행복한 감정의 추구가 장기적으로 만족감에 부정적 영향을 미치는지, 왜 친밀한 관계에서 이것이 사실인지 폭넓게 설명한다.

친밀감을 가치로 선택하기

Wilson과 Dufrene(2009)의 가치 부여하기에 대한 정의는 '자유롭게 선택' 된다는 것이다. 우리가 4장에서 논의하였듯이, 이 문구의 의미는 사람들의 가치 선택은 혐오 통제로부터 자유로워야만 한다는 것이다. 필수적으로, 사람들은 혐오스러운 것을 회피하거나 도망가려고 할 때보다 긍정적인 결과를 가져오는 행동을 할 때 더 자유롭게 느낀다. 풍요롭고 친밀한 관계는 고립감으로부터 편안해지는 기능보다는 더 자유롭게 선택하는 것에서 느껴질 수 있다. 마치 가치가 욕구적이라는 앞의 특징을 넘지 않는 것처럼 보일 수도 있으나 욕구 대 혐오 통제의 정도가 있다. 상대적으로 욕구적 행동은 선택에 기인할 수 있고, 그 선택은 누군가에 의해 정해진 것(부모의 조언이나 사회적 영향에 의해 보수가 높은 직업을 갖는 것)일 수 있다. 혹은 강력하게 욕구적 통제로 시작되지만 혐오적인 자극 수준을 증가시키는 후속자극이 된 것(예 : 향정신성 약물)일 수도 있다. 이러한 방식으로, 욕구적이고 혐오적인 통제의 혼재가 있을 수 있다. 결국, 친밀한 관계에는 긍정적이고 부정적인 강화 특성이 모두 존재한다.

예를 들어, 우리가 논의한 지난 장에서, 언어가 자기결핍의 이야기를 만들어내는 방법은 어린 시절부터 꽤 일관되게 변하지 않는다. 이러한 결핍의 이야기 혹은 '부족한' 것은 대개 사람들이 오래 회피해온 것이다. 그런 회피의 가능성을 제공하는 핵심적인 영역이 친밀감이다.

사람들이 친밀한 관계를 추구하는 이유에 대하여 질문을 받을 때 답하는 전형적인 예가 여기 있다.

- "나는 누군가가 내 삶에 없으면 외로워요."
- "나는 안정감을 찾고 싶어요."
- "나는 나의 다른 반쪽을 찾고 있어요."
- "나는 믿을 수 있는 누군가와 함께 있고 싶어요."
- "나는 행복하게 느끼고 싶어요."

이런 모든 예에서, 말하는 이에게 친밀한 관계의 핵심 기능이 회피라는 것은 논쟁거리가 될 수 있다. 이런 모든 이야기는 무엇인가 부족하다는 것을 시사한다. 그(그녀)는 다른 사람이 그 무엇인가 주기를 희망한다. 희망하는 다른 사람을 만났다고 생각하면, 고립감, 슬픔, 불안감과 같은 감정을 불러일으키는 그(그녀)의 결핍에 더 이상 대처하지 않아도 된다. 그러나 친밀한 관계에 대한 이러한 관점은 근본적인 문제를 내포하고 있다. 회피에 근거한 관계는 아이러니하게도 처음에 회피하고자 했던 문제를 더 심각하게 만든다.

위와 반대로, 다음의 예를 생각해보자.

- "나는 다른 사람과 함께 시간을 보내는 것이 즐거워요."
- "나는 친밀한 관계에서 오는 기쁨과 어려움을 다룰 수 있어요."

- "나는 정서적이고 신체적인 친밀감을 주고받는 것이 좋아요."
- "나는 일상과 친근함을 즐겨요."

이 예에서, 친밀감 확립의 기능은 결핍을 회피하는 것과 매우 다르다. 각각의 경우는 추구하는 무엇인가를 표현하고 있다. 그것은 그(그녀)의 삶에서 긍정적이고 강화하는 방식으로 표현된다. 건강한 관계가 되기 위해, 그 핵심적인 기능은 처벌의 회피와는 반대로 강화의 추구가 되어야만 한다. 반복하면, 이상적으로 사람들의 가치 선택은 혐오 통제가 아니어야 한다.

관계에서 혐오 통제로부터 자유로워지는 것은 아마도 좀 전에 논의한 활력, 의미, 목적으로 나타날 것이다. 예를 들어, 다음의 이야기들을 생각해 보자.

- "나는 도시의 상점들마다 들러 선물을 찾으려고 했어요. 나는 그냥 그녀의 얼굴에서 기쁨을 보고 싶었어요."
- "시시콜콜한 것에 대해 나누는 친밀한 대화는 나의 가장 큰 기쁨이에요."
- "그와의 관계는 정말로 나에게 깊은 인상을 주었고 내 삶을 풍요롭게 했어요."

사람들이 그들의 관계를 강한 긍정적인 용어로 묘사하거나(예 : 활력) 삶의 의미와 목적이라는 용어로 묘사할 때, 혐오스러운 것과 반대로 강하고 건강한 관계를 지향할 수 있다.

친밀감: 장기간 지속되는 고유한 강화

전념행동을 통한 강화물은 내재적이고 장기간 유지된다. 이러한 특성으로 인해 강화물은 전 생애에 걸쳐 가치두기를 뒷받침할 수 있다. 이전에 논의한 친밀감 영역 — 정서적 친밀감, 신체적 친밀감, 정서, 성, 동지애, 지적 자극, 활력, 의미, 목적 — 에서 강화물은 이러한 방식으로 분류될 수 있는 강화물들을 포함한다.

'내재적' 이라는 용어는 특정 행동에 대한 강화의 특성에 대한 설명에서 가치두기(Wilson & Dufrene, 2009)의 정의로 언급되었다. 이는 강화가 외부적인 것(외적인)보다는 행동 그 자체에서 온다는 사실을 강조한다. 일반적으로, 사람들은 내재적 강화를 추구하고 강화받을수록 더욱 자신의 가치에 일치하는 삶을 살아간다.

어떤 친밀한 행동이 내재적으로 강화하는 것인가? 생물학적인 성적 각성과 신체적 접촉과 같이 중요한 강화 행동들은 내재적인 강화로 분류될 수 있다. 인간은 언어적 동물이기 때문에 내재적으로 강화하는 중요한 강화물과 관련된 많은 활동을 추구한다. 사실 언어를 통해 내재적으로 강화하는 것은 임의적이고, 즉시적인 생물학적 과정과는 거리가 멀다. 로맨스의 맥락에서 예를 들면, 사랑의 시를 주고받는 것, 혼인 서약, 매일 사랑한다고 말하는 것은 내재적으로 강화하는 행동들이다. 하지만 그 심리적 효과는 단순히 생물학에 근거하지 않는다. 내재적 강화 능력은 사람들의 언어적 역사에 근거하고, 기본적으로 생물학적 과정에 근거하여 자극 기능의 변환에 따른 강화를 의미한다. 언어적 연합의 결과, 사람들은 그러한 강화물을 기쁘고 의미 있는 것으로 받아들인다.

내재적으로 강화하는 행동들은 장기간에 걸쳐 유지될 수 있다. 친밀감의 영역에서 밝혀진 강화물들이 이런 면에서 어느 정도 다를 수 있지만(예를 들어, 성적 친밀감은 시간이 지남에 따라 효력을 잃는다), 모든 것은 적어도 어느 정도 장기간 유지될 가능성이 있다. 장기간 가치 있는 행동을 유지하는 것은 매우 중요하다. 왜냐하면 가치는 장기적인 삶의 방향이기 때문이다. 일반적으로, 가치 추구를 통한 강화 유형은 설레는 것 그 이상이어야만 한다. 예를 들어, 관계의 초기 단계에는 정서적 각성으로 인해 온통 마음을 빼앗길 수 있다. 특히 누군가와 관계의 경험이 없는 경우는 더욱 그렇다. 그러나 예외 없이 이러한 각성은 오래 지속되지 않는다. 일단 그것이 사라지기 시작하면, 파트너 모두 혹은 어느 한쪽은 지루해지기 시작하고, 옮겨가고 싶어 한다. 이는 두 사람에게 불만족이 되고 더 많이 전념하고자 했던 파트너에게는 매우 고통스러울 수 있다. 건강한 관계는 파트너 두 사람에게 장기적으로 유지되는 강화물을 제공해야만 한다. 이것은 앞서 설명하였듯이 단지 감정적이고 신체적인 친밀감이 아니라 정서, 동지애, 지적 자극, 활력, 의미, 그리고 목적이다. 물론 사람들마다 장기간 추구하는 강화물을 경험하는 정도는 다를 것이다.

가치 위계 : 건강하고 건강하지 않은 가치부여 행동

우리는 RFT에서 가치영역에 대하여 가치 그 자체를 가장 상위에 두는 위계적 관련망의 용어로 개념화할 수 있다. 그다음은 앞서 이름 붙인 것처럼, 가치에 직접적으로 기여하는 장기적인 내재적 강화 현상들이다. 관련망에서 그 아래에는 핵심적인 강화물이 되는 (외부적인) 행동이 포함된다. 예를 들어, 친밀감의 영역에서, 더 아래에는 자신과 파트너를 위해 직업 갖기, 돈 벌기가 포함될 수 있다. 이런 방식으로 가치 있는 행동에 대하여 가치를 가시화함으로써(예 : 위계적 용어로) 건강하고 부적응적인 행동 모두를 개념화할 수 있다. 명백하게, 장기간 유지되는 가치 있는 행동을 하는 것은, 위계에서 볼 수 있듯이 심리적으로 건강한 것이다. 그리고 가치 영역의 행동에 시간을 많이 쏟을수록 바람직하다는 것을 시사한다. 친밀감과 관련하여, 성적 행동과 경험 나누기와 같은 신체적 친밀감은 심리적으로 매우 가치 있다. 동시에, 더 낮은 위계의 행동을 하는 것 역시 중요하다. 왜냐하면 그러한 행동을 통해 가장 상위의 위계에 있는 행동에 도달할 수 있기 때문이다. 관계와 같이 중요한 가치를 위해 행동하는 것은 건강한 가치화로 분류할 수 있다. 예를 들어, 자신과 파트너를 위해 직업을 갖는 것은 관계에 가치를 두는 것이다. 사실 이전에 언급했듯이, 직업을 갖고 싶지 않을 수 있지만 가치를 자각하고 가치를 위해 직업을 갖고 있다면 활력을 줄 수 있다.

관계를 위한 건강한 행동양식은 더 외재적인 강화를 감소시키고, 가치 행동을 내재적으로 강화한다. 그러나 파트너를 기쁘게 하기 위해 돈과 지위를 얻고 일하는 것과 같이 더 외적으로 강화된 행동을 더 많이 하게 되어 위계에서 균형이 깨진다면, 이는 행동을 통제하게 되고 돈이나 다른 사회적 관습에 따른 강화의 규칙에 융합되어 문제가 될 수 있다. 사람들은 ― 장기간 유지되는 내재적인 강화 행동을 추구하던 것에서 ― 외재적인 강화를 주는 행동에 시간과 에너지를 쓸 수 있다. 이것은 후속자극에 융합됨을 의미한다. 융합은 명백하게 관계를 약화시키고 활력을 잃게 한다. 관계를 가치 있게 만드는 친밀한 행동에 시간을 훨씬 덜 쓰게 되기 때문이다. 똑같은 행동도 의도와 맥락에 따라 기능적으로 매우 다를 수 있다. 돈을 벌거나 결혼하는 것이 그 예이다. 한편으로는, 돈을 벌거나 결혼하는 것은 기능적으로 관계에 건강과 활력이 될 수 있다. 만일 자신과 파트너를 돌보는 중요한 가치 있는 행동이 된다면 그렇다. 그러나 반대로, 돈을 벌거나 결혼하는 것 그 자체가 목적이 된다면 기능적으로 문제가 될 수 있다. 시간과 노력을 행동에 투자함으로써 돈을 벌거나 결혼을 계획하는 것은 가치 있는 궁극적인 목적이 아님에도 가치 있는 행동의 상위에 놓이게 된다.

사람들이 돈을 벌거나 결혼하는 것은 사회적 기대나 부모, 친구들로부터 영향을 받았기 때문일 수 있다. 이는 파트너 모두의 관계와 심리적 건강을 위해서 앞의 예에서보다 더 근본적인 문제가 될 수 있다.

가치 부여하기에 바람직하지 않은 영향을 미치는 요인

사람들이 내재적인 강화보다 사회적으로 만들어진 강화를 더 중시하는 것은 사회문화적 프로그래밍 때문이다.

4장에서 논의한 것처럼, 가치는 사회-언어적 맥락에서 발전한다. 언어적 공동체는 관계를 포함하여 '좋은 것' 혹은 '나쁜 것' 뿐만 아니라 중요한 것, 원하는 것에 대한 기준을 만들어낸다. 예를 들어, 부모와 보호자는 자녀들을 친구가 되기에 적당한 사람들에게 소개한다. 미디어나 상업적인 세계는 바람직한 개념에 영향을 미치는 연예인의 낭만적인 이야기와 이미지를 보여준다. 시간이 지나면서 사람들은 완벽한 파트너에 대한 이미지와 묘사를 포함해서 원하는 것, 목적, 삶의 방향에 대한 생각을 발전시켜 나간다.

그런 사회적 영향력에 기초한 중요한 한 가지는 파트너에게 신체적 매력을 느끼는 것이다. 젊은이들이 미래의 파트너들에게 있는 다른 중요한 특성을 인정하게 되고 알게 된다는 것은 중요하다. 특히 관계에서 장기간 유지되는 많은 강화물은 신체적 매력에 달려 있지 않다. 매력을 너무 강조하는 것은 파트너에게 있을 수 있는 다른 특성을 무색하게 하고 잘 모르게 만들 수 있다.

사람들은 다른 잠재된 방해물을 알아내도록 배운다. 우리 사회에는 약혼반지, 결혼식, 돈, 지위와 같은 관계의 이차적인 강화물이 있다. 다시 얘기하면, 기능은 매우 중요하다. 다이아몬드 반지, 결혼식, 돈, 지위는 더 높은 것을 향한 것으로 볼 수 있다. 하지만 사회적 승인을 얻는 데 중요한 규칙에 융합된 사람들은 이런 임의적인 것들을 그 자체를 궁극적인 것으로 여길 수 있다.

관계 가치들의 경시

관계에서 외부의 강화물을 강조하고 내적으로 강화하는 행동의 가치를 경시하는 것은 내적으로 강화하는 행동에 관심을 두지 않게 하는 환경의 영향으로 인해 나타날 수 있다. 욕구를 표현하는 아동들이 처벌당하는 반응(예 : 무시, 비웃음, 공격성)을 접할 수 있다.

예를 들어, 전통적으로 남성적인 행동에 우위를 두는 보수적인 가정의 어린 소녀는 무시당하거나 비웃음을 당할 수 있다. 또한 잠재되어 있는 자신의 가치를 덜 표현하게 될 것이다. 이런 방식으로 내재적인 강화 행동과 궁극적인 '가치 부여하기'는 사회적 맥락에 따라 약화될 수 있다. 또 다른 예로, 동성의 친구들에게 매력을 느끼는 어린 소년을 생각해보자. 이성애적 행동을 허용하고 동성애적 행동을 허용하지 않는 사회적 수반성(social contingencies)의 결과로, 그 소년은 자신에게 친밀한 관계의 가치의 핵심이 될 수 있는 감정을 억압할 수 있다.

자신의 욕구를 표현하는 특정 환경에서 어떤 경우는 일관되게 처벌된다. 아동들은 다른 사람들이 하라고 하는, 혹은 다른 사람들이 기대하는 것에 따라 관계하지 않는다. 위의 예처럼, 욕구에 대한 아동들의 표현이 지속적으로 처벌된다면, 아동들은 단지 처벌을 피하기 위해 그들의 욕구를 억

압하도록 학습한다. 방임된 아동들은 특히 약화된 가치를 표현하는 경향이 있다. 그들은 가치 있는 방향이 될 수 있는 것을 고통, 처벌, 거부, 실망과 연합시킨다. 예를 들어, 보호자가 자주 알코올이나 약물에 빠져 있는 아동들은 자신의 욕구나 원하는 것을 부인하고 그 결과 자신에게 중요한 것을 표현하지 못하도록 학습된다. 학대당하는 아동들은 매우 혐오적인 조건화와 가치 있는 친밀한 행동을 연합시킨다. 신체적인 학대를 당한 자녀들은 폭력과 폭력적인 위협을 부모, 어른, 보호자와 연합시키는 경향이 있다. 성적으로 학대당한 자녀들은 힘과 폭력을 신체적 친밀함, 사랑의 말들과 연합시킨다.

상담에서 이런 학대적인 학습의 역사가 있는 내담자들에게 가치 있는 행동을 내면화시키고 친밀감을 발전시키기 위해서는 시간이 필요하다. 따뜻하고 사랑하는 관계를 만들기 위한 가치나 욕구가 있을 수 있지만, 관계와 연합된 오래된 고통의 과거가 있을 수 있다. 내담자로 하여금 사랑하는 관계에서 가치를 갖도록 하는 것은 이런 고통스러운 경험을 기억하는 것이 될 수 있다. 사실 혐오 조건화로 인해, 어떤 이들은 자신이 정말 가치를 두는 관계를 거부하고 피하려 할 수 있다. 만일 '가치 부여하기' 가 처벌과 연합되었다면 이것은 왜 가치가 사라지고 가치를 회피하는지 부분적으로 설명해줄 수 있다.

친밀감과 다양한 가치 영역

물론 친밀감은 수많은 가치 영역 가운데 하나이다. 일반적으로 사람들이 전념하는 가치 영역이 많을수록 심리적 건강에 좋고, 특정한 영역의 가치를 추구하는 데 도움이 된다. 낭만적인 관계 외에 다양한 가치를 갖는 것은 관계를 지지하고 유지시키는 경향성도 높일 수 있다. 장기적으로 받을 수 있는 긍정적 강화가 많을수록 어떤 하나의 자원에 과도하게 의지하지 않게 된다. 즉, 친밀감이 유일한 가치가 되지 않는 것이 중요하다. 이상적으로, 다양한 삶의 영역에서 자연발생적인 강화물들 간의 균형을 확립하고 유지해야 한다.

친밀감이나 다른 어떤 하나의 강화물만을 추구하는 것은 현재 추구할 수 있는 다른 가치 있는 영역으로부터 멀어지는 결과를 낳는다. 오로지 현재 관계에만 가치를 두면서 친밀감에만 가치를 두는 것은 행동적 레퍼토리를 협소하게 만들고, 관계에 의존하게 만들어 만일 어떤 것으로 인해 관계가 위협당한다면 트라우마의 위기에 처하게 된다. 더욱이, 편협한 가치 부여하기는 (계속 '요구하는' 행동을 더 함으로써) 관계의 질에 부정적 영향을 미칠 수 있다.

또한 친밀함을 가치화하는 것은 다른 영역을 가치화하는 행동을 하는 과정에서 더 나타날 수 있다. 다른 가치 영역과 가치 있는 활동은 중복될 수도 있다. 친밀함은 건강이나 사회화처럼 다른 영역에 중요한 기여를 한다. 운동, 식사, 수면, 우정, 사교 집단과 같은 다른 영역들의 행동은 함께 행동하는 지속적인 파트너로서 매력을 느끼게 하기 때문에 그 자체로도 심리적으로 중요할 뿐만 아니라 친밀감의 영역을 지지해준다.

더욱이, 다양성은 가치 영역들 간에서뿐만 아니라 그 자체로도 중요하다. 초기 관계에서 사람들은 때로 친밀감에 근거한 협의의 강화물을 추구(예 : 성적 행동)하는데, 이는 만족과 실망을 가져온다. 즉 교양 있는 관계의 다른 측면(예 : 동지애, 정서, 지적 자극)도 중요하다. 이는 앞서 다른 방식으로 (이전 부분과 같이) 다루어진 것으로, 중요하게 상기해야 할 내용이다.

가치로서의 친밀감 : 부가적인 관점들

친밀감의 가치화에 대한 장을 마무리하기 전에, 가치와 관련하여 부가적으로 중요한 관점들을 설명하고, 이러한 관점들이 친밀한 관계와 특별히 어떻게 관련되는지 논의하고자 한다.

도달할 수 없는 가치

ACT/RFT에서 가치는 언어적으로 구성된 후속자극으로, 선택되는 것이다. 4장에서 논의하였듯이, 가치는 채워질 수 없지만 대신 어떤 행동적 방향의 동기가 될 수 있다. 4장에서는 이러한 기능을 친밀한 관계 안에서 돌보는 것으로 설명하였다. 제시된 것처럼, 이러한 맥락에서 돌보기의 가치는 사적인 정보를 공유하거나 다른 사람의 일상에 대해 묻는 것과 같은 행동으로 나타난다. 그것은 확고한 목표를 달성하는 것이라기보다 가치 있는 방향의 행동이다.

그럼에도 불구하고, 결과, 성취, 지위, 신체적 아름다움, 약혼반지, 결혼서약서 등(예 : 목적)이 애정 관계에서 가치로 인식된다. 소비자 행동을 창조하고 유지시키기 위해 광고주들은 목적을 가치처럼 보이게 만든다. 웨딩플래너, 보석상, 꽃집 등에서는 자신들의 상품을 사랑의 행동으로 소비하도록 광고한다. 같은 방식으로, 화장품 회사들의 마케팅 전략은 여성들에게 제품 사용 그 자체가 가치화와 같다고 암시한다.

가치와 목적 사이의 차이점을 설명하는 하나의 방법은 나침반에 비유해 보는 것이다(예 : Hayes et al., 1999; Dahl, Plumb, Stewart, & Lundgren, 2009 참조). 가치 있는 방향을 따라가는 것은 나침반을 따라가는 것과 비슷하다. 일단 방향을 정하면, 그 즉시 최소한의 움직임으로 전체 과정에 발을 디딜 수 있고, 올바른 목표를 향해 갈 수 있다. 목표 지향적 사람들에게 중요한 것은 결코 지향하는 방향에 도달하는 것이 아니다. 예를 들어, 당신은 삶에서 이리저리 갈 수 있지만 궁극점에 도달할 수는 없다. 가치는 목적과 달리 도달할 수 없는 것이다.

(다른 가치 관련 영역들처럼) 관계에서 목적은 가치 있는 방향과는 다르다. 목적은 약혼하기, 함께 이사하기, 결혼하기와 같이 진로를 잡는 중간지점이다. 그것들은 실제적이고, 양적이고, 시작과 끝점이 명확하다. 이런 중간지점은 사람들이 스스로 만든 과정을 따라가도록 돕는다. 예를 들어, 일단 커플이 결혼식을 하면, 관계의 가치 있는 방향을 유지하기 위해 새로운 중간지점이 추가되어야 한다. 새로운 목적은 다시 연결되기 위해 서로 다시 매일 노력하는 일상을 만들어낼 수 있다. 그런 목적은 가치 있는 친밀한 행동 과정을 유지하기 위한 것이며 가치 있는 방향과 대치되는 것은 아니다.

가치는 규칙이다 — 그러나 가치를 따른다는 것은 광의로 정의된다

글자 그대로, 가치는 우리가 갖고 있어야 하는 진실이나 규칙을 말하는 것처럼 보일 수도 있다. 그러나 기술적으로는 규칙인 반면, 이러한 규칙은 자유롭게 선택되어야 하고, 어떤 특정 행동이 전제되어서는 안 된다. 4장에서 우리는 관계에서 돌보는 사람을 예로 들면서, 돌보기의 가치를 갖고 있더라도 이것만으로 돌보는 행동에 관여하는 방법(예 : 얼마나 자주, 누구와 함께)을 알 수는 없다고 하였다. 규칙으로서의 가치는 단지 사람들로 하여금 이상적이고, 의미 있고, 강화하는 목적 지향 행동 패턴으로 향하게 한다. 그러나 자신의 경험에 근거해서 가치와 일치하는 행동을 어떻게 선택하는지 학습해야만 한다. 또한 융통성은 가치에 따라 살아가는 데 중요하다. 예를 들어, 가치가 같을지라도 가치를 구현하는 행동은 수년 동안 다른 삶의 상황에 따라 다른 형태로 변할 수 있다.

요약

이 장에서는 가치로서 친밀감이 중요하다는 점을 논의하였다. 가치화의 정의를 생각해보았고, 가치로서의 친밀감에 대한 정의와 관련하여 중요한 측면을 살펴보았다. 이는 다음을 포함한다. (1) RFT의 가치화 개념에 초점을 둔 언어적으로 구성된 후속자극으로서의 관계, (2) 가치 추구와 특정 감정 추구 간에 상충이 일어나는 것에 대한 논의를 포함하는, 관계 내 긍정적 강화 자원, (3) '자유롭게' 선택하는 것을 의미하는, 가치로서 친밀감의 선택, (4) 가치 위계에 대한 논의를 포함하는, 내재적이고 장기간 지속되는 강화의 개념, (5) 가치는 도달할 수 없다는, 가치화의 특성과 그와 관련한 부가적인 관점들.

다음 장에서는 자기 연민이 얼마나 중요한 요소인지 알아보고, 파트너에 대한 연민에서 자기 연민이 어떻게 관계의 기초를 제공하는지 살펴보고자 한다.

8 자기 연민

- 서론
- 자기 연민의 정의
- 자기 연민을 지지하는 ACT 과정
- 요약

서론

건강하고 친밀한 관계는 두 사람이 서로 성장하고, 활력을 주고, 개인과 커플 모두에게 의미를 갖는 것이다. 그런 관계의 핵심은 다른 사람에 대한 연민(compassion)이다. ACT/RFT의 관점에서, 타인에 대한 연민은 자신을 향한 연민과 관련된다. 파트너를 위한 연민의 중요한 조건은, 우리가 이 장에서 이야기하는 것처럼 자기 연민(self-compassion)이다. 우리가 이 장에서 설명하려는 ACT/RFT의 관점에서 건강한 관계의 기본적인 선행조건은 다음과 같다. (1) 자기 연민의 가치 있는 방향으로 행동하기, (2) 파트너를 향한 사랑과 연민의 가치 있는 방향으로 행동하기.

자기 연민의 정의

자기 연민에는 친절함, 사랑, 자신의 고통에 대한 이해가 포함된다. 자기 연민은 자기 비난이나 자기 동정 대신 자신의 고통을 따뜻하게 돌보면서 적절하게 반응하는 것이다. Neff(2003)는 자기 연민에는 자신에 대한 친절함, 마음챙김, 고통이 인간의 일부라는 인식이 포함된다고 하였다.

RFT는 심리적 과정에서 연민에 대한 기본적인 개념화를 하고 있다. 3장에서 우리는 연민과 관련한 많은 현상들을 논의하였다. 여기에는 (1) 공감과 (2) 언어적 타인(verbal other)이 포함된다.

연민과 관련한 과정

RFT의 공감 개념은 지시적인 관계를 통한 정서적 기능의 변환을 포함한다. 사람들은 다른 사람들의 상황에 대한 심리적 기능을 경험할 때 다른 사람을 '불쌍히 여길 수 있다.' 즉, 아동들은 점차 지시적 관계틀을 수용할 수 있게 되면서 ― 특히 지시적 틀을 통해 정서적 기능을 변환하는 ― 타인을 존중하는 공감적 반응 능력이 점점 확장된다.

발달적 용어로, 적어도 자신을 위한 감정은 타인을 위한 감정의 전제가 된다. 이는 공감의 핵심 요소이다.

사람들은 누군가 느낄 수 있는 어떤 정서(예 : 두려움이나 슬픔)를 느낄 수 있어야 한다. 만일 그런 정서를 느낄 수 없다면 공감할 수 없을 것이다. 만일 정서를 느낄 수 있다면, '다른 상황에 자신을 넣어봄' 으로써 다른 사람이 느끼는 정서를 느낄 수 있는 정서 기능의 변환과 연합된 나-너의 조망 수용(I-YOU perspective-taking)을 할 수 있다. 언어적 타인 역시 관련이 있다. 3장에서 논의하였듯이, RFT는 세 가지 유형의 언어적인 것을 제시한다. 그 세 유형은 내용으로서의 타인(other-as-content), 과정으로서의 타인(other-as-process), 맥락으로서의 타인(other-as-context)이다. 내용으로서의 타인은 다른 사람을 어떤 종류의 사람이라고 하는 것으로 타인이 어떤 사람인지 정의하는 것이다. 과정으로서의 타인은 타인의 현재 경험을 정의하는 것이다. 맥락으로서의 타인은 관점으로 정의하는 것이다. 과정으로서의 타인은 바로 공감과 관련될 수 있다. 공감은 타인의 경험을 나누는 것이기 때문이다. 또한 타인의 경험과 만나는 것은 그 경험을 구성하는 것에 근거하기 때문이다. 과정으로서의 타인에 초점을 둠으로써 타인의 고통과 어려움과 만날 수 있다. 이는 연민의 감정을 갖게 하고, 자연스럽게 동정심을 갖게 한다. 또한 맥락으로서의 타인은 특히 연민을 촉진하는 것과 관련된다.

연민에 영향을 미치는 변인들

일단 아동이 지시적인 관계를 통해 정서적 기능의 변환에 근거한 공감을 하게 되면, 타인의 고통을 완화시키려는 행동도 학습할 수 있다. 공감을 경험하는 사람들은 여러 가지 이유로 타인의 고통을 완화시키려 행동할 수 있다. 예를 들어, 타인이 고통스러워할 때 해야 하는 것에 대한 사회적 규칙 때문에 자신의 고통을 완화시키는 행동, 타인의 가치에 부합하는 행동, 또는 이러한 것들을 연합하는 행동을 하게 된다.

공감적 감정으로 타인의 고통을 완화시키는 데 영향을 미치는 중요한 변인은 마음챙김이다. 마음챙김은 3장에서 세 용어의 관점으로 정의되었던, 맥락으로서의 자기와 맥락으로서의 타인의 개념에 근거한다. 다른 말로, 마음챙김은 다른 사람과 구분될 수 있는 특성을 알아보는 것이다. 마음챙김은 타인을 자신과 같이 볼 수 있는 기회를 극대화시킨다. 만일 사람들이 자신을 돕고자 한다면 타인도 돕고자 할 것이다. 그 둘은 맥락적으로 같기 때문이다. 규칙의 영향을 받지 않고 순수한 관점으로 자신과 만나는 사람들은 규칙의 영향을 받지 않고 고통을 완화시키는 것에 더 동기를 갖게 될 수 있다. 내용으로부터 떨어져보는 것은 자신을 위한 행동을 덜 할 수 있는 부정적 기능의 변환을 하지 않게 되는 것을 의미하기 때문이다. 이러한 요소들의 연합은 타인을 더 많이 돕게 할 수 있다.

자신을 위한 연민을 느낌으로써 타인에 대한 연민을 갖게 되는 두 가지 중요한 방식이 있다. 첫째, 지시적인 관계를 통해 타인이 기능의 변환으로 느끼는 것을 느낄 수 있도록 유사한 상황을 경험할 필요가 있다. 둘째, 돕고자 하는 동기를 갖고 공감하며 타인에 대한 연민 어린 행동을 하기 위해서는 자신을 돕고자 하는 동기가 필요하다. ACT/RFT는 자신과 타인을 돕고자 하는 동기를 갖는 데 맥락으로서의 자기를 경험하는 것이 중요하다고 제안한다.

연민의 실패

이에 대한 분석은 어떻게 마음챙김/맥락으로서의 자기가 자신과 타인에 대한 감정 사이의 연결고리를 갖게 하는지 알려준다. 마음챙김의 융합이나 결핍의 상황에서 이 연결고리는 깨질 수 있다. 예를 들어, 지시적인 정의를 통해 타인의 고통을 느낄 때 타인의 고통보다는 단지 자신의 고통을 완화하려 행동할 수 있다. 정말 타인을 돕기보다 고통을 어떤 방식으로 회피하려 그렇게 행동할 수 있다(예 : 왜곡, 방해, 억압을 통해 혹은 이후에 유사한 상황으로 회피함으로써). 특별하게 고통스러운 상황이라면, 경험에 대처할 수 없다고 한 규칙과 융합되어 더 회피 행동을 할 것이다.

또한 사람들은 자신의 복지는 상관하지 않으면서 타인의 복지에 지나치게 관심을 둘 가능성이 있다. 이것도 "나는 무가치해", "나는 충분히 좋지 않아"처럼 도움이 되지 않는 규칙들과 융합된 후속자극이다. 그런 사람들은 "내가 나보다 타인을 먼저 돕는다면 나중에 천국에 들어가는 데 도움이 될 거야"와 같이 종교적 가치와 일치하는 행동을 할 수 있다. 예를 들면, 타인을 돕는 것이 "먼저 나보다 타인을 돕지 않는다면 나는 나쁜 사람이야"라는 규칙과 부합하여 죄책감을 회피하는 부적 강화가 될 수 있다. 이 두 사례 모두 도움이 필요한 사람들이 소외되면서 시스템이 작동하지 않는 것으로 보인다.

ACT/RFT는 여기에서 마음챙김/맥락으로서의 자기의 중요성을 제시한다. 마음챙김/맥락으로서의 자기의 관점에서 자신과 타인에 대한 연민은 자연스럽게 연결되고 서로 지지된다. 이러한 연결은 마음챙김의 수준에 따라 조절된다. 만일 유념하여 행동한다면 나와 타인 사이에서 기능의 변환[적절한 맥락적 조절로 두 상태(나와 타인) 간의 구별을 하게 되고, 대상에 따라 적절하게 행동하게 된다]은 쉽게 이루어진다. 도움이 되지 않는 규칙과 융합된다면, 앞에서처럼 연민과 자기 연민은 인위적으로 분리될 것이다.

나아가, 감정과 일치하는 적절한 행동은 마음챙김의 맥락에서 가장 잘 일어난다. ACT/RFT의 관점에서 마음챙김은 맥락으로서의 자기 혹은 자기 자각(self-awareness)의 산물이다. 자기 자각의 중요한 방식 가운데 하나는 자기 연민을 통해 의도적인 연습을 하는 것이다. 자기 연민을 연습함으로써 사람들은 자신에 대한 통찰을 가질 수 있다. 또한 친밀한 관계에서 파트너를 포함하여, 타인에 대한 순수하고 지속적인 공감을 갖게 될 때 심리적 건강을 증진시킬 수 있다.

자기 연민의 중요성에 대한 경험적 근거

ACT 연구들(예 : Hayes et al., 2004; Lillis et al., 2010; Luoma, O'Hair, Kohlenberg, Hayes, & Fletcher, 2010; Luoma et al., 2007; Masuda et al., 2007; Masuda et al., 2009; Yadavaia & Hayes, 2012)은 상담자들이 자기 연민을 표현하도록 훈련받았을 때, 상담자와 내담자 모두 훨씬 더 잘 해낼 수 있다는 것을 보여준다. 이 연구들에 따르면, 자기 연민이 아닌 행동은 자기 연민이 아닌 타인에 대한 행동과 상관이 있고, 자기 연민 행동은 타인에 대한 연민 행동과 상관이 있다. Neff와 Beretvas(2012)는 높은 자기 연민을 보이는 사람들이 관계에서 더 긍정적인 행동을 보인다고 제시하고 있다. 또한 Yarnell과 Neff(2013)는 자기 연민이 갈등과 더 잘 타협하는 것과 관련된다고 하였다.

자기 연민에 대한 이러한 연구들은 자기 연민으로 행동하지 않는 커플들이 파트너에 대하여 친절한 방식의 사랑하는 행동을 하지 않는 경향이 있다고 제안한다. 즉 자기 연민 기술을 학습한 경우, 파트너를 위한 연민을 더 효과적으로 보여주는 경향이 있다는 것이다. 이는 자기 연민이 건강한 관계의 중요한 요인이며, 파트너들이 활력 있는 친밀감을 확립하고 유지하도록 돕는 요인임을 보여준다.

자기 연민을 지지하는 ACT 과정

Hayes(2008)는 자기 연민을 높이는 과정에서 중요한 요인들을 다음과 같이 제시하면서 자기 연민에 대한 관점을 제시한다.

- 힘든 감정을 포용하기
- 갈등하지 않으면서 힘들고 비판적인 생각을 관찰하기
- 프로그래밍을 초월하는 영적 자기와 만나기
- 자기 타당화에서 개인의 역사를 연민의 삶으로 가져가기

위의 정의에서 볼 수 있는 것처럼, 자기 연민은 감정이 아니다. 그보다는 행동 양식으로 구성된다. 또한 자기 연민은 이기적인 방식이 아닌 보편적으로 모든 사람을 돌보는 수용이나 자신에 대한 사랑이라고 정의할 수 있다. 우리는 위에 언급된 자기 연민에 포함되는 행동 양식과 과정을 생각해 볼 것이다. 실제 그 과정은 시간에 따라 중복되고 오고갈 수 있으며 상대적으로 적절한 방식으로 과정과 단계를 밟을 수 있을 것이다.

힘든 감정을 포용하기

3장에서는 경험적 회피(experiential avoidance)로 알려진 부정적 감정과 생각의 회피 경향성을 논의하였다. 자기 연민은 힘든 감정을 적극적으로, 사랑과 인내심 있게 포용하는 것이다. 고통에 대하여 친절하게 반응하는 과정은 몇몇 행동을 포함한다.

사람들은 종종 '투쟁, 도피, 냉각' 반응에 대한 신체 감각을 통해 자신의 힘든 감정을 인식하게 된다. 신경계의 활동(대부분의 경우 증가된 심장박

동, 근육긴장 등 숨 쉴 때 증가하는 특징적인 일련의 사건)은 몸이 인식한 위협에 반응하는 것을 의미한다. 그래서 대항하고 방어하거나 회피하는 준비를 하는 것이다.

이런 상황에서 자기 연민의 첫 번째 행동은 몸이 어떤 사건에 반응하는 것(사고나 정서)을 단지 알아차리는 것이다. 이런 반응들을 포용하는 것은 더 이상 반응하지 않고 단지 숨 쉬면서 어떤 감각이나 생각을 위한 여지를 두는 것이다. 즉 정서적 고양이나 내적으로 일어나는 것이 무엇이든 허용하는 것이다. 신체적 저항 반응을 하거나 강화하지 않고, 조건화된 반응을 회피하기보다 그에 대해 개방적으로 다가가는 것을 말한다. 자기 연민 행동의 단계는 몸의 반응 고리를 자각하고 자신의 고통을 받아들이는 것이다.

아래의 예는 친밀한 관계를 만드는 데 어려움이 있는 리사의 사례를 소개하고 있다. 사례에서는 ACT에서 타인에 대한 친밀한 행동을 발전시키는 전제로 자기 연민 행동을 어떻게 발전시켜나갈 수 있는지 보여준다. 우리는 리사의 예를 통해 지금까지 논의한 개념들을 살펴보고자 한다.

리사는 31세로 양성애자이다. 그녀는 적극적으로 (대부분의 남자들과) 데이트했지만, 장기적인 관계를 유지한 적은 없었다. 그녀는 자녀를 원하지만 그럴 수 있을지 의문을 갖기 시작했다. 왜냐하면 몇 달 이상 유지된 관계가 없었고 혼자 자녀를 키우고 싶지는 않기 때문이다. 리사는 새로운 관계에서 안전하지 않거나 불확실하게 느끼기 시작하면 계속 요구하는 경향이 있음을 알게 되었다. 또한 이런 행동이 그녀의 파트너로 하여금 관계에 흥미를 잃게 한다는 것을 깨달았다. 그녀는 아직까지 너무 힘들게 느끼고 어떻게 해야 할지 모른다. 예를 들면, 하루는 그녀의 남자친구인 밥이 친구들과 주말에 크루즈 여행을 갈 거라고 하였다. 리사는 크루즈 여행이 술 마시고 춤추는 파티 같은 것이라고 알고 있었다. 그리고 그가 다른 여성과 '만나게'

될 수 있다고 걱정했다. 배 안에서 생길 수 있는 일을 생각했을 때, 그녀는 숨이 가빠지고 가슴이 빠르게 뛰는 걸 느꼈다. 그녀는 그에게 크루즈 동안 무엇을 할 것인지 물었다. 그가 친구들과 항상 하던 것을 할 거라고 이야기했을 때, 그녀의 불안은 더 커졌다. 그녀의 가슴은 훨씬 더 빨리 뛰었고, 진땀이 나기 시작했다. 패닉을 느낄 때, 그녀는 밥이 정말 그녀를 생각하는지 다시 확인받으려 하였다. 그는 짜증을 냈고 모호한 대답을 하였다. 주저하는 그를 보며 리사는 더욱 두려웠고 훨씬 더 집착하는 행동을 했다. 그 관계는 결국 2주 후에 끝이 났다. 리사는 이별로 이끄는 불안정한 이런 패턴이 그녀의 관계에서 전형적으로 나타난다는 것을 알고 있었다.

위에 묘사한 예에서 리사는 밥에게 확인을 얻어 그녀의 부정적인 감정을 없애려고 시도함으로써 밥이 크루즈 여행 가는 것에 대한 부정적 감정을 다루려 하였다. ACT에서는 이러한 '확인을 원하는' 행동을 경험적 회피라고 한다. 요약하면, 리사의 불확실한 느낌은 확인을 얻을 때(예 : 부적 강화) 약화될 수 있다. 하지만 장기적으로, 그녀는 파트너를 밀어내게 된다. ACT 상담자는 리사로 하여금 마음챙김과 자기 연민을 함양하도록 함으로써 두려움과 불확실성의 느낌을 포용하도록 도울 수 있다.

상담자 : 리사, 나는 당신이 '집착' 하기 전에, 불확실해지기 시작할 때 느끼는 것에 관심을 갖고 있어요. 지금 나와 이 방에서 그 느낌을 얘기해보겠어요? 내 생각에는 당신의 그런 느낌이 관계를 어렵게 만드는 것일 수 있어요.

리 사 : 선생님이 옳다고 생각해요. 이런 불확실한 느낌은 오래되었어요. 나는 그것을 영원히 없애고 싶어요. 네, 우리는 얘기할 수 있어요. 하지만 난 그것을 느낄 필요가 있다는 게 아니라 이미 그렇게 할 수밖에 없는 이유를 대고 있어요.

상담자 : 바로 그게 내가 이해하고 싶었던 거예요. 만일 당신이 나와 기꺼이 그것을 탐색하고자 한다면, 당신을 더 잘 이해할 수 있고, 더 잘 도와줄 수 있을 것 같아요. 당신이 정말로 다른 삶을 살고 싶다면, 그런 감정을 탐색하는 것이 중요하다고 생각해요.

리 사 : 좋아요. 기꺼이 그렇게 할게요. 나는 정말로 요구하는 걸 멈추고 다른 삶을 살고 싶어요. 나는 단지 사랑하는 누군가와 있고 싶을 뿐이에요.

상담자 : 다른 사람과 친밀해지기 위해서는 당신 자신과 친밀해져야 해요. 당신이 갖고 있는 감정을 자세히 탐색하는 것은 그런 상황에서 당신에게 무엇이 일어나는지 알 수 있게 하는 방법이에요. 그러니 계속해보죠, 리사. 불확실함이 올라왔던 가장 최근의 경험을 떠올려봄으로써 불확실한 느낌을 경험할 수 있어요. 우리가 먼저 할 일은 그저 그것을 관찰하는 겁니다.

리 사 : 네, 밥과 내가 지난 주 헤어지기 전으로 돌아가볼게요. 아, 쉽네요. 나는 지금 그 끔찍한 느낌을 느껴요. (그녀의 숨소리는 커지고, 턱 근육은 단단해지고, 얼굴은 붉어졌다.)

상담자 : (리사의 반응을 보며) 리사, 아주 좋아요. 당신이 그 감정을 느끼고 있다는 걸 알 수 있어요. 나와 함께 탐색하도록 하죠. 난 당신이 그 감정에 대해 이야기하는 걸 원치 않아요. 그냥 느끼세요. 그것이 느껴지는 몸 위에 손을 얹어보세요. 설명하지 말고 그냥 느끼세요. 가장 많이 느껴지는 곳에서 다른 곳으로 손을 옮겨놓아 보세요. 당신은 손으로 몸에 원을 만들 수도 있고, 저는 그 영역이 얼마나 큰지도 볼 수 있습니다. (리사는 배에서 시작해서 가슴, 어깨, 뺨, 머리에 손을 대며 느껴지는 감정을 보여준다. 그

녀는 영향받는 신체 부위에 손가락으로 원을 그려 보인다.)

상담자 : 리사, 아주 잘했어요. 그냥 여기에 머물죠. 나는 당신이 이 감정을 느껴서 우리가 탐색할 수 있기 바라요. 당신이 부정적인 감정을 머물게 할 수 있는지 보죠. 이 감정이 당신의 자녀와 같다고 상상해봐요. 나와 함께 그 감정을 포용하기를 원해요. 그 감정을 잡아보세요. 그리고 그 안에서 호흡하고 계속 느끼면서 더 가까이 갈 수 있는지 보죠.

(리사는 고개를 끄덕이고, 몇 분간 마치 그 감정을 포용하고 부드럽게 그 안에서 숨 쉬는 것처럼 느낀 뒤 놀라며 멈추었다.)

리 사 : 미안해요. 저는 그 감정을 계속 갖고 있을 수 없어요. 내가 그 감정을 포용하려 할 때 그것들은 없어졌어요. 난 잡을 수 없어요. 그것들은 계속 없어지려 해요.

상담자 : 아, 그렇지 않아요. 그것들을 꽉 잡을 수 있는지 보세요. 우리는 불안 사냥에 나서서 찾을 수 있을 거예요. 몸의 다른 어느 곳에서 느낄 수 있나요? 느껴보세요.

(리사는 느껴본다.)

리 사 : 안 돼요. 미안해요. 없어졌어요. 돌아오게 할 수 없어요.

상담자 : 리사, 방금 무엇이 일어났는지 알 수 있나요? 부정적이고 불확실한 감정을 불러일으켰을 때 — 실제로 포용하고 환대했을 때 — 무슨 일이 생겼나요?

리　사 : 달아나버렸어요!

상담자 : 이 경험을 통해 어떤 결론을 내릴 수 있나요?

리　사 : 아, 정말 그렇게 간단한가요? 그런 감정을 없애려 했던 몇 년 동안 내내 나는 고통스러웠어요. 정말 그렇게 간단할 수 있을까요?

상담자 : 당신이 그 감정에서 도망치려 할 때마다 그 감정은 더 커지고 위험한 것처럼 보이죠. 하지만 사실 당신이 감당할 수 없을 정도로 힘든 감정은 없어요. 그리고 어떤 감정도, 당신이 좋아하든 좋아하지 않든 지나가고 변합니다. 만일 방금 한 것처럼 감정에 다가서면 볼 수 있어요. 당신이 반응 — 저항 — 하는 감정을 느끼자마자 바로 멈추게 됩니다. 당신이 느끼는 몸에 손을 얹고 아기처럼 그것을 안을 수 있는지 보세요. 숨을 들이쉬어 몸에 산소를 공급하세요. 여지를 두세요. 그것이 지나가는 것을 보게 될 겁니다. 하지만 그렇게 하기 위해 무조건 제 말을 따라하기보다는, 스스로 시도해보고 근거를 찾아보세요.

이 예에서, 상담자는 리사로 하여금 예전에 습관적으로 회피하던 감정에 '다가가도록' 함으로써 리사의 불안이 존재하는 언어적 (관계의) 네트워크 과정을 촉진한다. RFT의 관점에서 핵심은 리사의 과정으로서의 자기이다. 그녀의 심리적 과정(예 : 불안감)에서 언어적 구분을 하는 것이다. 상담자는 회피보다 수용하는 새로운 규칙 제시를 통해 이 과정에서 다른 기능을 하도록 한다. 리사가 수용할 수 없는 감정에 기꺼이 다가갈 때, 친밀한 가치 있는 방향으로 나아가게 하는 요소들을 추가하면서 동기 강화 조절(motivation augmental control)을 통해 더 격려한다. 그녀는 자신의 몸이 그 감정에 어떻게 반응하는지 경험한다. 그녀는 멈춰서 부드럽게 부교감신경계가 자극되는 것을 느낀다. 고요해지면서, 자신의 반응에 부정적으로 반응하는 악순환의 고리를 끊게 된다. 자신의 감정과 신체적 저항을 포용함으로써 깊은 자기 연민을 갖게 된다. 또한 파트너를 밀어내는 행동의 다른 대안을 찾을 수 있다.

힘들고 판단적인 생각에 얽매이지 않고 관찰하기

자기 연민의 두 번째 단계는 자신과 자신의 행동에 대해 판단적인 때가 언제인지 알아차리는 것이다. 전형적으로, 사람들은 힘든 생각과 감정에 신체적으로 저항하는 반응을 할 뿐만 아니라 그런 느낌을 갖고 반응하는 자신에 대해 부정적으로 판단하고 고통스러워한다. 이런 힘든 감정과 판단적 행동은 조건화된다. 자기 연민 행동은 판단을 관찰하면서 얽매이지 않고 친절하게 공감하는 것이다. 이것이 인지적 탈융합(cognitive defusion) 과정이다. 탈융합의 목적은 사고 과정에 더 많이 접촉하고, 사고로 인한 후속자극의 영향력을 약화시키는 것이다. 자기 연민의 행동은 활기 있고, 융통성 있고, 창의적인 방식으로 이루어진다. 다음에서 우리는 ACT 상담자가 리사의 얽매이는 사고를 통해 어떻게 작업하는지 살펴보고자 한다.

> 리사는 단지 자신의 감각을 알아차리고, 마음을 열고, 그 감정과 함께 숨 쉬면서 힘든 감정을 포용하기 위해 많은 시도를 한다. 그녀는 이것이 매우 도움이 된다는 것을 알았고, 감정이 자신의 몸에 미치는 영향에 대하여 더 잘 알게 되었다. 나아가, 그녀는 어떤 생각들이 거의 언제나 그런 감정과 감각을 불러일으킨다는 것을 알게 되었다. 이번 주, 그녀에게 이런 생각들을 써 보게 했고 상담에서 다루고자 하였다. 리사가 적은 리스트는 다음과 같다.

- 나는 위선자이다.
- 나는 다른 사람들보다 훨씬 나쁘다.
- 나는 정말 좋게 보여야 한다. 혹은 다른 사람들에게 받아들여질 수 있을 정도로 아주 성공해야 한다.
- 만일 그가 내 본모습을 알게 된다면 떠날 것이다.

상담자 : 리사, 이런 생각들을 명료화해서 적어볼 수 있다는 것은, 당신이 생각과 그 생각을 하는 사람을 분리시켰다는 것을 의미해요. 그걸 알고 있나요? 기분이 어땠나요?

리　사 : 제가 써 내려가기 시작했을 때 전 수치스러웠어요. 왜냐하면 나는 내가 이런 생각들을 갖고 있다고 생각하지 않았고, 그런 내 판단을 판단하면서 나 자신을 비웃을 수밖에 없었어요.

상담자 : 리사, 당신이 한 것이 바로 오늘 탐색하고 싶은 것입니다. 생각이 존재한다기보다 그 생각을 볼 수 있다는 점에서 당신은 생각을 보았을 뿐만 아니라 마음이 어떻게 작용하는지 보면서 스스로를 비웃을 수 있었습니다. 당신의 마음이 매우 혹독하게 판단하고 있음을 볼 수 있습니다. 누구나 그럴 수 있고, 그(그녀)가 얼마나 성취하였는지에 상관없이 그럴 수 있습니다.

리　사 : 그러면 당신은 판단하는 모든 것이 실제로는 아무 의미도 없다는 말씀인가요? 안 좋은 자기 확신처럼요.

상담자 : 바로 그렇습니다. 비판적인 태도는 계속됩니다. 일단 당신이 이것을 받아들인다면 미소를 머금고 연민의 마음을 갖게 될 것입니다. 당신은 이런 생각들에 대한 근거자료를 모음으로써 이런 생각들이 당신에게 중요했던 어떤 상황에서 벗어나게 하는 힘

이 있다는 것을 알게 될 것입니다.

리　사 : 그래요. 대개 제가 누군가에게 더 다가가고 싶을 때 그래요. 그러고는 더 멀리 달아나게 되고 나 자신에 대해 나쁜 감정을 느껴요.

상담자 : 그것이 바로 당신이 생각들을 보내버릴 때 경험하게 되는 과정이에요. 리사, 사실 당신이 힘을 실어주지 않는다면 사고는 아무런 힘이 없어요.

리　사 : 아, 부정적인 감정의 노예가 되는 것이 아니라 풀려나는 것이군요. 어떻게 그렇게 할 수 있죠?

상담자 : 더 연민을 갖고 융통성 있게 생각하는 다른 방식을 경험하도록 연습해보죠. 기꺼이 해볼 수 있다면, 눈을 감고 당신의 생각과 관련한 다른 방식들을 탐색할 수 있어요. 당신에게 가장 도움이 되는 방식을 알아볼 수 있어요.

(리사는 고개를 끄덕이고 눈을 감는다.)

상담자 : 눈을 감고, 호흡을 느껴보세요. 숨 쉴 때 당신의 몸을 느껴보세요. 리듬을 느끼세요. 당신을 가장 잘 돌볼 수 있도록 몸을 놔두고 여지를 둠으로써 당신의 몸을 도울 수 있는지 보세요. 뒤로 물러서서 마음을 열고 자기 연민으로 보세요. 균형을 갖고 몸이 숨 쉴 수 있게 하세요. 몸이 무엇을 해야 할지 확실히 알고 있다는 것을 느껴보세요. 그래서 당신이 지금까지의 방식으로부터 나와서 당신을 돌보도록 하세요. 이것이 자기 연민의 행동입니다.

이제 당신이 방 한가운데에 의자 하나가 놓여 있는 흰색의 밝은 방에 있다고 상상해보세요. 이것은 당신의 의자입니다. 그냥 보통 의자가 아닙니다. 보좌 같은 것입니다. 천장은 높고 창문이 많고 문이 있습니다. 나는 문을 열고 '오픈하우스(open house)' 라는 팻말을 겁니다. 오픈하우스는 어떤 손님도 환영한다는 의미입니다. 단지 당신이 초대한 사람만이 아니라 누구든 환영받습니다. 팻말을 걸고 문을 엽니다. 그리고 당신의 보좌에 앉습니다. 이 보좌에서 당신은 손님보다 약간 더 높이 있게 됩니다. 나는 당신 발에 베개를 놓을 것입니다. 그리고 당신의 손님이 거기 앉아서 마음을 말하도록 합니다. 당신이 할 일은 연민을 갖고 존중하면서 그들의 메시지가 무엇이든 상관없이, 아이들을 대접하는 것처럼 손님 각각을 대할 수 있는지 보는 것입니다. 당신의 몸이 손님 각각에게 어떻게 반응하는지 알아차려 보세요. 당신의 경향성을 느끼세요. 그러나 행동하지 말고, 조용히 앉아 어떤 반응이든 여지를 두세요. 물러서서 생각의 형태로 오고 싶은 어떤 손님도 방에 들어올 수 있도록 허락하세요. 한 명씩 당신의 발 앞에 앉게 하고 이야기하세요. 어떤 것이든 각오를 하세요. 어떤 손님들은 우는소리를 할 것입니다. 어떤 이들은 울 수도 있습니다. 어떤 이들은 화낼 수 있고, 또 다른 이들은 행복해할 수도 있습니다. 당신이 평정심을 갖는 동안 생각들에 대한 당신의 반응을 알아차리고 이 손님들에 대하여 연민을 가질 수 있는지 보세요. (리사가 그런 식으로 자신의 생각을 환영할 수 있도록 몇 분간 기다린다.) 리사, 나와 함께 있는 방에서 당신이 다시 집중하도록 하겠습니다. 당신의 생각들과 관련해서 새로운 방식을 어떻게 경험했는지 물어보겠습니다.

리　사 : 저는 어떤 것에 강하게 반응하고 있음을 느꼈음에도 그 생각들에 대해 훨씬 더 연민을 느꼈어요. 저는 저 자신의 반응에도 연민을 느꼈어요. 저는 감정을 차단하는 방식으로 반응해왔음을 알고 있어요. 그리고 그렇게 차단하는 방식은 제가 상처받는 것으로부터 나를 보호하려는 것이었음을 이해하게 되었어요. 잘하고 있는 것 같았지만, 더 이상 도움이 되지 않는 오래된 습관이었어요.

상담자 : 아, 정말 통찰을 했군요. 이것이 바로 우리가 하고자 했던 거예요. 어떤 생각과 반응이 도움이 되고, 도움이 되지 않는지 명백하게 보는 것이죠. '차단'과 같은 습관이 친밀감을 갖는 데 도움이 되지 않는다면, 가혹하게 그것을 판단하기보다 연민을 갖고 다루는 것이 앞으로 나아가는 데 도움이 되는 방법입니다. 돌아오는 주에, 도움이 되지 않은 반응과 생각들을 명료화하면서 경험해보세요. 그리고 방금 당신이 했던 것을 해보면서 얽매이지 않을 수 있는지 보세요. 보좌에서 보면, 당신이 그런 생각들을 갖고 있음을 알게 됩니다. 그러나 당신이 생각 그 자체는 아닙니다. 연민을 갖고 지나가는 생각과 이후의 반응 모두를 보세요. 근거 자료를 모아보고, 내적 삶과 관련해서 연민을 갖는 방식이 당신에게 도움이 되는지 보세요.

RFT의 관점에서, 방금 제시된 단계(예 : 힘들고 판단적인 생각들을 관찰하기)는 이전 단계(예 : 힘든 생각을 포용하기)와 비슷하다. 잠재된 문제 행동 유형에 대한 다른 기능을 확립하는 단계에서 행동은 더 명백하고 예외적인 언어적 행동 유형(예 : 관계적 틀)으로 나타난다. 더욱이, 언어적 행동은 포괄적이고, 강력한 레퍼토리이기 때문에, 어떤 내담자들에게는 관계망을 통해 기능 변환의 탈융합과 완화를 할 수 있도록 자신을 분리시키는 것이 어려울 수 있다. 리사의 경우, 상담자는 기회를 제공함으로써 탈융합을 촉진하고자 한다. 은유, 위계적 관계망을 통해 리사가 자기(맥락으로서의 자기)를 통해 특정 생각을 관찰할 수 있게 한다. 그 목적은 지금 여기의 행동 특성을 알아차리지 못하는 것과 반대로, 탈융합을 촉진하는 방식으로 리사의 행동적 레퍼토리에서 그런 생각들이 '그때 거기' 로서 위계적으로 형성되는 맥락을 보도록 하는 것이다.

좀더 영적 자기와 접촉하기

자기 연민 행동에서 세 번째 단계는 초월적인 자기와 접촉하는 것을 수반한다. 이 단계에 포함되는 것은 자기를 경험하는 것이다. 그것은 전형적으로 어떻게 자신과 세계를 경험하는가보다 '더 큰' 개념이다. 조망수용 연습을 활용하여 내담자들은 한 걸음 떨어져 자신을 되돌아볼 수 있다. 이를 통해 의식의 내용과 그 내용에 대한 조망수용 맥락으로서의 자기를 구분할 수 있다. 이원론의 경향성을 느슨하게 할 뿐만 아니라, 개념화된 자기에 대한 집착을 감소시킨다. 다음은 ACT 상담자가 리사로 하여금 어떻게 이런 연습을 하도록 도와줄 수 있는지 보여준다.

상담자 : 리사, 상처받기 쉬운 감정을 느끼고 바로 차단할 수 있겠어요?

리　사 : 네, 늘 그래 왔어요. 가장 최근에 그랬던 것을 생각할 수 있어요. 네, 지금 느끼고 있어요.

상담자 : 좋아요. 이렇게 한번 해보죠. 눈을 감고 긴장을 풀어보세요. 그

리고 그 감정에 대해 어떤 그림이 떠오르는지 보세요. 그런 방식으로 차단하는 경험을 한 것이 언제였는지 보세요.

리 사 : (눈을 감고) 네, 그림이 그려져요. 무엇이 일어나고 있는지 말해야 하나요?

(상담자가 끄덕인다.)

리 사 : 그림에서, 난 일곱 살이에요. 나는 학교에서 첫 번째 성적표를 받았고, 부모님께 보여드리러 집에 갔어요. 하지만 문 앞에 도착했을 때 난 부모님들이 술에 취해 싸우는 소리를 들었고 불안해지기 시작했어요. 나는 부엌으로 가서 엿보았고, 부모님은 얼굴이 상기되어 서로에게 소리치고 있었어요. 그것이 내가 차단하고 내 방으로 갔던 때예요.

상담자 : 당신이 어떻게 차단해오게 되었는지 제가 이해하는 데 정말 도움이 됩니다. 일곱 살 어린 소녀가 무서워서 차단하는 것을 볼 때, 당신은 그녀에 대해 어떻게 느끼나요?

리 사 : 사랑스럽고, 그렇게 해야만 한다는 것이 슬퍼요.

상담자 : 지금 여기의 관점에서 일곱 살 리사에게 편지 쓰는 것을 해보죠. 사랑의 편지로 그녀와 소통할게요. 지금 리사가 차단하는 것에 대해 어떻게 느끼나요?

(리사는 몇 분 동안 생각하고 간단히 적는다.)

리 사 : (소리 내어 읽으며) 사랑하는 어린 리사에게, 네가 성적표를 부모

님께 보여드리려고 한 것은 옳았단다. 너는 학교에서 잘했고 선생님이 네가 학교에서 잘한 것에 대해 써주신 성적표를 부모님께 보여드리게 되어 뿌듯했지. 부모님은 자신들의 문제만 생각한 나머지 너에게 관심을 기울일 수 없었단다. 어린 리사, 네 잘못이 아니란다. 너는 있는 그대로 훌륭하단다. 네가 포기하고 방으로 간 건 정말 옳았단다. 너는 그 순간 네가 할 수 있는 유일한 방식으로 너 스스로를 돌보았단다. 나는 네가 해야 할 것을 했기에 네가 자랑스럽단다.

상담자 : 어떻게 느끼나요? 어린 리사와 그녀에게 편지를 쓴 당신 자신에 대해 어떻게 느낍니까?

리　사 : 아주 좋은 느낌이요. (그녀의 눈에 눈물이 가득하다.) 예전에 그녀를 너무 가혹하게 판단했어요. 하지만 지금은 그녀가 할 수 있었던 최선을 다했다는 걸 알 수 있어요. 나는 그녀에게 깊은 사랑을 느껴요.

상담자 : 이제 당신은 차단하는 것이 어린 리사에게 도움이 되었고, 그 습관이 어떻게 형성되었는지 알 수 있어요. 그리고 이제 차단하는 것이 친밀감을 향해 나아가길 원하는 여기에서 그렇게 도움이 되지 않는다는 것을 알고 있어요. 지금 연민 어린 관찰자의 입장을 취할 수 있을까요? '어린 리사' 의 반응을 위해 여지를 두고 앞으로 가볼 수 있겠어요? 리사의 반응이 어디에서 왔는지 인내심을 갖고 보세요.

자신에게 사랑의 편지 쓰기에는 그때 거기의 리사에 대한 관점을 갖는 지금 여기의 리사가 포함된다. 종종 사람들은 '그때 거기에서' 관점으로 지시적으로 본다. 그리고 자신에게 가혹하고 판단적일 수 있다. '지금 여기의 나' 가 '그때 거기의 너' 에게 편지를 쓰는 것은 내담자들로 하여금 자신의 행동이 특정 맥락에 의해 형성되었음을 볼 수 있도록 돕는다. 그리고 이것은 내담자들이 자신을 더 쉽게 받아들이고 용서할 수 있도록 만든다.

이런 조망수용 기법은 내담자들이 자기 파괴적 행동 양식에 빠지지 않도록 하는 데 매우 도움이 된다. 위의 대화에서 일어나고 있는 것에 대하여 RFT는, 리사가 다시 '맥락으로서의 자기' 를 받아들인다고 해석한다. 그것은 자신을 포함해서(예 : "나는 실패자야") 관계적으로 사물이나 사람에 대한 틀을 만들 때, 혹은 자신에 대한 관계적 틀(예 : "나는 내가 실패자라는 생각을 하고 있다", 즉 자신을 얼마나 부정적으로 생각하는지)을 포함해서 생기는 기능의 변환을 약화시킨다. '맥락으로서의 자기' 은유는 기능 변환의 특별한 양식을 지지하는 연민 어린 행동에 의해 보완된다. 상담자는 리사가 마치 타인처럼 과거의 자기인 작은 리사에게 반응하는 관계망을 보여준다(예 : 그때 거기의 당신처럼). 그녀는 그렇게 함으로써 그녀의 생각과 감정을 매우 특별한 방식으로 바꾼다. 그녀의 생각들로 인해 행동하게 됨을 보여줄 뿐만 아니라, 그런 행동에 대해 공감적 반응을 할 수 있게 한다. 다른 관계망으로 인해 탈융합을 약화시키는 행동을 인정하게 되고, 기능의 전환을 위한 중요한 부가적 공감 능력을 갖게 된다.

자기 인정하기에서 연민 어린 관여

자기 연민 행동의 마지막 특성은 중요한 방식에 따라 행동하는 것이다. 삶의 목표 없이 단절되어 중요하지 않은 방식으로 행동하는 것은 우리가 생각하기로, 자기에 대한 잔인한 폭력이다. 왜냐하면 그것은 심리적 건강을 위해 필요한 것을 부인하고 쓸데없는 심리적 위해와 고통을 주기 때문이다. 다른 한편, 자극을 주고 활력 있는 활동을 하는 것은 더 강하고 더 융통성 있게 의미를 부여하는 자기 연민의 행동이다. 이런 활동을 통해 회복될 수 있고, 창의성을 갖고 내재적으로 강화하는 삶을 갖게 된다. 자기 인정하기(self-validation)에서 연민 어린 관여를 증진시키는 방법은 가치 나침반(Values Compass)을 사용하는 것이다(예 : Hayes et al., 1999 참조; 7장 참조). 가치 나침반의 목적은 내담자들이 명백하게 그들에게 중요한 것을 정의하는 것이다. 의미감과 목적의식을 만들고, 어려운 생각과 감정들을 더 기꺼이 경험할 수 있는 맥락을 갖도록 하는 것이다. 또한 더 큰 가치와 관련된 강화하는 행동 특성들을 더 자각하도록 돕는 것이다.

자기 연민은 모든 가치의 기저를 이루는 것으로 간주된다. 이것은 자신을 돌보는 것이 매우 중요한 가치의 방향이라는 것을 의미한다. 그런 관점에서 내담자들은 다양한 삶의 영역에서 자신의 가치를 탐색할 수 있다. 가치 나침반에서 친밀감은 오직 열 가지 영역의 하나일 뿐이다. 은유적으로 이 영역들은 자전거 바퀴의 바퀴살과 유사하다. 이 바퀴살들이 더 건강하고 활력 있을수록 자전거를 더 균형 있게 탈 수 있게 된다.

가치 나침반 연습에서는 내담자들이 각 영역에서 중요한 가치라고 생각하는 것을 몇 개의 단어로 묘사하도록 한다. ACT 상담자는 각 영역의 가치를 토대로 내담자들이 자기 연민을 갖게 된다고 제안한다. 그것은 각 영역에서 장기적으로 최선인 것을 생각하게 되는 것을 의미한다. 내담자들로 하여금 전 생애에 걸쳐 가치 있는 것에 주목하도록 한다. 또한 내담자들로 하여금 현재 상황의 목적보다 삶 전체의 가치에 초점을 맞추도록 한다. 그리고 기능이나 가치 각각의 강화 특성을 명료화하도록 한다(필요하다면, 상담자는 후자의 과정을 지지할 수 있다). 다음은 각각의 영역을 설명하는 강화의 특성을 포함하는 완성된 가치 나침반 연습의 예이다.

영역	생애 가치	기능/강화하는 특성
1. 일	나의 특별한 재능과 능력을 통해, 의미 있는 방식으로 삶에 기여하고 싶다.	나는 어떤 것이든 가능한 방식으로 지역사회 전체에 기여함으로써 모든 것과 연결되었다고 느낄 수 있다.
2. 여가	나는 매일 나의 특별한 흥미를 발전시켜나가기 위한 시간을 나 자신에게 주고 싶다. 나는 그림 그리고 글 쓰는 것을 좋아한다.	우리 모두는 삶에서 다양하게 나타날 수 있는 특별한 재능과 흥미를 갖고 있다. 이상적으로, 우리는 상황과 상관없이 어떤 형식으로든 이런 특별한 재능을 발전시킬 수 있는 시간, 공간, 자원을 자신에게 허락할 것이다.
3. 돌보기	나는 삶 속에서 스스로에게 누군가를 돌보거나 생명이 있는 것을 돌보는 시간을 주고 싶다. 나는 그 관계를 통해 존재하고 의미를 갖고 싶다. 바로 지금, 나는 공립학교에서 자원봉사를 하고 싶다.	누군가 생명이 있는 것을 돌보는 것은 고유함, 강화하는 특성, 긍정적 효과를 보여준다.
4. 가족	정서적이고 실제적인 지지를 주고받고 싶다. 나는 부모님과 형제들과 정기적으로 만나고 가능하다면 그들을 도와주고 싶다.	나는 무조건적인 수용을 받아들일 수 있다. 나는 지지적인 커뮤니티를 가질 것이다. 나의 가족과 나는 삶의 중요한 일과 전환을 함께 축하할 것이다.
5. 친밀한 관계	나는 매일 일상 속에서 신체적, 정서적인 친밀함이 있는 관계를 갖고 싶다. 나는 그(그녀)를 있는 그대로 받아들이고 받아들여지는 느낌을 받으며, 나의 파트너에게 개방적이고 정직하고 싶다.	나는 신체 접촉, 성적 즐거움, 정서적 친밀감, 친밀한 관계를 갖게 하는 수용을 통해 혜택을 누릴 것이다.
6. 지역사회 관여	나는 내가 살고 있는 지역사회에 적극적으로 참여하고 주변의 일에 책임감을 함께 나누고 싶다. 바로 지금, 매일 재활용품을 분류하는 것이 그런 의미이다.	전체 지역사회의 선을 위해 노력하며 지역사회 전체와 연결될 것이다.
7. 영성	나는 스스로에게 매일 나의 삶을 돌아보고 내가 무엇을 하고 있는지 성찰하는 시간을 주고 싶다. 바로 지금, 나는 하루에 15분씩 마음챙김을 연습하고자 한다.	나는 자연과 인간이 연결되는 경험을 할 수 있다. 또한 개인적인 사건들을 수용함으로써 개방하고 존재할 수 있음을 배울 것이다.

영역	생애 가치	기능/강화하는 특성
8. 교육과 개인적 발전	나는 매일 개방적으로 새로운 것을 배우고 싶다. 바로 지금, 나는 스페인어를 배울 것이다.	새로운 것을 배우는 것은 인간적인 발달을 돕는다. 새로운 경험에 개방적이고 호기심을 갖는 것은 이 영역의 활동을 촉진시킨다.
9. 건강	내가 먹을 때마다, 취침시간과 운동시간을 포함해서 내 몸에 영양을 주고 몸이 필요로 하는 것을 준다고 자각하고 싶다. 바로 지금, 나는 매일 일을 끝내고 30분씩 걷고 적절한 식습관을 갖고 싶다.	마음에 두고 자신의 신체적 요구(영양, 위생, 수면, 운동)를 돌보는 것은 활력의 경험이 될 수 있다.
10. 사회적 관계	내가 수용되고 개방하고 정직하게 느낄 수 있는 소속감을 가질 수 있는 소그룹의 친구를 갖고 싶다. 바로 지금, 나는 직장동료들과 저녁식사 약속을 잡을 것이다.	나는 삶의 활동, 과정, 전환을 통해 다른 사람들과 함께하고 수용되고 지지받는 느낌을 경험함으로써 가족 외의 사람들과 연결되는 느낌에서 오는 혜택을 누릴 것이다.

가치 영역의 기능

가치 나침반 목록에서 가치 영역의 중요한 특성 가운데 하나는 강화의 특성이나 심리적 기능이 모든 사람들에게 변함없이 있음을 보여주는 것이다. 다른 말로, '그룹에 소속되는' 것과 같은 가치는 삶의 상태, 관계, 다른 변인이 변화하는 것과 상관없이 개인의 삶 속에 존재한다. 강화하는 특성은 기능적으로 유아기와 노년기가 똑같다. 마찬가지로, 개인의 재능과 흥미를 강화하는 특성은 개인이 감옥에 있든 성에 살든 기능이라는 개념에서 차이점이 없을 것이다. 자신의 흥미를 발전시키기 위해 쏟는 우정, 운동, 시간은 '미치도록 사랑하는' 때 혹은 그 어느 때보다 덜하지 않을 것이다. 불행하게도, 많은 사람들은 이러한 다른 영역을 무시하고 강박적으로 친밀한 관계 영역에만 초점을 둔다. 중요한 긍정적인 강화 자원을 끊음으로써 '바구니에 모든 달걀을 넣는 것' 과 같이 상처받기 쉬워진다. 7장에서 우리가 논의했듯이, 친밀한 관계의 건강한 기능을 증진시킬 수 있는 여러 가지 가치 영역을 유지하는 것이 중요하다.

당신은 이 연습을 스스로 하고 있다고 생각할지도 모른다. 이 열 가지 영역에서 당신의 가치를 생각할 때 우리 문화에서 흔히 표현되는 '프로그램화' 된 답을 넘어설 수 있는지 보라. 당신의 가치로부터 멀리 떨어져서 기능적인 관점으로 그것들을 생각해보라. 예를 들어, 일 영역에서 젊을 때 처음 시작했던 일부터 지금 하고 있는 일까지, 최선을 다하고 일을 잘하고 있는가에 대한 만족감은 아마도 질적으로 같을 것이다. 강화하는 특성이나 각 영역의 의미는 아마도 당신의 삶을 통해 그 내용에서 꽤 일관되고, 변화를 초월한 것일 수 있다. 우정의 특성에 대하여 생각해보라. 당신이 가치를 두는 우정에는 나이나 삶의 상황과 상관없이 대단히 중요한 특성이 있는가?

아래 예에서 ACT 상담자가 가치 나침반을 사용하여 리사와 어떻게 작업하는지 볼 수 있다.

상담자 : 안녕하세요, 리사. 당신이 했던 가치 나침반을 보도록 하죠. 나는 당신이 각 영역에서 당신의 가치를 명료화했음을 알 수 있어요. 나침반을 사용해서, 가치 나침반이 당신으로 하여금 삶을 돌보고 있지 않다는 것을 알 수 있게 돕는지 보죠.

리 사 : 나는 이미 알고 있어요. 나는 균형이 없다는 것을 알아요.

상담자 : 당신이 그것을 볼 수 있다니 좋습니다. 하지만 한번 보도록 하죠. 열 가지 영역 각각을 볼 때 당신의 삶에서 그 영역이 얼마나 중요한지 보여주도록 1부터 10까지의 숫자를 부여해보세요. 나는 그 순간 그 영역에서 당신이 적극적인지를 묻는 게 아닙니다

다. 당신이 중요한 영역이라고 생각하는지 아닌지를 묻는 것입니다. '1'은 중요하지 않음을 보여주는 반면 '10'은 매우 중요하다는 것이죠. 영역들을 비교하지 마세요. 모든 영역이 10이 될 수 있어요. 또한 당신이 현재 이 영역들을 얼마나 많이 표현하는지 생각하지 마세요. 이건 당신의 삶에서 이것이 중요한 영역입니까라는 일반적인 질문이에요.

(리사는 모두 8, 9, 10이라고 나침반에 적는다.)

상담자 : 좋아요, 리사. 당신은 정말 삶의 이런 모든 특성들이 중요하다는 것을 알고 있군요.

(리사는 고개를 끄덕인다.)

상담자 : 다음은 달라요. 각 영역에서 당신의 행동에 점수를 주세요. 당신이 지난 두 주 동안 각 영역에서 원하는 특성을 만들어내는데 얼마나 적극적이었는지 생각해보세요. 예를 들어 다음과 같이 써보세요. "나는 신체적, 정서적 친밀함이 내 일상의 부분이 될 수 있는 관계를 갖고 싶다. 나는 나의 파트너에게 개방적이고 정직하고 싶다. 그(그녀)의 있는 그대로의 모습을 받아들이고 수용되는 느낌도 갖고 싶다." 당신에게, 이 영역에서 보상을 주는 것은 신체적 접촉, 성적 즐거움, 정서적 친밀감, 수용입니다. 질문은 0에서 10까지, 지난 2주 동안 얼마나 적극적으로 파트너와 정서적, 신체적 친밀감을 만들고자 하였는가입니다.

리사는 그녀가 친밀한 관계(1), 가족(0), 사회적 관계(0), 돌보기(0), 지역 사회 관여(0)에 특별히 적극적이지 않았다고 털어놓았다. 그녀의 다른 영역에 대한 평점 역시 건강(2), 영성(0), 여가(0)였다. 오직 두 가지 영역인 일(10)과 교육 및 개인적 발전(7)만 높은 점수로 나타났다. 리사가 자신의 욕구를 무시해왔을 뿐만 아니라 관계도 무시해왔음이 명백했다. 이 연습은 그녀로 하여금 그녀에게 중요한 것과 시간과 에너지를 쏟는 것 사이의 불일치를 보여주는 데 도움이 되었다. 이러한 불일치를 보는 것은 리사에게 동기를 부여하였다. 그녀의 삶에 균형을 갖도록 노력하게 만들었다. 나침반 연습은 또한 그녀가 양식(form)에서 기능을 돌아보게 하였다. 예를 들어, 친밀한 관계와 관련하여 그녀가 접한 장기적인 매우 중요한 가치들은 특별한 양식이 없었다. 즉 그녀가 선택한 파트너의 성(gender)이 중요하지 않았다.

행동의 기능

일단 내담자가 장기적이고 매우 중요한 가치 있는 방향과 만나게 되면, 다음 단계는 가치 있는 방향으로 움직이는 데 영향을 미치는 행동의 기능을 알아보는 것이다. 사람들의 행동은 그들이 천명한 가치에 영향을 준다. ACT의 목적 가운데 하나는 내담자가 선택한 행동, 특히 자신의 가치와 관련한 행동의 기능을 의식하도록 돕는 것이다. 내담자의 특정 행동 양식은 그들이 천명한 가치와 일치하는가, 혹은 그러한 가치의 추구를 가로막는가? 내담자들이 행동을 할 때 스스로에게 묻는 핵심적인 질문은 "이 행동은 무엇을 위한 것인가?"이다.

아마도 당신이 이미 아는 것처럼, 많은 일상의 활동들은 일부러 선택했기 때문이기보다는 습관적으로 하는 것이다. 습관은 가치와 대치될 수 있다. 예를 들어, 일을 마치고 집에 왔을 때 당신은 자동적으로 소파에 주저앉아 TV를 켤지 모른다. 만일 당신이 운동에 가치를 두고 매일 30분씩 운동하는 것을 목표로 한다면, TV 앞에 털썩 주저앉는 행동은 조깅하러 가야 할 당신의 가치와 일치하지 않는다.

다른 활동들은 가치 있는 방향에서 단계에 따라 의도적으로 선택될 수도 있다. 그러나 그것들이 일상이 되면 가치와의 연결은 상실될 수 있다. 한 남성이 일을 끝내고 집에 오는 길에 매일 어머니를 방문하기로 했다고 상상해보자. 그래서 가족의 영역에서 가치 있는 방향과 일관된 단계를 따른다고 하자. 기능은 가치와 일치하면서 시작된다. 그러나 시간이 지나면서, 똑같은 행동은 심부름과 같은 느낌을 불러일으키고, 그 남성은 가치 있는 삶의 단계라기보다 의무감으로 방문하게 된다. 이런 방식으로, 행동의 기능은 양심의 가책을 회피하는 것이 된다.

가치 나침반 연습은 사람들로 하여금 특정 행동 양식의 기능이 가치와 일치하는지 아닌지 볼 수 있도록 돕는다. 가치 나침반은 그들이 가치라고 말하는 것과 실제 그들이 행동하는 것 사이의 불일치를 보여줄 수 있다. 예를 들어, 베리는 그가 우정에 가치를 두고 있다고 말한다. 하지만 현재 다른 관계 때문에 친구들을 도외시할 수 있다. 베리가 최근 친구들을 도외시하는 것이 그가 언급한 가치를 변화시키지는 않는다. 단지 불일치하는 것이다. 나참반 연습은 사회적 관계의 중요성에 대한 그의 평점과 지난 2주간 실제 행동 사이의 불일치를 보여줄 것이다. 특정 영역에서 매우 중요한 가치를 명료화하고 행동에서 불일치를 알아보는 것은 행동 변화의 동기를 제공한다.

이 과정에 대한 RFT의 해석은 이전 장(7장)에서 설명한 확장된 통제이다. 이 관점으로부터 ACT 상담자는 개인이 원하는 어떤 행동 양식도, 특정한 가치와 더욱 관련시킴으로써 자기 연민을 조정하는 내담자의 행동 양식을 만들어낼 수 있다. 가치와 관련됨으로써 행동의 재정의는 행동이 강화될 수 있는 가능성을 증가시킨다.

요약

자기 연민은 다른 사람을 장기적으로 사랑하는 친밀감의 토대를 제공한다. 자기 연민의 기본 단계에는 친밀한 행동에서 멀어지게 만드는 조건화된 반응을 자각하는 것이 포함된다. 또한 자기 연민의 여지를 두도록 배우고 이런 반응을 포용하는 것, 생각들과 감정을 증폭시키지 않으면서 자각하고 입증된 의미 있는 행동들에 관여하는 것이 포함된다. 특히 가치 나침반은 다양한 영역에서 가치를 탐색하는 방법을 제공한다. 그 결과 더 건강한 관계와 심리적 유연성의 기초를 제공한다. 다음 장에서는 사랑이 빗나가서 커플이 심리치료를 찾을 때 무엇이 일어나는지 탐색할 것이다.

서론

이 책의 주제 가운데 하나는 낭만적인 이상적 사랑이 문제를 야기한다는 것이다. 우리는 RFT와 ACT의 행동 분석 관점에서 관계 문제의 출현과 영속성을 설명했다. 이 장의 주요 목적은 ACT/RFT 관점뿐만 아니라 많은 커플치료의 관점에서 관계를 위한 치료에 대하여 알아보는 것이다. 논의를 시작하기 위해 관계의 어려움이 있는 사례를 제시하고 ACT/RFT를 개념화하고자 한다. 우리는 많은 커플치료에 대한 연구를 제시하고 살펴보고자 한다. 그 이후에, 이런 접근들이 ACT와 비교해서 어떻게 사례를 다루는지 살펴볼 것이다. 커플을 위한 이런 치료들은 명백하게 ACT와 다르다. 그럼에도 불구하고 중복되는 영역들이 있다. 뿐만 아니라, ACT의 주요 이점은 복잡한 인간 행동에 대한 RFT의 분석과 잘 들어맞는다는 점이다. ACT뿐만 아니라 다른 접근에서 보다 기초적인 과정의 실제적인 이해를 돕는다. 나아가, 현상과 개입을 설명하는 RFT의 관점을 통해 커플치료의 형태들을 살펴보고자 한다. 이를 통해, 최근 커플치료의 발전이 ACT나 RFT와 어떻게 일치하는지 설명하고자 한다.

사례연구 : 요나스와 이바

요나스는 언제나 데이트하는 데 문제가 있었다. 그가 어린 소년이었을 때부터, 특히 사회적 상황에서 소녀들과 있을 때 긴장되고 수줍게 느낀다는 것을 알았다. 그는 학교식당이나 놀이터에서 소녀들과 말하지 않고 피했다. 이후 10대가 되어서는 방과 후 활동에 전혀 참여하지 않았다. 그는 자신을 '수줍은', '어색한', '패배자' 라고 생각하기 시작했다. 하지만 수업 중에는 이야기가 달랐다. 그는 대부분 학교에서 잘 해냈고, 공부에 집중할 때는 스트레스를 받지 않았다. 그런 상황에서는 자신감 있고 자기 확신이 있었다. 그의 특기인 학교 공부를 위해 대화할 때는 — 심지어 여학생들과도 — 무섭거나 불편하게 느끼지 않았다. 하지만 수업이 끝나고 나면 여자들과 '연결될 수 없는' 언짢은 느낌으로 돌아갔다.

이와 똑같은 패턴이 대학에서도 계속되었다. 1학년 초에 친구들이 그를 파티에 초대했다. 긴장되었지만 그는 친구들과 함께 갔고, 긴장을 술로 달랬다. 처음에 그는 다른 여자들과 춤추는 것이 무척 즐거웠다. 그러나 밤이 깊어지자 그는 너무 취해 파티에서 토했고, 친구들은 그가 토하고 춤추는 사진을 SNS에 올렸다. 그는 비웃음당하는 듯했고 수치스러웠다. 그는 '바보처럼' 느껴졌고, 파티는 더 이상 '그의 것이 아니라고' 결론지었다. 그 결과, 공부에 다시 전념했고 우등생이 되었다.

졸업 후에 그는 금융 서비스 산업에 종사하였다. 회사 야유회에서 그는 동료 가운데 한 명인 이바를 만났다. 이바는 매우 활달한 사람이었고, 처음에 '그가 귀엽게 보여' 요나스에게 다가왔다. 그녀는 과거에 '자기도취적인 얼간이' 들과 데이트하면서 그 진가를 알게 된 내성적인 면을 요나스가 갖고 있음을 알게 되었다. 이바는 요나스와의 관계를 열렬히 원했다. 이바와 함께 있을 때 요나스는 사교적이며 더 편안했다. 그는 더 이상 '사회 부적응자' 라는 느낌을 갖지 않아도 되었다.

처음에 요나스는 이바와 밖으로 나가는 것이 즐거웠고 그것은 자신의 삶을 더 좋게 만들었다. 이바는 그녀와 요나스가 저녁시간에 조용히 낭만적인 자리에서 오랫동안 친밀한 얘기를 할 수 있다거나 혹은 밤에 텔레비전 앞에서 바짝 붙어 있을 수 있다는 것에 감사했다. 흥분과 성적 에너지, 새로운 사랑과 로맨스의 모든 다른 좋은 것들로 인해 요나스와 이바는 매우 균형있는 삶을 살고 있다 — 서로에게 '완벽하다' — 고 느꼈다. 몇 년간의 데이트 후에 그들은 결혼을 했고, 딸을 낳았다.

그러나 이 시점에, 그들의 관계에 문제가 생겨나기 시작했다. 요나스는 더 이상 밖으로 나가는 것을 좋아하지 않았고, 집에 머무르는 것을 더 좋아했다. 반면 이바는 집에 있는 것을 참을 수 없었다. 그녀는 요나스가 사회화에 대한 열정이 없어지는 것을 보면서도 요나스와 함께 정기적으로 외출하기를 원했다. 그들이 밖에 나갔을 때, 요나스는 사회적 상황에서 이바가 안전하게 만들어주기를 바라고 그녀에게 의존했다. 그러나 이바는 그들이 친구들과 나갈 때마다 그가 그녀에게 기대는 것에 짜증을 내게 되었다. 파티에서 그녀는 그에게 속삭였다. "어울리는 건 당신 책임이에요. 당신이 내게 항상 매달리지 않았으면 좋겠어요." 그는 집에 머물고 나가고 싶지 않다고 주장하게 되었다. 그들은 대개 수요일까지 다가올 주말에 대해 말다툼을 했다. 요나스는 이바가 자신으로 하여금 점점 더 불편하게 느끼는 것을 하게 한다고 분개했다. 이바는 지루하게 집에 있는 것을 비참하게 느꼈다. 그녀는 요나스와 시간을 보내고 싶었지만, 몇 주 동안 주말마다 텔레비전을 보며 시간을 보내거나 보드게임을 하는 것에 신경이 곤두서 있었다. 그들이 베이비시터를 구할 수 있을 때마다, 그녀는 그 시간을 이용해서 외출하고자 했다. 수년간 이런 문제로 요나스와 이바는 서로에게 더 이상 참을 수 없게 되었고, 싸우지 않고서는 얘기할 수 없게 되었다.

그들이 상담을 찾았을 때 이바는 그들의 관계에서 '지루하고', '정체된' 느낌에 대해 불만을 토로했다. 또한 그녀는 그들의 사이가 멀어질까 봐 두려워했다. 그녀는 요나스에 대해 밖에 나가 즐기지 않으려고 최선을 다하는 '진흙에 빠진 막대' 라고 비난했다. 비록 그녀는 요나스와 딸과 함께 보내는 시간을 좋아하지만, 사회적 상호작용하는 것을 더 좋아하였다. 그녀가 혼자 파티에 가야 할 때 그녀는 실망했고 거절당한 듯했다. 요나스는 "우리 둘만을 위한 시간은 없어"라고 화내며 말했다. 그는 바쁜 전문직의 삶을 설명하고 집에서 그냥 가족과 함께 편하게 쉬고 싶은 강한 열망을 표현하였다. 그는 이바에게 격하게 '파티광' 이라고 하면서, 그들의 가정생활 현실을 받아들여야 한다고 말했다.

그는 자신이 '사람들과 어울리기 좋아하는 사람이 아님'을 지적하면서, 대부분의 사회적 상황에서 긴장한다는 것을 인정했다. 비록 때때로 동료들과 해피아워를 즐기지만, 종종 외출하기에 너무 피곤하다고 느끼고 있었다.

ACT/RFT 관점

5장에서는 언어가 인간에게 풍성함과 선을 주는 반면 다른 동물의 세계에서는 볼 수 없는 커다란 고통을 주기도 한다고 지적했다. 사람들은 바로 이 순간에 살지 않고, 자신이 학습한 역사를 통해 언어적으로 상호작용한다. 역사는 친밀한 관계에 영향을 미친다. 커플들은 어떻게 되어야만 한다는 것(예 : 규칙이나 고정관념)에 대한 말에 융합된다. 예를 들어, 요나스는 자신이 수줍고 사회적으로 폐쇄적이라고 생각한다. 이바가 그에게 파티에 가자고 할 때마다, 혹은 춤추러 가자고 할 때마다 그는 내용으로서의 자기에 반응하고 사람들 앞에서 어색한 순간을 포함한 학습된 역사로 반응한다.

요나스는 처음에 외향적인 이바에게 매력을 느꼈다. 반면 이바는 그의 수줍음과 내향성을 발견했다. 사람들이 스스로는 채우기 힘든, 자신의 삶을 채워줄 수 있는 파트너를 찾는 것은 일반적인 일이다. 이것이 항상 문제가 되지는 않지만 우리가 이전에 언급했던 것처럼 관계의 기능이나 친밀한 파트너를 찾고자 하는 동기가 결핍을 보충하려는 것일 때 내용으로서의 자기를 동반한 융합의 문제가 야기될 수 있다. 따라서 만일 요나스가 처음에 이바에게 끌린 것이 그의 사회생활을 증진시킬 수 있는 사람을 원했던 것 때문이라면 그것은 문제가 될 수 있다.

확실히 사람들은 균형을 이루고자 한다. 예를 들어, 당신이 사회적 활동을 좋아하지 않는다는 것을 알고 있다면, 사교모임을 준비할 것 같은 파트너를 발견하는 것은 의미 있는 만남이 될 수 있다. 그러나 요나스가 이바에게 자신의 수줍음을 보완해주기를 원한다면, 이로 인해 요나스는 계속 내용으로서의 자기에 융합될 수 있다. 또한 요나스는 이바가 '사교모임을 좋아하는 여자'의 전형을 항상 따르기를 기대하면서, 이바에 대한 언급에 융합될 수 있다. 이런 점에서, 그(혹은 이바)는 내용으로서의 타인에 고착될 수 있다.

파트너 한쪽이나 모두 상대방이 항상 어떤 방식으로 행동할 것이라는 기대를 갖게 될 때 문제가 생길 수 있다. 즉, 요나스는 "이바가 사교모임을 좋아하는 여자야"라는 말에 융합된다. 일단 가족이 되어 그녀가 자녀들과 집에 있는 것을 즐기기 시작하면 그는 그녀가 더 이상 자신의 결핍을 보완해주지 않는다고 실망감을 느낄 것이다. 혹은 이바가 "요나스는 수줍어하고 내성적이야"라는 말에 융합된다면, 다양한 사회적 상황에 참석한 후 요나스가 사회적 상호작용을 추구하기 시작하고, 자유롭게 파티에서 즐기고 자신만의 친구들을 만들게 되면, 그가 더 이상 그녀를 필요로 하지 않게 되어 그들이 예전에 가졌던 깊은 연대감을 가질 수 없다는 두려움을 느낄 것이다. 이런 상황에서, 요나스와 이바는 서로에 대해 엄격한 규칙에 따라 행동하기 때문에 대립이 발생한다(Jacobson & Christensen. 1998). 둘 중 한 명이 융통성 있게 행동할 때 — 이바가 집에서 아이들과 조용한 시간을 즐기거나 요나스가 친구들과 맥주를 마시러 나갈 때 — 갈등이 생긴다. 고조되는 불편함으로부터 회피할 필요가 있기 때문에(6장), 그들은 더 많이 다투기 시작하고, 상대방에게 '그(그녀)가 그래야만 하는 것처럼 행동'하도록 강요하려 한다. 자신의 기대에 항상 부응해서 갈등이 없는 관계라고 정의한 '행복'을 정신없이 찾게 된다.

이제 다른 커플치료들을 알아보고, ACT/RFT의 관점과 비교해서 이 사례를 어떻게 개념화하는지 알아보자.

커플치료의 형태

많은 종류의 커플치료가 있다. 그러나 이 책의 이론적인 근간은 행동주의이다. 따라서 우리는 전통적인 행동주의나 인지행동주의에서 유래되어 경험적으로 지지된 커플치료에 대한 논의로 제한하기로 한다. 일반적으로, 커플치료에 참여하는 커플은 치료받지 않으려 하는 경우보다 더 나은 편이고(Shadish & Baldwin, 2003), 어떤 커플치료는 특별히 효과적으로 보인다. 예를 들어, Shadish와 Baldwin(2003)에 따르면, 행동주의 치료를 받은 커플들은 치료를 받지 않은 커플에 비해 여러 가지 평가에서 커다란 발전을 보였다. 후속 연구는 커플을 위한 행동치료의 효과를 지지하였다(Shadish & Baldwin, 2005).

커플을 위한 네 가지 행동 심리치료가 있다. 즉 행동치료['전통적인 행동주의 커플치료(Traditional Behavioral Couples Therapy : TBCT)'], 인지행동치료(Cognitive Behavioral Therapy : CBT), 확장된 CBT(Enhanced CBT : ECBT), 통합적 행동 커플치료(Integrative Behavioral Couples Therapy : IBCT)가 있다. 전통적인 행동 커플치료는 파트너 각자의 특정 기술 발달에 초점을 둔다. 그 밖의 커플치료는 이 접근을 근간으로 행동을 강조하면서 다른 차원을 추가하였다.

전통적 행동 커플치료

전통적 행동 커플치료(TBCT; Jacobson & Margolin, 1979)는 행동 교환, 의사소통 기술, 문제해결 훈련으로 구성된다. 행동 교환은 파트너들이 서로 특정한 행동 변화에 전념하는 보편적인 관계 이슈에 대한 것이다. 타인의 행동에서 변화를 갈망하는 목록을 각자 만듦으로써 파트너들은 타인의 요구에 선택적으로 동의하면서, 자신이 원하는 것을 위한 타협도 할 수 있다. 공식은 매우 간단하다. "당신이 나를 위해 이것을 해주면, 내가 당신을 위해 이것을 할게요"라고 말하는 것과 유사하다. TBCT에서 가르치는 의사소통 기술은 커플이 갈등하고 논쟁하기 쉬울 때 특히 도움이 된다. 각 파트너는 상대방에게 잘 들리고 이해받을 수 있는 방식으로 나의 감정, 욕구, 원하는 것을 표현하는 방법을 배운다. 의사소통 훈련에서 배우게 되는 가장 보편적인 기법은 '나 전달법(I-statement)'이다. 각 파트너는 상대방에 대한 이야기[예 : '너 전달법(You-statement)']가 아닌 자신에 관한 이야기를 하도록 조언을 얻는다. 이 간단한 개입은 파트너의 방어를 줄이고 효과적인 의사소통을 증진시킨다. 이런 방법으로, 문제해결 방법을 탐색하고, 파트너들이 함께 의견을 내면서 정서적 이슈와 문제해결 대화를 구분하는 방법을 배운다.

1980년대와 1990년대 초의 전통적 행동치료에 대한 메타분석에서는 커플이 치료 이후에 발전을 보였다고 제안한다(예 : Jacobson et al., 1984; Shadish et al., 1993). Christensen과 Heavey(1999)는 이 시기의 연구들에서 36.1%~41%의 커플들이 고통스러운 수준을 고통스럽지 않은 수준으로 감소시키면서 치료 이후 파트너 모두 신뢰할 만한 발전을 보여주었다고 보고하였다.

인지행동 커플치료

인지행동 커플치료는 부가적으로 역기능적 신념의 인지적 재구조화에 초점을 맞추면서 행동 커플치료와 같은 요소들을 포함하고 있다. 커플은 독심술(mind reading)과 과잉일반화(overgeneralization)와 같은 자동적 사고의 위험성에 대하여 학습한다. 그리고 특정 상황에 대하여 서로 비난하지 않는 질문을 함으로써 사고가 얼마나 정확한지 평가하도록 학습한다. 예를 들어, 한 파트너가 다른 파트너를 만나는데 늦었다고 가정하자. 제시간에 온 파트너는 그는 나를 상관하지 않아 혹은 난 그의 삶에서 언제나 2순위야라고 생각할 수 있다. 인지적 재구조화를 통해 파트너는 부정적인 생각에 대하여 질문을 받고 그(그녀)가 늦은 것에 대해 상대방에게 직접 물어볼 것이다. 인지행동 커플치료는 종종 메타분석이나 다른 연구들에서 '행동 커플치료' 로 분류되고 그 효과성은 TBCT와 비교된다. 예를 들어, Snyder, Castellani, Whisman(2006)은 '인지적 재구조화' 를 행동 커플치료의 요소 가운데 하나로 보았다. 다양한 행동 커플치료를 구분하기 위한 노력으로, Wood, Crane, Schaalje와 Law(2005)는 (1) 행동 커플치료, (2) 인지행동 커플치료와 다른 '혼합된' 치료, (3) 행동 커플치료의 특정한 요소만 포함시킨 치료의 효과 크기(effect size)를 알아보기 위해 메타분석을 실시하였다. 그 결과, 행동 커플치료와 인지행동 커플치료 사이에는 유의미한 차이가 없었다.

그러나 행동적 개입 혹은 인지행동적 개입과 달리 행동치료의 요소만을 포함하고 있는 치료는 특정한 모델과 계획을 따르는 치료보다 이점이 적을 수 있기 때문에 "어려움을 겪는 커플을 위한 명백한 치료 계획을 수반해야 한다"(p. 284)고 제안한다. 즉 커플치료를 할 때는 인지행동 관점과 같이 명백한 개념화의 틀을 사용하는 것이 중요하다.

확장된 인지행동 커플치료

Epstein과 Baucom(2002)은 커플치료 연구에서 정서 중심 치료의 영향에 주목하고 확장된 인지행동 커플치료(ECBT)를 제안하였다. ECBT의 목표는 "개인이 팀으로 기능하는 방법을 증진시키는 동시에 개인의 욕구와 목표를 명료화하는"(p. 21) 것이다. 또한 Epstein과 Baucom은 상담자는 "특정한 목표를 달성하기 위해 인지적 스키마, 정서적 각성, 행동양식"(p. 109)으로 구성된 개인의 동기에 주목할 필요가 있다고 제안하였다. 연구자들은 동기에 초점을 두고, 인지행동 커플치료와 일관된 방식으로 사례를 개념화하였다. 즉 ECBT는 잘못된 가정과 신념에 주목하면서 적절한 시점에 전통적 행동치료의 모든 전략을 사용하고, 행동과 사고에 미치는 정서의 영향을 설명한다. 통합적 인지행동 커플치료(ICBT; 아래 참조)처럼, 각 커플 구성원이 고유한 역사, 삶의 사건에 대한 정서적 반응 양식, 세계와 관계에 대한 스키마를 갖고 있다는 것을 더 많이 인정한다. 치료는 상담자가 지금 모든 영역을 보고, 치료를 통해 CBT의 사례 개념화 틀 안에서 작업하도록 '확장' 된다. ECBT 모델은 일반적인 CBT 커플치료와는 달리 "요구, 개인적 욕구, 환경적 영향, 발달적 변화의 역할을 강조한다"(Epstein & Baucom, 2002, p. 206).

통합적 행동 커플치료

행동치료와 정서 중심 치료를 잘 연결한 커플치료 모델이 통합적 행동 커플치료(IBCT; Jacobson & Christensen, 1998)이다. IBCT는 원래 쉽게 변화되지 않는, 갈등이 심한 커플을 돕기 위해 개발되었다. 엄밀한 의미로, IBCT는 주제와 더 관련된 수준에서 커플과 작업하면서 수용과 인내심의 요소를 추가하였다. IBCT에서 커플은 상담자의 도움을 받아 관계가 어떻게 작용하는지 이해하도록 격려받는다. 일단 그들의 관계 역동을 명료화하면 커플은 긍정적인 면과 부정적인 면을 경험하는 새로운 맥락을 갖게 된다. 예를 들어, IBCT에서 커플은 종종 처음에 끌렸던 것의 근원이 문제가 될 수 있고 상황에 의존하게 된다는 것을 깨닫게 된다. '느긋' 하기를 원했던 파트너는 비슷한 행동을 하는데도 '게으른' 사람으로 묘사된다.

IBCT와 TBCT를 비교한 초기 치료 결과 연구에서, Christensen과 동료들(2004)은 두 이론 모두 임상적으로 큰 발전을 가져왔음을 발견하였지만, 치료 과정을 통해 더 일관된 발전은 IBCT 치료를 받은 커플이었다고 제시하였다. 2년간의 추수지도를 통해, 60%의 TBCT 커플이 호전된 것과 비교하여 69%의 IBCT 커플이 호전되었다(Christensen et al., 2006). IBCT가 약간 우세했지만(Christensen, Atkins, Baucom, & Yi, 2010), 두 치료 모두 과반수의 커플이 5년 후 관계 만족도가 높아졌다.

우리는 몇몇 커플치료에 대하여 살펴보았다. 이 접근들은 이론적으로 서로 관련되고, 어떤 면은 서로 공유하고 있다. 동시에, 각 접근들은 이론적으로 분명해서 어느 정도 다른 사례 개념화를 하고 이론을 견지하는 특정한 요소를 갖고 있다. 이 접근들의 특성을 좀 더 알아보기 위해, 우리는 앞서 제시한 요나스와 이바의 관계를 어떻게 개념화하는지 보고자 한다. 이를 통해 각 접근들과 ACT/RFT 간의 차이점을 탐색하는 기회를 가질 수 있을 것이다. ACT와 밀접하게 연관되는 RFT가 이론(ACT뿐만 아니라 다른 치료들을 포함하여)의 과정을 기능적으로 분석하여 다양한 이론적 관점을 비교, 대조해볼 수 있게 한다는 점에서 ACT/RFT는 특별한 이점이 있다. 어떤 커플치료도 RFT처럼 논리정연하지 않지만, 몇몇 치료 개입들은 적어도 부분적으로는 RFT로 설명될 수 있다. 앞으로 제시되는 사례 개념화에서 우리는 어떤 특정한 접근으로 요나스와 이바의 사례를 개념화하는가뿐만 아니라 이 접근들에 포함된 과정과 기법을 RFT로 어떻게 해석할 수 있는지도 알아볼 것이다.

요나스와 이바의 관점

앞으로 제시되는 것을 통해 우리는 요나스와 이바의 사례를 여러 접근들로 개념화하고 치료하는 것에 대하여 살펴볼 것이다. 또한, 각각의 관점에 이어 ACT/RFT 관점으로 각 접근을 해석하는 내용이 제시된다.

전통적 행동치료 관점

전통적 행동치료(TBCT)에서 상담자는 매우 적극적이고 지시적으로 특정 기술을 가르친다. 전통적 행동 커플치료자가 요나스와 이바와 어떻게 작업하는지 살펴보자. 먼저, 상담자는 커플과 협력하고자 할 것이다. 상담자는 매우 고통스럽게 단절된 커플과 함께 상담하면서 커플 각자가 상대방과 협력할 뿐만 아니라 상담자와도 협력하도록 한다. 파트너는 각자 상담자가 내준 과제를 해오게 된다. 이런 방식으로, 상담자는 문제에 대해 서로 상대방을 비난하지 않도록 하고 필연적으로 저항하지 않게 만들 수 있다. 가장 초기 개입은 각 파트너가 다른 방식으로 즐길 수 있는 작은 행동에 동의하는 행동 교환 연습을 통해 즐거운 상호작용을 더 많이 나누도록 하는 것이다. 각 커플이 작은 행동을 하게 될 때, 매일이든 '사랑의 날' 을 정하든 혹은 다른 때, 커플은 자신이 원해온 것일 수 있는 강화물을 얻는다. 커플이 점점 더 협력하고 행동 교환을 통해 상호작용이 증진될 때 상담자는 의사소통 기술과 문제해결 방법을 알려준다. 회기 동안 파트너들은 서로를 비난하는 말을 피하면서 상대방이 하는 행동이 고통을 준다고 이야기하는 연습을 한다. 그들은 방해하지 않고, 서로 하는 말을 잘 듣고 오해를 풀기 위해 천천히 의사소통할 수 있도록 상대방이 말한 것을 다른 말로 바꾸는 연습을 한다. 일단 이런 방식으로 대화할 수 있다면 그들은 특정 문제에 대하여 논의를 시작하게 된다. TBCT가 기계론적 치료의 예인 반면, 자료들은 TBCT가 많은 커플에게 도움이 되어왔음을 보여준다. 우리는 이 치료가 얼마나 강력할 수 있는지 과소평가해서는 안 된다. Koerner, Jacobson과 Christensen(1994)은 "전통적인 변화 전략들은 심한 고통을 겪는 커플들에게는 사용하기 어렵다. 차이점이 갈등을 촉발시키지만 변화할 수 없다고 생각하지 말라"(p. 113)고 지적한다.

행동 교환 : ACT/RFT 관점

커플치료에서 행동 교환은 특히 촉발자의 자발성과 받는 사람의 요구가 합해졌을 때 매우 강력한 기법이다. 궁극적으로, 각 파트너가 언어적 의미로만 관련되기보다 특별한 행동과 관련된 수반성에 접촉하는 (혹은 받는) 것이 중요하다. 한마디로, 행동 교환이 일어나는 맥락은 매우 중요하다. 예를 들어, 이바는 요나스가 춤추러 데려가기를 진정으로 원했다고 가정하자. 그녀의 동기는 그들이 외출했을 때 정말 즐거웠던 이전의 경험에 근거할 것이다. ACT 관점에서 이것은 이바가 그런 요구를 하기 위한 근간이 될 것이다. 그렇지 않으면 '그에게 좋기 때문에' 그가 그녀를 춤추는 데 데려가기를 원할 것이다. 후자의 상황에서, 이바는 행동을 규칙의 통제하에 두고 있을 뿐만 아니라 요나스의 행동도 이 규칙의 통제하게 두려고 시도한다. 만일 그녀가 규칙에 근거한 요구를 한다면 요나스는 저항할 수 있다. 즉 그는 춤추러 가는 것이 그에게 '좋은지' 아닌지 논쟁할 수 있다. 또한 이바가 계속 이런 방식으로 요구를 한다면 그의 행동을 틀과 계속 관련짓기 때문에 덜 즐거울 것이다. 예를 들어, 그녀는 그가 즐거운 경험을 어느 정도 하고 있는지 판단하기 위해 요나스를 가까이에서 지켜볼 것이다. 뿐만 아니라 요나스는 그녀에게 그런 식으로 관찰당하면서 행복하지 않을 것이고, 결국 즐거움도 감소할 것이다.

대신 — 회기에서 협력적인 행동 교환의 일부로 — 요나스가 이바를 춤추는 데 데려가기로 결정했다고 가정해보자. 언어적으로 부여된 동기는 중요하다. 만일 그가 특별한 장소에 그녀를 데려가는 것에 대해 관심이 있다면, 그는 거기에서 춤추는 것과 관련되어 생길 수 있는 일을 더 많이 생각해볼 수 있을 것이다. 그러나 회기 후에, 이바를 춤추러 데려가는 것이 그가 '해야만' 하는 것이라고 생각한다면 그것은 규칙의 형태를 띤다. 언어적 관계를 통한 실제 경험은 경험을 즐기는 데 어려움을 주고, 비록 회기에서 자발적으로 동의했다 하더라도 좀 더 근본적인 의미를 갖게 한다. 이후에 요나스는 장기적으로 자신의 동기를 저하시키면서 '명령을 따르거나' '숙제를 하는 것' 으로 행동을 관련시킬 수 있다.

끝으로, 행동 교환의 근본적인 특성은 문제가 있을 수 있다는 것이다. "당신이 나를 위해 그렇게 한다면, 나는 당신을 위해 이것을 할게요"와 같은 규칙을 세움으로써 커플 구성원은 이 규칙으로만 서로 관련될 수 있는 위험에 직면한다. 예를 들어, 요나스는 이바가 춤추며 열광하는 것을 보고 싶어서 이바와 춤추러 갈 수 있다. 이것은 그에게 강화와 같을 수 있다. 반면 그녀가 그에게 무엇인가 '빚지게' 된다는 기대로 그녀와 춤추러 갈 수도 있다. 요나스는 경험에 덜 관여하게 되고, 심지어 적대적일 수도 있다. 만일 이바가 지금 그를 위해 무엇인가 해야만 한다는 자신의 기대를 표현한다면 둘 모두에게 불쾌한 경험이 될 것이다.

이런 상황에서 우리는 자연스러운 강화 사건과 접촉하도록 이끄는 행동 교환 과정에서 언어적 관련성이 얼마나 지배적인지 볼 수 있다. 즉 행동 교환을 효과적으로 사용하기 위해서 ACT 치료자들은 파트너들이 개입 경험을 설명하는 데 사용하는 언어에 주목해야 한다. 초점은 단지 교환된 행동

뿐만 아니라 각 파트너가 그에 대하여 자신에게 무엇을 말하는가이다.

앞에서 언급되었던 TBCT의 또 다른 요소는 의사소통 훈련이다. 의사소통 훈련에서 배운 기법 가운데 하나는 '나-전달법' 의 사용을 강조하는 것이다. '당신' 보다 '나(자신에 대한 언급)' 로 시작하는 것이다. 앞에서 제안된 것처럼, 이것은 상대방의 방어를 줄이고 효과적인 의사소통을 촉진하는 방법이다.

RFT의 관점에서, '나' 와 '당신' 과 같은 관계적 단서에 초점을 두는 것은 다음과 같은 이유이다. 첫째, 그(그녀)의 상황적 경험과 일치하지 않은 것을 '너-전달법' 으로 해석할 가능성이 있기 때문이다.

그런 전달을 많이 할수록 듣는 사람은 말하는 사람이 "당신을 이해 못하겠어"라고 하는 것으로 받아들이게 된다. 그 결과, 그(그녀)가 하는 말이 타당하게 들리지 않는다. '너-전달법' 을 피하는 것은 그런 점에서 도움이 될 수 있다. 도움이 될 수 있는 또 다른 이유는 '나' 와 '당신' 의 사용에 대하여 언어화하는 것이 특히 상대방에 대한 선언이라는 점에서 파트너들로 하여금 언어 사용을 더 유념하도록 만든다. 또한 '당신' 과 반대로 '나' 의 사용은 어떤 경우 자신에 대한 자각을 더 하게 하고 말하는 사람의 이야기에 가치를 두게 만들 수 있다.

인지행동치료(CBT) 관점

인지행동치료자들은 의사소통 훈련을 활용할 수도 있고 문제해결을 가르칠 수도 있다. 그러나 이바와 요나스의 고통을 초래하는 관점과 경직된 신념 체계 역시 강조할 수 있다. CBT의 특징은 내담자가 신념을 갖게 된 증거를 논리적으로 평가하고 더 객관적으로 볼 수 있도록 자신의 신념을 변화시키는 인지 재구조화이다. 그런 전략이 요나스와 이바에게 얼마나 유용한지 쉽게 알 수 있다. 이바가 그와 함께 집에 있을 필요가 있다거나 그녀가 언제나 사회 활동을 계획해야 한다는 요나스의 신념, 요나스가 '더 자신감을 가져야 한다'거나 동료들과 외출하지 않고 그녀나 자녀들과 집에 있어야 한다는 신념처럼, 그들이 갖고 있는 신념의 내용을 탐색하는 것은 자신들의 신념을 평가하고 더 객관적인 대안을 찾는 데 도움을 줄 수 있다. 예를 들어, 요나스가 파티에서 스스로 어울리는 것을 실험해봄으로써 이바가 필요했다는 그의 신념을 검증해본다면, 그는 "이바가 나와 있으면 좋지만, 나는 그녀를 필요로 하지는 않아. 난 그녀 없이도 다른 사람들과 즐겁게 어울릴 수 있어"라고 깨달을 수 있다. 유사하게, 이바가 "만일 요나스가 더 독립적인 사람이라면 내가 파티를 더 즐길 텐데. 하지만 우리가 파티에 함께 있지 못한다는 법은 없어"라고 믿는다면, 그녀는 덜 짜증날 수 있고 그가 '집착한다'는 인식을 좀 더 좋게 바꿀 수 있을 것이다.

ACT의 관점에서 CBT 개입은 문제가 되는 변화 전략을 보여준다. Koerner와 동료들(1994)은 변화 전략이 내담자가 스트레스 상황 동안 활동할 수 있는 ('인지적인' 행동을 포함하여) 새로운 행동의 학습을 수반한다고 지적한다. 다양한 시점에서 어떤 기술을 쓰는 것, 일요일 밤에 누구의 계획대로 할 것인지 결정하는 것, 혹은 인지 재구조화를 활용해서 신념을 변화시키기 위한 행동을 실험해보는 것이 요나스와 이바에게 있는 더 커다란 주제를 덮어주지는 못한다. Koerner와 동료들(1994)은 "정서적 수용의 원칙을 알려주는 것은 불일치한 모든 것들로 인한 고통, 비난, 커플의 상호작용 패턴을 명료화하는 것"(p. 113)이라고 말한다.

인지 재구조화 : ACT/RFT 관점

인지행동 커플치료와 확장된 인지행동 커플치료 모두 인지 재구조화를 포함하고 있다. 상담자들은 인지 재구조화를 배타적으로 사용하지 않고, 심지어 가장 중요하게 사용하지도 않는다 — 이것은 접근을 지나치게 단순화하는 것이다. 그렇기는 하지만 CBT 접근은 인지 재구조화를 강조한다. ACT/RFT 관점에서 인지 재구조화는 어떤 상황에서는 이득을 줄 수 있지만, 덜 유용하거나 역효과를 일으킬 수도 있다.

인지 재구조화는 현실을 더 명확하게 보기 위해 생각을 바꾸는 것이다. ACT의 관점에서 마음속에 떠오르는 것에 질문하고 주목하는 것은 유용한 일이다. 그러나 CBT와 ACT/RFT가 사고를 평가하는 방법에는 미묘한 차이가 있다. 인지 재구조화는 옳음 혹은 유익함과 관련하여 자동적 사고('전부 아니면 전무의 사고')를 범주화하도록 한다. 내담자들에게 특정 생각이 옳거나 옳지 않은 정도를 알아보도록 한다. 또한 인지행동치료자들은 생각을 바꾸는 데 도움이 될 수 있다는 것을 견지하면서, 내담자들로 하여금 자신의 행동이 도움이 되는지 도움이 되지 않는지 보도록 한다. CBT는 대개 일이 발생한 맥락과 달리 사고의 내용에 관심을 갖는다. 반면 ACT는 경직되고 자의적인 사고가 형성된 맥락을 중시한다. 목표는 개인적인 경험에 대한 대안적인 반응을 만듦으로써 사고의 근본을 변화시키는 것이다. 또한 ACT는 내담자들의 진실성이 아니라 사고의 유익함(기능적 맥락주의의 실제적인 진실 기준과 합치하는지)에 관심을 둔다. 따라서 무엇이 진실인가가 아니라 어떻게 특정한 생각과 관련되는지에 대하여 질문한다.

ACT에서, 인지적 정서 탈융합은 생각 자체 — 그것이 정확한지 아닌지 — 를 예전만큼 강조하지 않는다. RFT에 근거한 뚜렷한 차이는 관계적 틀을 통한 관계적 맥락(Crel : relational context)과 기능적 맥락(Cfunc : functional context) 간의 조절에 있다. 3장에서 설명한 것처럼, 관계적 틀은 관계의 기원과 관계를 통한 기능적 변화를 모두 포함한다.

RFT는 이 현상들이 맥락적 통제하에 이루어지고, 서로 통제하는 단서인 관계적 맥락(Crel)과 기능적 맥락(Cfunc)의 용어를 사용하고 있다고 본다. 예를 들어, 아이에게 "시트론은 레몬을 의미한다"고 가르친다면, 아이는 두 소리뿐만 아니라 '시트론'과 실제 과일 간의 연합을 통해 새로운 관계를 형성할 것이다. 이 경우, '의미한다(mean)'라는 단어는 자극들 간 연합의 관련성을 형성하는 관계적 맥락(Crel)이다. 당신은 아이에게 '시트론'에 대해 물어볼 수 있다. 당신은 먼저 어떻게 생겼는지, 어떤 맛인지 물어볼 것이다. 심지어 새로운 언어적 자극(예 : '시트론')이라도 아이는 이 두 가지 질문에 다른 답을 할 것이다. 예를 들면, 첫 번째 질문에는 "작아요, 둥글어요, 노란색이에요", 두 번째 질문에는 "신맛"이라고 대답할 것이다. 이러한 다른 답변들은 변환되는 다른 기능을 낳는 기능적 맥락(Cfunc) 자극인 '보인다'와 '맛보다'에 의해 통제된다.

RFT의 관점에서, 모든 관계틀의 예에 포함되는 관계적 맥락(Crel)과 기능적 맥락(Cfunc) 단서들이 있다. 그리고 이 단서들의 조작은 반응 유형을 통제한다. RFT는 잠재적인 문제 행동에 대한 반응으로 조작된 단서 유형이라는 용어로 인지 재구조화가 전형적인 ACT와 어떻게 대비되는지 설명한다. 전형적으로, 인지적 재구조화는 그 생각과 불일치하는 제안을 함으로써 빈번히 떠오르는 부정적인 사고 유형을 감소시키는 것이다. 예를 들어, 내담자가 **이 관계는 유지될 수 없어**라는 생각을 보고한다면, 상담자는 관계에 좋은 것이 있다는 것과 같이 그 생각과 반대되는 증거를 생각해보도록 한다. RFT의 관점에서 이것은 특정 관계가 추구하는 정도로 변화하려 하기 때문에 Crel 조작으로 분류된다.

RFT 연구는 관계망이 줄어들기보다는 성장하기 쉽다는 증거를 제공한다(예 : Wilson & Hayes, 1996). 그것은 새로운 도움이 되는 관계를 형성할 때 재구성하려는 시도가 사고와 대치되기보다 일관된다면 관계적 맥락(Crel) 접근이 더 효과적일 수 있음을 제안한다. 예를 들어, 내담자가 이 관계는 유지될 수 없다는 생각을 보고한다면, 상담자는 이 생각이 바뀔 수 있는 것인지 아닌지 물어볼 것이다. 연구(예 : Clayton, 1995)는 이런 접근이 사고와 반대되는 증거에 대하여 생각해보도록 하는 것보다 더 효과적일 수 있다고 제안한다.

그러나 ACT/RFT는 어떤 사건에서 경직된 관계망을 통해 기능의 변환 패턴을 뒷받침하는 경향이 있고, 더 넓은 맥락에서 문제 행동 양식을 낳을 수 있다고 제안한다. 나아가 ACT/RFT 관점에서, 더 좋은 대안은 기능적 맥락 조작(Cfunc manipulation)이라고 본다. 그 속에서 통제는 지향하는 관계가 아니라 일반적으로 그 관계들을 통해 변환되는 기능 이상으로 작용한다. 기능적 맥락 조작에서, 상담자는 내담자가 도출하는(예 : "이 관계는 유지될 수 없다") 관계의 내용을 변화시키려 하지 않는다. 대신, 내용에 대한 내담자의 반응을 변화시키고자 한다. 그(그녀)가 문제적 사고를 계속 생각할 수 있지만 그 속에 '얽히거나' '융합' 되지 않게 한다. 예를 들어, 내담자는 이 관계는 유지될 수 없다는 사고에 반응하는 방법을 배울 수 있다.

나아가 ACT/RFT 관점에서, Cfunc는 Crel이 초점을 두는 것보다 더 효과적인 접근에 초점을 둔다. 예를 들어, 내담자에게 특정 생각에 대한 질문을 유도하는 접근이라도, 이 생각들로부터 내담자가 거리를 갖도록 할 수 있다. 또한 내담자로 하여금 불변의 규칙이라기보다 그(그녀)가 하게 되는 자신의 행동 패턴을 볼 수 있게 도와줄 수 있다. 여기 설명된 인지 재구조화를 포함하는 접근들 중 일부는 문제가 되는 사고 패턴과 관련하여 더 효과적인 행동을 촉진할 수 있다. 동시에, ACT 접근은 단지 지지하거나 지지하지 않을 수도 있는 조건을 제공하는 것과는 달리, 융합과 불가변성에 대응하는 데 더 효과적이다.

사례연구로 돌아와서, 파티에서 이바와 함께 있어야 한다는 요나스의 신념을 ACT 상담자가 설명하기로 했다고 가정해보자. 상담자는 우선 요나스가 그런 생각을 하게 될 때 생기는 후속자극을 알아보도록 격려한다. 요나스는 그의 생각이 그녀가 파티에 있을 때 어떻게 그를 더 편안하게 하는지 쉽게 인식할 수 있다. 또한 그는 그녀도 파티에 가지 않을 때 그가 파티에 가는 것을 피하려 한다면, 그 시점에서 그녀가 파티에 없다는 것으로 인해 얼마나 더 불안하게 느낄지 분명히 표현할 수 있다. 그를 사회적으로 계속 안 좋게 만드는 생각의 효과를 인식함으로써 생각 그 자체에 달리 연관되도록 할 것이다. 새로운 생각(예 : 나는 파티에 혼자 있을 수 있어)을 만들어내는 것보다, 그의 생각을 무의미하게 하는 방식으로 경험해보도록 할 것이다. 예를 들어, 그는 "생일 축하합니다" 곡조에 맞춰 "나는 오늘 밤 이바가 필요해"라고 노래할 수 있다. 그런 인지적 탈융합 전략은 장기적인 목표나 가치를 두지 않을 때 관계적 틀의 영향력을 감소시킨다. ACT보다 인지행동 접근은 인지적 탈융합을 증진시킬 수 있는 전략들을 포함한다. 그러나 이런 접근들은 전형적으로 인지적 재구조화와 탈융합 전략이 혼합된 것이고 인지적 재구조화를 강조하는 경향이 있다. 더 중요하게, 그런 접근들은 언어 과정에 대한 분석적 설명을 사용하는 전략의 효과를 중시하지 않는다. 이는 ACT와 RFT에 기반을 둔 관점의 중요한 이점이다.

확장된 인지행동치료 관점

커플을 위한 확장된 인지행동치료는 더 넓은 관계 주제에 대한 인정(appreciation), 정서에 대한 관심(특히 긍정적인), 환경적인 맥락적 요인의 강조, 파트너의 동기 이끌어내기를 포함하여, '일반적인' CBT에 몇 가지 요소들을 첨가하였다(Epstein & Baucom, 2002). 확장된 인지행동치료자들은 다양한 상황에서 파트너들이 느끼는 고통을 이야기할 수 있도록 일련의 질문을 함으로써 요나스와 이바가 자신들의 욕구와 선호, 혹은 드러나지 않은 신념을 분명히 표현하도록 돕는다. 이바와 요나스가 앞서 CBT 관점에서 논의된 신념을 분명히 표현하도록 도울 뿐만 아니라, 확장된 CBT 접근을 통해 상대방의 개인적 특성이나 도식을 더 수용하도록 돕는 상호작용 패턴을 하도록 돕는다. 상담자는 요나스와 이바가 양립될 수 있도록 돕기 위해 소규모 강의를 하거나 독서, 역할 연습, 지나치게 경직된 기준을 수정하는 인지적 전략을 활용할 수 있다(Epstein & Baucom, 2002).

ECBT 부연 : ACT/RFT 관점

ACT/RFT의 관점에서 ECBT 커플치료에 의해 제공되는 부가적인 요소들의 이점은 이 요소들을 어떻게 다루는가에 달려 있다. 정서와 관련한 사례에서, 앞서 설명되었듯이 ACT/RFT는 정서가 긍정적이든 부정적이든 단지 자연스러운 행동으로 보이고 회피하는 것으로 보이지 않는다면, 이는 도움이 되는 개념이라고 제안할 것이다. 반면 ECBT는 다른 정서는 회피하거나 조절하면서 특정 정서(예 : 긍정적인)를 추구하고 유지하는 것을 옹호하는데 이것은 문제가 있다.

ACT의 토대를 제공한 맥락주의자들은 환경적, 맥락적 요인을 강조한다. 행동적 관점에서 환경적 변인들은 행동의 핵심 결정인자이고 개인의 행동이든 커플의 행동이든 포괄적인 심리적 분석과 깊은 관련이 있다. ACT/RFT는 개인이 언어 행동을 통해 관계 맥락에서 적절한 목표를 달성하는 데 더 도움이 되거나 덜 도움이 되는 특정한 맥락 유형을 만들어낼 수 있다고 본다.

ACT/RFT 관점에서 동기는 관계 분석의 핵심이다. 각 파트너의 동기는 그(그녀)가 선택하는 가치에 근거해야만 한다. 우리가 4장과 7장에서 보았듯이, 선택한 가치에 따라 행동하게 된다. 성공적인 관계에서 파트너 각자의 가치는 관계 자체가 건강해야 함을 전제로 한다. 건강한 관계일 때, 중요한 가치와 관련되는 행동에 대한 동기를 솔직하게 논의하고 도움을 받을 수 있다. 반면 동기에 대하여 논의하는 것이 관계에 가치두기의 개념과 분리되고, 동기(자신이나 파트너의)의 대안적 개념과 융합될 때 이는 잠재적인 문제가 될 수 있다.

통합적 행동 커플치료(IBCT) 관점

IBCT에서 사례 개념화는 주제(예 : 커플의 주요 갈등), 양극화 과정(예 : 어떻게 파트너들이 상호작용에서 멀어졌는지)을 명료화하는 것이다. 요나스와 이바의 경우, 그들의 주요 갈등은 가까움 대 거리감이다. 이바는 요나스와 가깝게 느끼기를 원한다. 그녀는 매일 대화하고 함께 외출하면서 가까움을 경험한다. 요나스는 비록 그의 욕구는 다를지라도 이바와 가깝게 느끼는 것을 좋아한다. 그는 신체적 친밀함과 '깊은' 대화를 통해서 그녀와 연결된 느낌을 갖는다. 그는 둘이 소파에 앉아 TV 보는 시간을 좋아한다. 그러나 이바에게 그 경험은 그들 사이 침묵의 '깊은 골'이다. 그들이 서로 더 가깝게 느끼려 애쓸 때 갈등이 생긴다. 예를 들어, 이바는 요나스에게 파티에 가자고 할 수 있고, 이는 요나스의 사회적 불안을 가져온다. 요나스는 신체적으로 이바에게 매력을 느끼고, 그녀는 그와 '가깝게 느끼지 않기' 때문에 거절한다. 불행하게도, 이러한 갈등은 두려움 속에서 상대방에 대한 공격과 포기로 이어진다.

요나스와 이바를 돕기 위해 통합적 행동 커플치료자는 변화와 수용, 인내심을 갖게 하기 위한 전략을 사용할 것이다. 정서적 수용을 하는 하나의 기법은 문제에 공감적 합류(empathic joining)를 하는 것이다. 이 기법에서는, 사례 개념화로 확인된 주제에 근거하여 커플이 그들의 어려움을 공유한 문제로 인식하도록 한다. 이러한 깨달음을 위해 상담자는 각 파트너가 그(그녀)의 갈등에 관하여 '더 부드러운' 정서적 경험(슬픔, 두려움 등)을 나누도록 한다. 한 파트너가 비난하지 않고 취약함(vulneralility)을 표현할 때 상대방이 더 사랑하는 방식으로 반응하도록 한다. 예를 들어, 요나스와 이바는 가까움 대 거리감의 주제로 야기되는 그들의 어려움을 표현하고 이해할 수 있다.

정서적 수용 : ACT/RFT 관점

IBCT에서 정서적 수용은 파트너들이 서로 관계하는 방식뿐만 아니라 근본적인 문제를 변화시킨다. 각 파트너는 지적하기보다 갈등을 이해하고, 개인의 역사와 행동에 대하여 공유하게 된다. ACT/RFT 관점에서 정서적 수용을 통해 갈등이 발생하는 맥락을 근본적으로 바꿈으로써 이러한 결과를 달성하게 되고, 정서적 · 인지적 변화가 일어난다.

대부분의 커플은 갈등하는 동안 비난하지 않거나 비난을 감소시킴으로써 커다란 정서적 전환을 경험한다. 공격받는 대신 이해받을 때 파트너들은 더 공유하고 서로의 정서에 공감적으로 반응한다. 덜 방어하고 더 친밀해진다. 근본적인 난관이 있을 수 있지만, 비난은 없어진다. 예를 들어, 요나스와 이바는 아직도 어떤 사회 활동을 함께 하러 나갈 것인지 아닌지 힘들어할 수 있다. 그러나 독설은 줄어들 것이다. 대화 중에 둘은 그들이 다시 갈등한다는 사실에 슬픔을 표현할지도 모른다. 요나스는 이바를 실망시킨다는 죄책감과 수치심을 갖는 동시에 사교를 위해 외출해야 하는 두려움을 안전하게 공유할 수 있을 것이다. 그의 더 부드러운 표현은 이바를 '통제하고' '조종한다' 고 비난하는 것과 반대로 더 부드러운 반응을 이바로부터 이끌어낼 것이다.

정서적인 면뿐만 아니라, 파트너들은 다른 관점에서 그들의 어려움을 생각해보게 된다. 갈등이 있을 때 비난하지 않고 이해하도록 촉진하는 상담자의 도움으로, 각 파트너는 주요 주제에 대하여 '맥락으로서 우리' 경험을 나눈다. 새롭게 이해하게 된 것을 공유하는 것은 매우 도움이 된다. 예를 들어, 요나스와 이바가 그동안 갈등의 근원이 되어온 상대방의 진정한 매력을 알게 하는 데 도움이 될 것이다(예 : 그는 그녀의 외향성을 사랑하고 그녀는 그의 내향성을 사랑한다).

요약

이 장에서는 ACT/RFT와 몇몇 경험적 행동주의와 인지행동 커플치료들에 대하여 살펴보았다. 우리는 결혼 생활의 갈등을 경험하는 요나스와 이바의 사례를 제시하였다. 그리고 어려움이 있을 때 자신들과 서로에 대한 생각에 융합되는 것에 초점을 맞춰 일반적인 ACT/RFT 관점을 제시하였다. 이후에 우리는 다양한 커플치료에서 요나스와 이바가 어떻게 작업하게 될지 탐색하였다. 각각의 접근에서 요나스와 이바를 위한 특정 개입에 대하여 설명하였고 ACT/RFT 관점의 개입을 고려해보았다.

서론

이 책을 쓴 우리의 주요 목적 가운데 하나는 사랑을 정서로 보는 일반적인 관점보다 더 과학적인 사랑에 대한 생각을 제시하는 것이다. 우리는 사랑의 정서적인 측면에 대하여 불쾌함을 갖고 있지 않으며, 사랑과 연합된 '좋게 느끼는' 정서가 있음을 부인하지 않는다. 우리의 기본적인 전제는 사랑을 가치 있는 행동으로 보는 사람들이 사랑을 정서라는 관점으로 보는 사람들보다 그들의 관계에 덜 실망할 수 있다는 것이다. 우리는 현대의 기능적 맥락주의의 행동 분석 관점으로, 더 구체적으로는 관계틀 이론(RFT)과 수용전념치료(ACT)의 눈으로 이 주제에 접근했다. 인간 언어와 인지에 대한 행동분석 이론으로, RFT는 인간관계의 맥락에서 복잡한 인간 행동을 이해하고 ACT가 제안하는 행동 분석을 설명하고 지지한다. ACT/RFT 분석은 대안적이고 이로운 행동(예 : 자신과 타인에게 연민을 갖고 행동하기와 선택된 가치에 부합해서 살기)을 촉진하는 반면, 자기 패배적 행동 양식(예 : 특정 정서의 중요성과 관련하여 도움이 되지 않는 규칙에 융합)을 명료화한다.

사랑은 인간 삶에서 중요하고 아름다운 것이다. 친밀한 관계는 커다란 기쁨이다. 그러나 심한 고통과 실망의 근원이 될 수도 있다. RFT와 ACT의 개념으로 사랑을 알아봄으로써, 우리는 사랑이 줄 수 있는 고통과 어려움을 최소화하고 사랑의 영역에서 발견될 수 있는 기쁨과 활력을 증진시킬 수 있는 관점을 제시하고자 하였다.

1장 : 사랑의 중심 개념

1장에서는 사랑을 다른 각도와 이론으로 본 다양한 연구자들을 언급하였다. 주요 심리학적 연구는 사랑을 정서로 보았고, 신경생물학적 관점으로 보았다. 또한 '사랑' 이라는 단어의 함축된 의미를 탐색하였는데, 그러한 학문적 접근은 인간의 사랑을 이해하는 데 많은 공헌을 하였다. '사랑' 이라고 하는 경험을 구성하는 복잡한 일련의 행동, 감정, 문화적 경험에 대한 분석은 많은 포괄적인 연구들로부터 비롯되었다. 동시에 학문적, 사회적으로 사랑에 대한 정서적 측면을 강조한 지배적인 관점이 문제가 될 수 있음을 지적하였다. 우리는 현대 행동 분석과 RFT에 기초하여, 사랑에 대한 이해를 시도하는 유용한 대안적 관점을 제시하였다.

2장, 3장, 4장: 기본 이론

행동 분석은 어떻게 복잡한 행동이 발생하고 작동 과정이 만들어지는지 인간 행동의 과학을 제시한다. 행동 분석 자체는 기능적 맥락주의의 철학적 가정에 기초하고 있다. 이러한 관점에서 모든 행동은 '맥락 속의 행동'으로 생각될 수 있다. 사랑에 대한 사람들의 경험과 이해는 개인의 학습 경험이 기능하는 것이다. 개인의 학습 역사는 사회-언어적 환경뿐만 아니라 문화적, 집단적 학습을 포함한다. 2장에서는 우리의 접근에 토대가 된 철학적 가정을 소개한 후 중요한 행동적 개념들을 논의하였다. 중요한 개념들은 조작, 수반성[선행사건(A)-행동(B)-후속자극(C), ABC], 일반화, 판별학습을 포함한다. 이러한 개념들은 우리의 접근에 대한 기초적인 과학적 토대를 제공하고, 관계의 맥락에서 행동 발생의 근원을 설명한다.

전통적인 행동 분석 개념은 인간관계에서 전환의 핵심적인 측면을 이해하는 데 충분하지 않다. 우리는 관계틀 이론(RFT)을 통해, 언어에 대한 주제를 다루면서 인간관계에 언어가 미치는 영향을 다루었다. RFT는 관계적 반응을 하는 관계틀이라고도 알려진, 인간의 독특한 능력을 강조한다. 설명한 대로, 이것은 관계하는 것의 물리적 속성에 기초하기보다 관계하는 대상과 임의적인 맥락적 통제하에 생기는 사건들을 의미한다. '관계적 틀' 을 의미하는 관계틀의 많은 패턴이 있다. 여기에는 동질성, 차이, 대조, 유사, 지시(조망수용)가 포함된다. 모든 틀은 세 가지 속성으로 설명된다. 즉 (1) 상호 함의(mutual entailment; 예 : 한 방향의 관계는 다른 방향의 관계를 수반한다), (2) 결합된 함의(combinatorial entailment; 예 : 두 관계는 부가적인 관계를 수반하도록 연합될 수 있다), (3) 자극 기능(예 : 관계적으로 형성된 자극의 기능은 관련된 자극의 특성에 따라 변화할 수 있다)이다. 이 세 번째 특성은 심리학적 관점에서 중요하다. 왜냐하면 사람들의 반응 양식이 '시행착오' 훈련 없이 급속하게 변화할 수 있기 때문이다. RFT에서 관계적 틀 능력은 인간 언어의 핵심이다. 그리고 인간 행동과 관련한 핵심적인 많은 현상 — 예를 들어, 정신병리, 조망 수용, 자신/타인에 대한 개념화, 규칙에 지배되는 행동 — 에 대한 중요한 설명을 줄 수 있다. 3장의 마지막 부분에서, 우리는 관계를 해석하기 위해 RFT 활용을 위한 중요한 가이드라인을 갖고, 낭만적인 행동의 근원에 대한 RFT의 첫 번째 분석을 제시하였다.

4장의 주제는 수용전념치료(ACT)로, 3장에서 RFT 분석에 의해 제시된 인간 언어의 부정적인 후속자극에 대한 반응을 설명하였다. ACT의 중요한 요소는 심리적 사건을 수용하고 가치에 전념하는 것이다. ACT 관점에서 수용은 행동이다. 수용은 자각하고 개인적인 사건들을 기꺼이 받아들이는 것이다. 또한 이전의 행동에 근거해서 해석하거나 갈망하는 것이 아니라 현실을 있는 그대로 받아들이는 것이다. ACT의 궁극적인 목적은 내담자가 자신(혹은 타인)을 개념화하여 융합되기보다는 가치로 옮겨갈 수 있도록, 수용할 필요가 있는 것을 충분히 받아들일 수 있는 심리적 융통성을 갖도록 돕는 것이다. 융통성을 촉진하기 위하여 ACT는 상호보완적인 과정을 안내한다. 즉 수용과 탈융합, 마음챙김과 맥락으로서의 자기, 가치와 전념하는 행동이다. 이 과정을 통해 내담자는 심리적으로 더 건강해질 수 있고, 친밀감을 갖게 하는 행동을 더 할 수 있게 된다. 우리는 관계에 대한 ACT 접근을 개관하기 전에 이러한 과정을 설명하였다.

5장, 6장, 7장, 8장 : ACT와 관계

5장부터 8장까지 관계에서 문제가 되는 과정(5장, 6장)과 건강한 과정(7장, 8장)을 알아보았다. 5장의 초점은 내용으로서의 자기와 언어의 함정이었다. 이 책의 핵심적인 내용은 친밀한 관계 수립을 위해서는 열려 있고 받아들일 수 있어야 한다는 것이다. 본질적으로, 친밀한 관계를 위해서는 파트너를 향한 가치 있는 행동에 전념하면서 개인의 잠재된 부정적 경험을 포용할 수 있어야 한다. 유감스럽게도, 사람들은 자신이나 파트너와 관련된 특정한 생각에 융합될 때 관계에서 보상이 되는 경험을 하지 못한다. 또한 이런 언어의 함정은 삶의 역할, 규칙, 정서적 경험에서 일어날 수 있다.

6장에서는 관계의 경직성에 대하여 살펴보았다. 관계에서 친밀감을 방해하는 핵심적인 요소는 사람들이 습관적으로 특정한 경험과 사건을 회피하는 것이다. 고통, 두려움, 거부를 경험하지 않으려 할 때 사람들은 다른 사람들과 마음을 열고 친밀하게 연결되는 데 방해가 되는 행동 양식을 갖게 될 수 있다. 그리하여 자신의 가장 내면의 가치에 부합하는 삶을 잃어가면서, 경직되게 특정한 경험에 대한 단기적 회피를 반복하게 된다.

7장에서는 가치 부여하기를 논의하였다. 행복이나 다른 긍정적인 감정을 추구하는 행동의 결과가 (그렇게 하는 것은 본질적으로 강화하는 것이기 때문에) 긍정적인 감정일 수 있는 반면, 가치가 감정으로 여겨져서는 안 된다고 강조하였다. 행복이나 다른 긍정적인 감정을 추구하는 것은 사람들을 현재 순간에서 멀어지게 할 수 있다. 그들이 갈망하는 감정을 얻을 때까지 삶을 유예시킨다. 친밀한 관계에서 상처받기 쉽고 부정적인 경험을 회피하려 하거나 끊임없이 파트너로부터 보살핌을 받으려 하는 것은 특히 파괴적일 수 있다. 자신의 고통을 통제하고 제한하려 시도하는 심리적 경직성으로 인해 가치에 부합하지 않는 행동을 하게 될 수 있다.

8장에서는 자기 연민의 개념에 대하여 알아보았다. RFT의 관점으로 관계를 보고 ACT에서 제언한 원칙들을 적용하는 것이 활력 있는 친밀한 관계를 갖는 데 도움이 되는가에 대한 논쟁이 있었다. 공감에 대한 RFT의 설명에 근거해서 자기 연민은 타인에 대한 친절함과 사랑을 갖게 하는 중요한 단계이다. 나아가, 8장에서 설명한 것처럼 자기 연민은 사랑하는 친밀한 관계를 발전시키는 중요한 토대를 제공한다.

9장 : 치료와 관계

9장에서는 고통받는 커플들이 관계를 증진시키도록 효과적으로 도울 수 있는 잘 연구된 몇몇 치료들을 알아보았다. 이 치료들은, 특정한 적용이라는 측면에서는 ACT와 다르지만 RFT의 고전적인 관점이라고 사료된다. 통합적 행동 커플치료와 커플을 위한 확장된 인지행동치료는 ACT와 같은 목적을 갖는다. 그 목적은 커플이 내용보다는 상호작용의 맥락을 변화시켜서 갈등을 관계의 일부로 포용하고 서로를 수용하면서 더 이해해 나아갈 수 있도록 돕는 것이다. 그러기 위해서는 파트너에 대한 연민뿐만 아니라 자신에 대한 연민이 필요하다. 개인의 경험, 특히 부정적인 경험을 자발적으로 포용하기 위해서는 자신과 타인의 평가에 융합되지 않고, 자신과 타인을 어떻게 평가하는지 자각하고 관찰할 필요가 있다.

결론

우리는 누구나 기꺼이 사랑하고자 한다. 사랑하는 것은 인간의 자연스러운 생명력의 영역이다. 그러나 현대에 (특히 서구에서) 낭만적인 사랑을 강조하면서 훨씬 더 불만족하게 되고 환멸을 갖게 되었다. 이 책에서는 대안적인 관점을 제시하였다. 사랑을, '빠지는' 혹은 '빠져나오는' 심리적인 상태라기보다 가치 있는 행동으로 봄으로써 파트너, 친구, 상대를 사랑하는 데 전념할 수 있다고 보았다. 특히 친밀한 관계에서는 기쁨뿐만 아니라 피할 수 없는 실망을 포용하면서, 시간이 흐름에 따라 깊은 의미를 갖는 밀접한 관계를 유지할 수 있다. 사람들은 그(그녀)가 기대에 부응하지 않거나 개념에 맞지 않을 때에도 파트너에게 전념할 수 있다. 개념화된 자신으로부터 탈융합되어 자신에 대한 연민을 가질 수 있고, 현실을 있는 그대로 받아들일 수 있다. 관계는 '지금 여기'에 존재한다. 과거 때문에 상처받거나 미래를 두려워하면서 아름다운 현재를 그대로 보내버릴 필요는 없다. 현재에 초점을 맞추면서 고통을 경험할 수도 있다. 그러나 가치 있는 행동의 결과로 좋은 느낌 역시 경험할 수 있다. 생명력 있고 충만한 삶을 나눌 수 있는 특별한 누군가를 찾을 수도 있다. 어느 때는 산 정상에 다다를 때도 있고 다른 때는 깊은 동굴 속에 있을 수도 있다. 인간의 역사를 통틀어 삶의 경험을 다른 사람과 나누는 것은 강력하게 강화되어왔다. 이 책을 통해 우리는 당신이 진정으로 가치 있는 행동을 증진시키고 유지하기 위한 새로운 가능성을 찾게 되기를 희망한다.

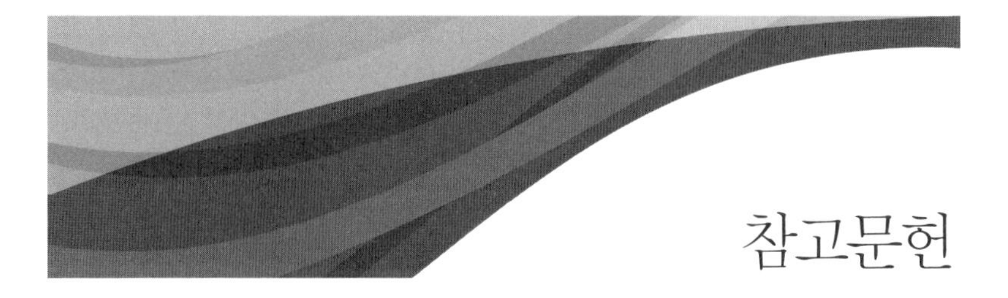

참고문헌

Abramowitz, J. S., Tolin, D. F., & Street, G. P. (2001). Paradoxical effects of thought suppression: A meta-analysis of controlled studies. *Clinical Psychology Review, 21*(5), 683–703.

Acevedo, B. P., & Aron, A. (2009). Does a long-term relationship kill romantic love? *Review of General Psychology, 13*(1), 59–65.

Acevedo, B. P., Aron, A., Fisher, H. E., & Brown, L. L. (2012). Neural correlates of long-term intense romantic love. *Social Cognitive and Affective Neuroscience, 7*(2), 145–159.

Acker, M., & Davis, M. (1992). Intimacy, passion and commitment in adult romantic relationships: A test of the triangular theory of love. *Journal of Social and Personal Relationships, 9*(1), 21–50.

Aron, A., Fisher, H., Mashek, D. J., Strong, G., Li, H., & Brown, L. L. (2005). Reward, motivation, and emotion systems associated with early-stage intense romantic love. *Journal of Neurophysiology, 94*(1), 327–337.

Aron, A., & Westbay, L. (1996). Dimensions of the prototype of love. *Journal of Personality and Social Psychology, 70*(3), 535–551.

Ayllon, T., & Azrin, N. H. (1964). Reinforcement and instructions with mental patients. *Journal of the Experimental Analysis of Behavior, 7*(4), 327–331.

Baer, D. M., Peterson, R. F., & Sherman, J. A. (1967). The development of imitation by reinforcing behavioral similarity to a model. *Journal of the Experimental Analysis of Behavior, 10*(5), 405–416.

Bandura, A. (1977). *Social learning theory* (2nd ed.). Englewood Cliffs, NJ: Prentice Hall.

Barnes-Holmes, D., Hayes, S. C., & Dymond, S. (2001). Self and self-directed rules. In S. C. Hayes, D. Barnes-Holmes, & B. Roche (Eds.), *Relational frame theory: A post-Skinnerian account of human language and cognition*. New York: Plenum.

Barnes-Holmes, Y., Barnes-Holmes, D., & Smeets, P. M. (2004). Establishing relational responding in accordance with opposite as generalized operant behavior in young children. *International Journal of Psychology and Psychological Therapy, 4*(3), 559–586.

Barnes-Holmes, Y., Barnes-Holmes, D., Smeets, P. M., Strand, P., & Friman, P. (2004). Establishing relational responding in accordance with more-than and less-than as generalized operant behavior in young children. *International Journal of Psychology and Psychological Therapy, 4*(3), 531–558.

Baron, A., Kaufman, A., & Stauber, K. A. (1969). Effects of instructions and reinforcement-feedback on human operant behavior maintained by fixed-interval reinforcement. *Journal of the Experimental Analysis of Behavior, 12*, 701–712.

Beck, J. G., Bozman, A. W., & Qualtrough, T. (1991). The experience of sexual desire: Psychological correlates in a college sample. *Journal of Sex Research, 28*(3), 443–456.

Berens, N. M., & Hayes, S. C. (2007). Arbitrarily applicable comparative relations: Experimental evidence for relational operants. *Journal of Applied Behavior Analysis, 40*, 45–71.

Blackledge, J. T. (2007). Disrupting verbal processes: Cognitive defusion in acceptance and commitment therapy and other mindfulness-based psychotherapies. *The Psychological Record, 57*(4), 555–577.

Blackledge, J. T., & Barnes-Holmes, D. (2009). Core processes in acceptance and commitment therapy. In J. T. Blackledge, J. Ciarrochi, & F. P. Deane (Eds.), *Acceptance and commitment therapy: Contemporary theory, research and practice* (pp. 41–58). Bowen Hills, QLD, Australia: Australian Academic Press.

Block, J. (1979). Another look at sex differentiation in the socialization behaviors of mothers and fathers. In F. Denmark & J. Sherman (Eds.), *Psychology of women: Future directions of research*. New York: Psychological Dimensions.

Buckley, K. W. (1994). Misbehaviorism: The case of John B. Watson's dismissal from Johns Hopkins University. In J. T. Todd & E. K. Morris (Eds.), *Modern perspectives on John B. Watson and classical behaviorism*. Westwood, CT: Greenwood Press.

Buss, D. M. (2006). The evolution of love. In R. J. Sternberg & K. Weis (Eds.), *The new psychology of love*. New Haven, CT: Yale University Press.

Cacioppo, J. T., Hughes, M. E., Waite, L. J., Hawkley, L. C., & Thisted, R. A. (2006). Loneliness as a specific risk factor for depressive symptoms: Cross-sectional and longitudinal analyses. *Psychology and Aging, 21*(1), 140–151.

Cacioppo, S., Bianchi-Demicheli, F., Hatfield, E., & Rapson, R. L. (2012). Social neuroscience of love. *Clinical Neuropsychiatry: Journal of Treatment Evaluation*, 9(1), 3–13.

Carpentier, F., Smeets, P. M., & Barnes-Holmes, D. (2003). Equivalence-equivalence as a model of analogy: Further analyses. *The Psychological Record*, 53, 349–372.

Cassepp-Borges, V., & Pasquali, L. (2012). Sternberg's Triangular Love Scale National Study of Psychometric Attributes. *Paidéia, 22*(51), 21–31.

Christensen, A., Atkins, D. C., Baucom, D. H., & Yi, J. (2010). Marital status and satisfaction five years following a randomized clinical trial comparing traditional versus integrative behavioral couple therapy. *Journal of Consulting and Clinical Psychology, 74*, 1180–1191.

Christensen, A., Atkins, D. C., Bern, S., Wheeler, J., Baucom, D. H., & Simpson, L. E. (2004). Traditional versus integrative behavioral couple therapy for significantly and chronically distressed married couples. *Journal of Consulting and Clinical Psychology, 72*, 176–191.

Christensen, A., Atkins, D. C., Yi, J., Baucom, D. H., & George, W. H. (2006). Couple and individual adjustment for two years following a randomized clinical trial comparing traditional versus integrative behavioral couple therapy. *Journal of Consulting and Clinical Psychology, 78*, 225–235.

Christensen, A., & Heavey, C. L. (1999). Interventions for couples. *Annual Review of Psychology, 50*, 165–190.

Clayton, T. M. (1995). Changing organizational culture through relational framing. Masters' thesis available from the University of Nevada, Reno.

Coontz, S. (1992). *The way we never were: American families and the nostalgia trap*. New York: Basic Books.

Coontz, S. (2005). *Marriage, a history: From obedience to intimacy or how love conquered marriage*. New York: Viking.

Dahl, J. C., Plumb, J. C., Stewart, I., & Lundgren, T. (2009). *The art and science of valuing in psychotherapy: Helping clients discover, explore, and commit to valued action using acceptance and commitment therapy.* Oakland, CA: New Harbinger Publications.

Damon, W., & Hart, D. (1988). *Self-understanding in childhood and adolescence.* Cambridge: Cambridge University Press.

Diener, E. (2000). Subjective well-being. The science of happiness and a proposal for a national index. *American Psychologist, 55*(1), 34–43.

Dymond, S., May, R. J., Munnelly, A., & Hoon, A. E. (2010). Evaluating the evidence base for relational frame theory: A citation analysis. *The Behavior Analyst, 33,* 97–117.

Dymond, S., & Roche, B. (Eds.). (2013). *Advances in relational frame theory: Research and application.* Oakland, CA: New Harbinger Publications.

Epstein, N. B., & Baucom, D. H. (2002). *Enhanced cognitive-behavioral therapy for couples: A contextual approach.* Washington, DC: American Psychological Association.

Farroni, T., Csibra, G., Simion, F., & Johnson, M. H. (2002). Eye contact detection in humans from birth. *Proceedings of National Academy of Science* (USA), *99,* 9602–9605.

Fehr, B. (1988). Prototype analysis of the concepts of love and commitment. *Journal of Personality and Social Psychology, 55*(4), 557–579.

Fisher, H., Aron, A., & Brown, L. L. (2005). Romantic love: An fMRI study of a neural mechanism for mate choice. *Journal of Comparative Neurology, 493,* 58–62.

Fisher, H. E., Aron, A., & Brown, L. L. (2006). Romantic love: A mammalian brain system for mate choice. *Philosophical Transactions of the Royal Society B, 361,* 2173–2186.

Gilbert, D. (2007). *Stumbling on happiness.* New York: Vintage.

Giurfa, M., Zhang, S., Jenett, A., Menzel, R., & Srinivasan, M. V. (2011). The concepts of sameness and difference in an insect. *Nature, 410,* 930–932.

Gonzaga, G. C., Turner, R. A., Keltner, D., Campos, B., & Altemus, M. (2006). Romantic love and sexual desire in close relationships. *Emotion, 6*(2), 163–179.

Gottman, J., & Silver, N. (2000). *The seven principles for making marriage work: A practical guide from the country's foremost relationship expert.* New York: Three Rivers Press.

Gottman, J. M., Levenson, R. W., Swanson, C., Swanson, K., Tyson, R., & Yoshimoto, D. (2003). Observing gay, lesbian, and heterosexual couples' relationships: Mathematical modeling of conflict interaction. *Journal of Homosexuality, 45*, 65–91.

Harlow, H. F., & Zimmermann, R. R. (1958). The development of affective responsiveness in infant monkeys. *Proceedings of the American Philosophical Society, 102*, 501–509.

Hatfield, E. (2006, Spring). The Golden Fleece Award. Relationship Research News. New York: International Academy of Relationship Research.

Hatfield, E., & Rapson, R. L. (2006). Passionate love, sexual desire, and mate selection: Cross-cultural and historical perspectives. In E. Hatfield & R. L. Rapson (Eds.), *Close relationships: Functions, forms and processes* (pp. 227–243). Hove, England: Psychology Press/Taylor & Francis (UK).

Hatfield, E., Traupmann, J., & Sprecher, S. (1984). Older women's perceptions of their intimate relationships. *Journal of Social and Clinical Psychology*, 2(2), 108–124.

Hatfield, E., & Walster, G. W. (1978). *A new look at love: A revealing report on the most elusive of all emotions*. Lanham, MD: University Press of America.

Hayes, S., Bissett, R., Roget, N., Padilla, M., Kohlenberg, B., Fisher, G., et al. (2004). The impact of Acceptance and Commitment Training and multicultural training on the stigmatizing attitudes and professional burnout of substance abuse counselors. *Behavior Therapy*, 35, 821–835.

Hayes, S. C. (1984). Making sense of spirituality. *Behaviorism, 12*, 99–110.

Hayes, S. C. (1989). *Rule-governed behavior: Cognition, contingencies, and instructional control*. New York: Plenum Press.

Hayes, S. C. (1994). Content, context, and the types of psychological acceptance. In S. C. Hayes, N. S. Jacobson, V. M. Follette, & M. J. Dougher (Eds.), *Acceptance and change: Content and context in psychotherapy*. Reno, NV: Context Press.

Hayes, S. C. (1995). The role of cognition in complex human behavior: A contextualistic perspective. *Journal of Behavior Therapy and Experimental Psychiatry*, 26(3), 241–248.

Hayes, S. C. (2008). *The roots of compassion*. Keynote speech delivered at the International ACT Conference, Chicago.

Hayes, S. C., Barnes-Holmes, D., & Roche, B. (Eds.). (2001). *Relational frame theory: A post-Skinnerian account of human language and cognition*. New York: Kluwer Academic/Plenum.

Hayes, S. C., Brownstein, A. J., Haas, J. R., & Greenway, D. E. (1986). Instructions, multiple schedules and extinction: Distinguishing rule-governed from schedule-controlled behavior. *Journal of the Experimental Analysis of Behavior, 46*, 137–147.

Hayes, S. C., Hayes, L. J., & Reese, H. W. (1988). Finding the philosophical core: A review of Stephen C. Pepper's *World Hypotheses*. *Journal of the Experimental Analysis of Behavior, 50*, 97–111.

Hayes, S. C., Strosahl, K. D., & Wilson, K. G. (1999). *Acceptance and commitment therapy: An experiential approach to behavior change*. New York: Guilford Press.

Hayes, S. C., Wilson, K. W., Gifford, E. V., Follette, V. M., & Strosahl, K. (1996). Experiential avoidance and behavioral disorders: A functional dimensional approach to diagnosis and treatment. *Journal of Consulting and Clinical Psychology, 64*(6), 1152–1168.

Holmes, T. H., & Rahe, R. H. (1967). The social readjustment rating scale. *Journal of Psychosomatic Research, 11*(2), 213–218.

Jacobson, N. S., & Christensen, A. (1998). *Acceptance and change in couple therapy: A therapist's guide to transforming relationships*. New York: Norton.

Jacobson, N. S., Follette, W. C., Revenstorf, D., Baucom, D. H., Halweg, K., & Margolin, G. (1984). Variability in outcome and clinical significance of behavioral marital therapy: A reanalysis of outcome date. *Journal of Consulting and Clinical Psychology, 52*, 497–501.

Jacobson, N. S., & Margolin, G. (1979). *Marital therapy: Strategies based on social learning and behavior exchange principles*. New York: Brunner/Mazel.

Kaufman, A., Baron, A., & Kopp, R. E. (1966). Some effects of instructions on human operant behavior. *Psychonomic Monograph Supplements, 1*, 243–250.

Koerner, K., Jacobson, N. S., & Christensen, A. (1994). Emotional acceptance in integrative behavioral couple therapy. In S. Hayes, N. S. Jacobson, V. M. Follette, & M. J. Dougher (Eds.), *Acceptance and change: Content and context in psychotherapy*. Reno, NV: Context Press.

Kross, E., Berman, M. G., Mischel, W., Smith, E. E., & Wager, T. D. (2011). Social rejection shares somatosensory representations with physical pain. *Proceedings of the National Academy of Sciences, USA, 108,* 6270–6275.

Kurdek, L. A. (1998). Relationship outcomes and their predictors: Longitudinal evidence from heterosexual married, gay cohabiting, and lesbian cohabiting couples. *Journal of Marriage and the Family, 60,* 553–568.

Kurdek, L. A. (2004). Gay men and lesbians: The family context. In M. Coleman & L. H. Ganong (Eds.), *Handbook of contemporary families: Considering the past, contemplating the future* (pp. 96–115). Newbury Park, CA: Sage.

Kurdek, L. A. (2005). What do we know about gay and lesbian couples? *Current Directions in Psychological Science, 14*(5), 251–254.

Landis, D., & O'Shea III, W. A. (2000). Cross-cultural aspects of passionate love: An individual differences analysis. *Journal of Cross-Cultural Psychology, 31,* 752–777.

Lao-tzu. (n.d.). Love is of all passions the strongest, for it attacks simultaneously the head, the heart... - Lao Tzu at Brainy Quote. Retrieved from http://www.brainyquote.com/quotes/quotes/l/laotzu387058.html

Lee, J. A. (1977). A topology of styles of loving. *Personality and Social Psychology Bulletin, 3,* 173–182.

Lee, T. M. C., Leung, M.-K., Hou, W.-K., Tang, J. C. Y., Yin, J., So, K.-F.,...Chan, C. C. H. (2012). Distinct neural activity associated with focused-attention meditation and loving-kindness meditation. *PLoS ONE, 7*(8), e40054. doi:10.1371/journal.pone.0040054

Lillis, J., Luoma, J., Levin, M., & Hayes, S. (2010). Measuring weight self-stigma: The weight self-stigma questionnaire. *Obesity, 18,* 971–976.

Luoma, J., O'Hair, A., Kohlenberg, B., Hayes, S., & Fletcher, L. (2010). The development and psychometric properties of a new measure of perceived stigma towards substance users. *Substance Use and Misuse, 45,* 47–57.

Luoma, J. B., Hayes, S. C., Twohig, M. P., Roget, N., Fisher, G., Padilla, M.,...Kohlenberg, B. (2007). Augmenting continuing education with psychologically focused group consultation: Effects on adoption of group drug counseling. *Psychotherapy: Theory, Research, Practice, Training, 44*(4), 463–469.

Lutz, A., Brefczynski-Lewis, J., Johnstone, T., & Davidson, R. J. (2008). Regulation of the neural circuitry of emotion by compassion meditation: Effects of meditative expertise. *PLoS ONE, 3*(3), e1897. doi:10.1371/journal.pone.0001897

Masuda, A., Hayes, S. C., Fletcher, L. B., Seignourel, P. J., Bunting, K., Herbst, S. A., Twohig, M. P., & Lillis, J. (2007). Impact of acceptance and commitment therapy versus education on stigma toward people with psychological disorders. *Behavior Research and Therapy, 45,* 2764–2772.

Masuda, A., Hayes, S., Lillis, J., Bunting, K., Herbst, S., & Fletcher, L. (2009). The relationship between psychological flexibility and mental health stigma in acceptance and commitment therapy: A preliminary process investigation. *Behavior and Social Issues, 18,* 25–40.

Matthews, B. A., Shimoff, E., Catania, A. C., & Sagvolden, T. (1977). Uninstructed human responding: Sensitivity to ration and interval contingencies. *Journal of the Experimental Analysis of Behavior, 27,* 453–467.

Mauss, I. B., Savino, N. S., Anderson, C. L., Weisbuch, M., Tamir, M., & Laudenslager, M. L. (2012). The pursuit of happiness can be lonely. *Emotion, 12*(5), 908–912.

Mauss, I. B., Tamir, M., Anderson, C. L., & Savino, N. S. (2011). Can seeking happiness make people unhappy? Paradoxical effects of valuing happiness. *Emotion, 11,* 807–815.

McHugh, L., Barnes-Holmes, Y., & Barnes-Holmes, B. (2004). Perspective-taking as relational responding: A developmental profile. *The Psychological Record, 54*(1), 115–144.

McHugh, L., Barnes-Holmes, Y., Barnes-Holmes, D., & Stewart, I. (2006). Understanding false belief as generalized operant behavior. *The Psychological Record, 56,* 341–364.

Meyers, S. A., & Berscheid, E. (1997). The language of love: The difference a preposition makes. *Personality and Social Psychology Bulletin, 23*(4), 347–362.

Michael, J. (1982). Distinguishing between discriminative and motivational functions of stimuli. *Journal of the Experimental Analysis of Behavior, 37*(1), 149–155.

Myers, D. G. (2000). The funds, friends, and faith of happy people. *American Psychologist, 55*(1), 56–67.

Neff, K. (2003). Self-compassion: An alternative conceptualization of a healthy attitude towards oneself. *Self and Identity, 2*, 85–102.

Neff, K., & Beretvas, S. N. (2012). The role of self-compassion in romantic relationships, self and identity. doi:10.1080/15298868.2011.639548

O'Leary, K. D., Acevedo, B. P., Aron, A., Huddy, L., & Mashek, D. (2012). Is long-term love more than a rare phenomenon? If so, what are its correlates? *Social Psychological and Personality Science, 3*(2), 241–249.

Ortigue, S., Bianchi-Demicheli, F., Patel, N., Frum, C., & Lewis, J. W. (2010). Neuroimaging of love: fMRI meta-analysis evidence toward new perspectives in sexual medicine. *Journal of Sexual Medicine, 7*, 3541–3552.

Parker-Pope, T. (2010). *For better: The science of a good marriage*. New York: Dutton.

Pepper, S. C. (1942). *World hypotheses: A study in evidence*. Berkeley: University of California Press.

Regan, P. C. (2000). The role of sexual desire and sexual activity in dating relationships. *Social Behavior and Personality, 28*(1), 51–59.

Rehfeldt, R. A., & Barnes-Holmes, Y. (Eds.). (2009). *Derived relational responding: Applications for learners with autism and other developmental disabilities*. Oakland, CA: Context Press/New Harbinger Publications.

Robinson, P. J., Gould, D., & Strosahl, K. D. (2011). *Real behavior change in primary care: Strategies and tools for improving outcomes and increasing job satisfaction*. Oakland, CA: New Harbinger Publications.

Roche, B., & Barnes, D. (1997). A transformation of respondently conditioned stimulus function in accordance with arbitrarily applicable relations. *Journal of the Experimental Analysis of Behavior, 67*, 275–300.

Rosales, R., Rehfeldt, R. A., & Lovett, S. (2011). Effects of multiple exemplar training on the emergence of derived relations in preschool children learning a second language. *The Analysis of Verbal Behavior, 27*, 61–74.

Schnarch, D. (2011). *Intimacy and desire: Awaken the passion in your relationship*. New York: Beaufort Books.

Schneiderman, I., Zagoory-Sharon, O., Leckman, J. F., & Feldman, R. (2012). Oxytocin during the initial stages of romantic attachment: Relations to couples' interactive reciprocity. *Psychoneuroendocrinology, 37*, 1277–1285.

Schoenfeld, E. A., Bredow, C. A., & Huston, T. L. (2012). Do men and women show love differently in marriage? *Personality and Social Psychology Bulletin, 38*(11), 1396–1409.

Schooler, J. W., Ariely, D., & Loewenstein, G. (2003). The pursuit and assessment of happiness may be self-defeating. In J. Carrillo & I. Brocas (Eds.), *The psychology of economic decisions* (pp. 41–70). Oxford: Oxford University Press.

Shadish, W. R., & Baldwin, S. A. (2003). Meta-analysis of marital family therapy interventions. *Journal of Marital and Family Therapy, 29,* 547–570.

Shadish, W. R., & Baldwin, S. A. (2005). Effects of behavioral marital therapy: A meta-analysis of randomized controlled trials. *Journal of Consulting and Clinical Psychology, 73,* 6–14.

Shadish, W. R., Montgomery, L. M., Wilson, P., Wilson, M. R., Bright, I., & Okwumabua, T. (1993). Effects of family and marital psychotherapies: A meta-analysis. *Journal of Consulting and Clinical Psychology, 61,* 992–1002.

Shimoff, E., Catania, A. C., & Matthews, B. A. (1981). Uninstructed human responding: Sensitivity of low rate human performances to schedule contingencies. *Journal of the Experimental Analysis of Behavior, 36,* 207–220.

Skinner, B. F. (1957). *Verbal behavior.* New York: Appleton-Century-Crofts.

Skinner, B. F. (1966). An operant analysis of problem solving. In B. Kleinmuntz (Ed.), *Problem solving: Research, method and theory* (pp. 133–171). New York: John Wiley & Sons.

Skinner, B. F. (1971). *Beyond freedom and dignity.* New York: Knopf.

Skinner, B. F. (1974). *About behaviorism.* New York: Alfred Knopf.

Skinner, B. F. (1989). *The origins of cognitive thought.* Recent Issues in the Analysis of Behavior, Merrill Publishing.

Snyder, D. K., Castellani, A.M., & Whisman, M. A. (2006). Current status and future directions in couple therapy. *Annual Review of Psychology, 57,* 317–344.

Sprecher, S., & Fehr, B. (2011). Dispositional attachment and relationship-specific attachment as predictors of compassionate love for a partner. *Journal of Social and Personal Relationships, 28*(4), 558–574.

Steele, D. L., & Hayes, S. C. (1991). Stimulus equivalence and arbitrarily applicable relational responding. *Journal of the Experimental Analysis of Behavior, 56*, 519–555.

Sternberg, R. (1997). Construct validation of a triangular love scale. *European Journal of Social Psychology, 27*, 313–335.

Sternberg, R. J. (1986). A triangular theory of love. *Psychological Review, 93*, 119–135.

Steverink, N., & Lindenberg, S. (2006). Which social needs are important for subjective well being? What happens to them with aging? *Psychology and Aging, 21*(2), 281–290.

Stewart, I., Barnes-Holmes, D., & Roche, B. (2004). A functional analytic model of analogy using the Relational Evaluation Procedure. *The Psychological Record, 54*(4), 531–552.

Sulzer-Azaroff, B., & Mayer, G. R. (1991). *Behavior analysis for lasting change*. Belmont, CA: Wadsworth Publishing.

Uchida, Y., Norasakkunkit, V., & Kitayama, S. (2004). Cultural constructions of happiness: Theory and empirical evidence. *Journal of Happiness Studies, 5*, 223–239. doi:10.1007/s 10902-004-8785-9

Underwood, L. G. (2008). Compassionate love: A framework for research. In B. Fehr, S. Sprecher, & L. G. Underwood (Eds.), *The science of compassionate love: Theory, research, and applications*. Malden, MA: Wiley-Blackwell.

Watts, S., & Stenner, P. (2005). The subjective experience of partnership love: A Q methodological study. *British Journal of Social Psychology, 44*, 85–107.

Weiner, H. (1970). Instructional control of human operant responding during extinction following fixed-ratio conditioning. *Journal of the Experimental Analysis of Behavior, 13*, 391–394.

Wilson, K. G., & Dufrene, T. (2009). *Mindfulness for two: An acceptance and commitment therapy approach to mindfulness in psychotherapy*. Oakland, CA: New Harbinger Publications.

Wilson, K. G., & Hayes, S. C. (1996). Resurgence of derived stimulus relations. *Journal of the Experimental Analysis of Behavior, 66*(3), 267–281.

Wood, N. D., Crane, D. R., Schaalje, G. B., & Law, D. D. (2005). What works for whom: A meta-analytic review of marital and couples therapy in reference to marital distress. *The American Journal of Family Therapy, 33*, 273–287.

Xu, X., Wang, J., Aron, A., Lei, W., Westmaas, J. L., & Weng, X. (2012). Intense passionate love attenuates cigarette cue-reactivity in nicotine-deprived smokers: An fMRI study. *PLoS ONE, 7*(7), e42235. doi:10.1371/journal.pone.0042235

Yadavaia, J. E., & Hayes, S. C. (2012). Acceptance and commitment therapy for self-stigma around sexual orientation: A multiple baseline evaluation. *Cognitive and Behavioral Practice, 19*(4), 545–559.

Yarnell, L. M., and Neff, K. D. (2013). Self-compassion, interpersonal conflict resolutions, and well-being. *Self and Identity, 12*(2), 146–159.

Zettle, R. D., & Hayes, S. C. (1982). Rule governed behavior: A potential theoretical framework for cognitive-behavior therapy. In P. C. Kendall (Ed.), *Advances in cognitive-behavioral research and therapy* (Vol. 1, pp. 73–118). New York: Academic.

지은이 소개

JoAnne Dahl 박사는 스웨덴 웁살라대학의 심리학 교수이다. 그녀는 *Living Beyond Your Pain, The Art and Science of Valuing in Psychotherapy, Acceptance and Commitment Therapy for Chronic Pain*의 공동 저자이다. Dahl은 ACT에 관한 주간 라디오 프로그램의 사회자로, 만성질환뿐만 아니라 개발도상국에서 고통받는 이들을 위해 ACT 적용을 창안한 전문가이다.

Ian Stewart 박사는 골웨이 아일랜드 국립대학의 심리학 교수이자 *The Art and Science of Valuing in Psychotherapy*의 공동 저자이다.

Christopher Martell 박사는 미시간-밀워키대학의 임상심리 조교수이자 임상 연구 자문가이다. 그는 *Overcoming Depression One Step at a Time*의 공동 저자이다.

Jonathan S. Kaplan 박사는 임상심리학자로 겸임교수이고 *Urban Mindfulness: Cultivating Peace, Purpose, and Presence in the Middle of It All*의 저자이다. 그는 지난 15년 동안 마음챙김을 명상에 통합시켜왔다. 그의 성과는 *O, The Oprah Magazine*에 실렸고, BBC 뉴스, MSNBC, 미국 전역의 라디오와 TV에 소개되었다. 그는 뉴욕 시에 개인 상담실을 운영하고 있다.

서문을 쓴 Robyn D. Walser 박사는 퇴역군인 팔로알토 헬스케어시스템(Veterans Affairs Palo Alto Health Care System)의 국립 PTSD센터 부소장이다. 또한 그녀는 자문가, 워크숍 발표자, 개인 상담실인 TL자문서비스(TLConsultation Services)의 치료자이다. 1998년 이후로 전 세계에서 ACT 훈련 워크숍을 진행해오고 있다.

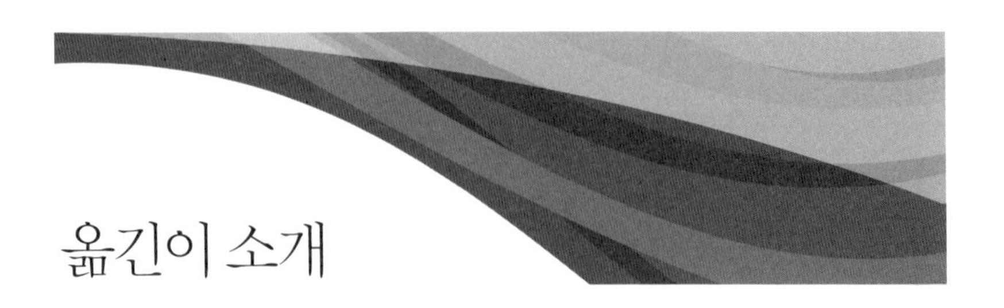

옮긴이 소개

심혜원

이화여자대학교에서 상담심리학으로 석사와 박사 학위를 받았으며, 현재 한국상담대학원대학교 아동청소년상담전공 교수로 재직 중이다. 서울시립아동상담치료센터와 세원영유아아동상담센터에서 오랜 임상 경험을 쌓았으며 놀이상담 전문가 및 임상슈퍼바이저로 활동 중이다. 아동 및 부모상담, 상담자 자기 성찰 및 슈퍼비전과 관련한 교육 및 연구를 진행 중이고 역서로 커플치료 과제 계획서, 마인드풀 커플이 있다.

김현주

이화여자대학교에서 상담심리학으로 석사와 박사 학위를 받았으며, 현재 한국상담대학원대학교 부부가족상담전공 교수로 재직 중이다. 한국청소년상담원(현 한국청소년상담복지개발원)에서 청소년상담과 연구를 하였으며, 미국 Asian Women's Christian Association(AWCA) 가정상담소 소장으로 한인들을 위한 상담을 하였다. 뉴욕대학교(NYU)의 연구원으로 한인 청소년과 가족에 대한 연구를 하였으며, 부부가족상담, 조기유학, 다문화상담과 관련된 교육과 연구 활동을 하고 있다. 역서로 커플치료 과제 계획서가 있다.